陈兴良作品集

篆刻：魏璟岳

陈兴良作品集 4

刑法的启蒙

陈兴良 著

第三版

北京大学出版社
PEKING UNIVERSITY PRESS

文化，包括法律文化的承续性，是一个不争的事实。任何一种文化，都不是突如其来的，而是在先前文化的基础上演化而来的。没有深厚的文化底蕴，就不可能有真正的学术研究，这始终是我的一种信念。

——题记

目 录

"陈兴良作品集"总序　001

第三版序　001

修订版序　001

渴望启蒙（代序）　001

1. 孟德斯鸠：探寻法意　001
　　1.1　超越实在法　003
　　1.2　刑法的精神　013
　　1.3　犯罪的载体　029
　　1.4　刑罚的限度　033

2. 贝卡里亚：建构公理　041
　　2.1　追随孟德斯鸠　043
　　2.2　刑法的原则　056
　　2.3　犯罪的本质　076
　　2.4　刑罚的目的　086

3. 边沁：追求功利　　　　　　　　095
　3.1　实现最大幸福　　　　　　097
　3.2　犯罪：禁止的恶　　　　　108
　3.3　刑罚：必要的恶　　　　　117

4. 费尔巴哈：崇尚威吓　　　　　131
　4.1　缔造实在法　　　　　　　133
　4.2　罪刑法定主义　　　　　　138
　4.3　权利侵害说　　　　　　　143
　4.4　心理强制说　　　　　　　146

5. 康德：弘扬道义　　　　　　　155
　5.1　揭示法伦理　　　　　　　157
　5.2　犯罪不义论　　　　　　　165
　5.3　道义报应论　　　　　　　168
　5.4　等量报应论　　　　　　　176

6. 黑格尔：诉诸理性　　　　　　183
　6.1　构筑法理念　　　　　　　185
　6.2　犯罪不法论　　　　　　　191
　6.3　法律报应论　　　　　　　203
　6.4　等价报应论　　　　　　　215

7. 龙勃罗梭：遭遇基因　　　223
- 7.1　方法论革命　　　225
- 7.2　犯罪天生论　　　240
- 7.3　刑罚救治论　　　251

8. 菲利：防卫社会　　　267
- 8.1　颠覆古典学派　　　269
- 8.2　犯罪饱和论　　　282
- 8.3　刑罚防卫论　　　294

9. 加罗法洛：回归自然　　　317
- 9.1　开拓新视界　　　319
- 9.2　自然犯罪论　　　324
- 9.3　刑罚遏制论　　　336

10. 李斯特：关切目的　　　343
- 10.1　复兴刑事政策　　　345
- 10.2　犯罪征表说　　　351
- 10.3　目的刑主义　　　361

缅怀片面（代跋）　　　373

后　记　　　379

"陈兴良作品集" 总序

"陈兴良作品集"是我继在中国人民大学出版社出版"陈兴良刑法学"以后，在北京大学出版社出版的一套文集。如果说，"陈兴良刑法学"是我个人刑法专著的集大成；那么，"陈兴良作品集"就是我个人专著以外的其他作品的汇集。收入"陈兴良作品集"的作品有以下十部：

1. 自选集：《走向哲学的刑法学》
2. 自选集：《走向规范的刑法学》
3. 自选集：《走向教义的刑法学》
4. 随笔集：《刑法的启蒙》
5. 讲演集：《刑法的格物》
6. 讲演集：《刑法的致知》
7. 序跋集：《法外说法》
8. 序跋集：《书外说书》
9. 序跋集：《道外说道》
10. 备忘录：《立此存照——高尚挪用资金案侧记》

以上"陈兴良作品集"，可以分为五类十种：

第一，自选集。自1984年发表第一篇学术论文以来，我陆续在各种刊物发表了数百篇论文。这些论文是我研究成果的基本载体，具有不同于专著的特征。1999年和2008年我在法律出版社出版了两本论文集，这次经过充实和调整，将自选集编为三卷：第一卷是《走向哲学的刑法学》，第二卷是《走向规范的刑法学》，第三卷是《走向教义的刑法学》。这三卷自选集的书名正好标示了我在刑法学研究过程中所走过的三个阶段，因而具有纪念意义。

第二，随笔集。1997年我在法律出版社出版了《刑法的启蒙》一书，这是一部叙述西方刑法学演变历史的随笔集。该书以刑法人物为单元，以这些刑法人物的刑法思想为线索，勾画出近代刑法思想和学术学派的发展历史，对于宏观地把握整个刑法理论的形成和演变具有参考价值。该书采用了随笔的手法，不似高头讲章那么难懂，而是娓娓道来亲近读者，具有相当的可读性。

第三，讲演集。讲演活动是授课活动的补充，也是学术活动的一部分。在授课之余，我亦在其他院校和司法机关举办了各种讲演活动。这些讲演内容虽然具有即逝性，但文字整理稿却可以长久的保存。2008年我在法律出版社出版了讲演集《刑法的格致》，这次增补了内容，将讲演集编为两卷：第一卷是《刑法的格物》，第二卷是《刑法的致知》。其中，第一卷《刑法的格物》的内容集中在刑法理念和制度，侧重于刑法的实践；第二卷《刑法的致知》的内容则聚焦在刑法学术和学说，侧重于刑法的理论。

第四，序跋集。序跋是写作的副产品，当然，为他人著述所写的序跋则无疑是一种意外的收获。2004年我在法律出版社出版了两卷序跋集，即《法外说法》和《书外说书》。

现在，这两卷已经容纳不下所有序跋的文字，因而这次将序跋集编为三卷：第一卷是《法外说法》，主要是本人著作的序跋集；第二卷是《书外说书》，主要是主编著作的序跋集；第三卷是《道外说道》，主要是他人著作的序跋集。序跋集累积下来，居然达到了一百多万字，成为我个人作品中颇具特色的内容。

第五，备忘录。2014年我在北京大学出版社出版了《立此存照——高尚挪用资金案侧记》一书，这是一部以个案为内容的记叙性的作品，具有备忘录的性质。该书出版以后，高尚挪用资金案进入再审，又有了进展。这次收入"陈兴良作品集"增补了有关内容，使该书以一种更为完整的面貌存世，以备不忘。可以说，该书具有十分独特的意义，对此我敝帚自珍。

"陈兴良作品集"的出版得到北京大学出版社蒋浩副总编的大力支持，收入作品集的大多数著作都是蒋浩先生在法律出版社任职期间策划出版的，现在又以作品集的形式出版，对蒋浩先生付出的辛勤劳动深表谢意。同时，我还要对北京大学出版社各位编辑的负责认真的工作态度表示感谢。

是为序。

陈兴良

2017年12月20日

谨识于北京海淀锦秋知春寓所

第三版序

《刑法的启蒙》在我所有的著作中，是较为特殊的一种。严格来说，这并不是一部具有作者独立思想的著作，而是对历史上十位著名刑法学家或者哲学家的刑法思想所做的介绍。从这个意义上说，将本书归入学术随笔的范畴是较为准确的。而且，本书介绍的这十位刑法学家或者哲学家，其论著在我写作本书的1997年尚未全部翻译介绍到我国，由于语言上的障碍，本书只能是盲人摸象一般，根据作者的理解与想象进行发挥，未必就是这些刑法学家和哲学家的刑法思想的本来面貌。本书的写作，距离现在二十年过去了，对国外刑法学家著作的翻译介绍情况大有改善，读者可以直接接近这些刑法思想大师，甚至可以直接阅读原著。在这种情况下，《刑法的启蒙》一书的出版价值每况愈下，这也是我对本书进行增订重写怀有一种抵触心理的主要原因。不过，北京大学出版社副总编蒋浩一直希望本书重新出版。因为在二十年前，本书就是蒋浩约稿的产物，从某种意义上来说，蒋浩是本书出版的见证人。而且我亦有耳闻，本书对于初学刑法者具有一定的启蒙之功效。有些同学正是读了本书才产生对刑法的兴趣，进入刑法的学术殿堂。因此，本次将《刑法的启蒙》一书以学术随笔的名义收入陈兴良作品集，也算是对这部书的一个交代。

《刑法的启蒙》一书是以西方近代刑法思想的嬗变为线索的,这也是以罪刑法定原则为基础的现代刑法观的思想渊源。如果我们不能对西方刑法思想史具有较为深刻的理解和较为全面的掌握,则难以对当下的刑法具有科学的认识。德国学者在论及近代犯罪论的发展阶段时指出:"通过对史论的简要回顾,我们可将近代犯罪论划分为三个重要的犯罪阶段:古典的犯罪概念、新古典的犯罪概念和目的论的犯罪概念。每一种体系都得从其精神史根源和前一阶段人们通过学术体系的重建而加以改造克服的计划的联系中去解释。因为没有哪一种理论试图完全取代另一种理论,时至今日所有三种犯罪概念的体系思想仍并列存在。如果我们将现阶段主流学术观点排列放在其解释论史的联系中,那么,才有可能清楚地了解之。"① 德国学者的以上评论虽然是对犯罪论体系的演变历史而言的,但同样适用于刑法思想的演变历史。其中,涉及正确对待学术史的两个问题:第一,前后联系。根据德国学者的观点,任何思想学术或者理论观点都是前后联系的,不能把它们分割开来。只有采取联系的观点,揭示这些刑法思想流派之间的传承、流变和转折关系,才能真正洞察这些刑法思想的真谛。第二,同时并列。根据德国学者的观点,历史上曾经存在的各种理论体系并不是一种互相取代

---

① 〔德〕汉斯·海因里希·耶赛克、〔德〕托马斯·魏根特:《德国刑法教科书》,徐久生译,中国法制出版社2001年版,第247—248页。

的关系,而是同时并列的。各种刑法思想都与社会思潮之间具有密切关联,任何一种刑法思想都不可能永远占据主导地位。就如同潮起潮落,刑法思想也是历史大河中的潮流,会有起落,这是十分正常的。但不能简单地说,一种思想或者学说就会退出历史舞台。在西方刑法思想史中,报应学派和功利学派、目的学派等都各自具有自身的逻辑体系和社会土壤。尽管在某个时期或者某个学派可能会占据主流,但其他学派并没有消失,也没有被取代。这些刑法思想和理论观点同时并存,谁也消灭不了谁。这就是思想和理论需要包容的根本原因,思想不能垄断,理论不能独占,而是应当百家争鸣,百花齐放。只有这样,思想和理论才会在互相的碰撞中向前推进。

《刑法的启蒙》所介绍的十位学者,可以分为两种类型。其中,贝卡里亚、费尔巴哈、龙勃罗梭、菲利、加罗法洛和李斯特是真正意义上的刑法学家或者犯罪学家,而孟德斯鸠、边沁、康德和黑格尔则是哲学家或者思想家。前者的主要学术贡献就在于刑法思想,而后者的主要学术贡献则在于哲学或者政治思想。对于后者来说,刑法思想只不过是他们庞大的思想体系中的极小一部分,当然,这些刑法思想对于近代刑法理论的发展同样起到了重大的推动作用,以至于我们今天仍然不能绕开他们而谈论刑法理论。应该说,以上两种不同类型的刑法思想是存在差别的,理解这种差别对于领会这些学者的刑法思想是具有重要意义的。

就哲学家或者思想家而言，他们主要是研究人类的精神生活和政治生活，具有对社会的全面把握，并且提出了对社会、国家、政府、政治和法律的体系化的思想。正是从这种社会观和世界观出发，论及对刑法的看法，具有居高临下的思想高度。因此，对于这些哲学家的刑法思想，必须从其哲学基本观点中去了解。例如，对康德的道义报应思想的理解，必须联系其绝对命令的观念。在康德看来，刑法是绝对的命令，也就是说，是一种与所有目的思想无关的正义的要求。正是由此出发，康德才推演出同态复仇的刑罚观念。而对黑格尔的法律报应思想的理解，则必须结合其辩证法的方法论。黑格尔把公共秩序界定为公众的普遍意志，而犯罪行为是个人的特殊意志。犯罪行为以个人的特殊意志否定了公众的普通意志，而刑罚则是对特殊意志的否定，因而是对普通意志的否定之否定。正是在这个意义上，黑格尔主张对犯罪实行法律报应，以此恢复公共秩序。至于边沁，则是以功利主义的哲学流派而著称，以预防为核心的刑法观就是功利主义哲学在刑法中的实际运用。因此，对这些哲学家或者思想家的刑法思想的深刻把握，必须将我们的视野超出刑法的范围，进入哲学或者思想史的领域。

就刑法学家或者犯罪学家而言，他们的主要精力投放在对犯罪和刑罚的研究之中，并且都是各种刑法学派甚至学科的开创者。例如龙勃罗梭开创了刑事人类学派，菲利开创了刑事社会学派。我们可以看到，即使是这些以刑法为主业的学者，也并不是把自己局限在狭小的刑法学的范围之内，而是采取人文社会科学的思想和方法对犯罪与刑罚进行深入研究，才能结出刑法思想的丰硕果实。例如贝卡里亚将启蒙思想引入对刑法制度的研究，完成了从中世纪刑法向近代刑法的重大转折，为近代刑法学的创立奠定了基础，因而被尊称为近代刑法之父。而龙勃罗梭利用人类学知识对犯罪现象进行研究，在对犯罪现象的研究中采用了实证主义的方法，由此开创了犯罪学的诞生。菲利利用社会学知识对犯罪现象进行研究，使犯罪学从人类学的视野转换为社会学的视野，进一步深化和开阔了犯罪学理论。至于李斯特更是一位全面的刑法学家和犯罪学家。在刑法学科，李斯特开创了古典派犯罪论，为此后的刑法教义学发展提供了可能。在犯罪学科，李斯特提出了目的刑思想，进一步推动了犯罪社会学的成长。

当然，以上十位刑法学家或者哲学家，对于刑法的主要贡献还是在于刑法思想，在某种意义上可以说，主要属于刑法思想家或者法哲学家，而不是刑法教义学意义上的刑法学家。其中，只有李斯特对于德国近代刑法教义学的产生具有较大的贡献。应该说，刑法理论具有层次的区分，其中，刑法思想居于最高层次，而刑法教义学则居于其下。但就对立法与司法的实际功效而言，刑法教义学是更为直接的与更为重要的。如果说，启蒙主要是一种思想的启蒙；那么，本书选择十位以刑法思想见长的学者进行介绍，还是具有一定合理性的。当然，如果从刑法学术史的角度而言，对德日从事刑法教义学学者的学术观点进行介绍也是十分重要的，但这已经不是本书的使命。德国学者曾经对刑法教义学与法哲学之间的关系做了如下论述："除刑法史以外，与刑法教义学最有联系的要数法哲学。法哲学致力于建立一种标准，根据该标准，教义学家可以判断，现行法律规范是否与社会秩序的自然情况和社会伦理主导价值观相吻合，如何解释或者以何等方式进行变革。法哲学将刑法教义学从实质主义的统治中解放出来，使其找到必要的组合，该组合使得积极的且总是不完备的法律与'正确的法律思想'相协调。"[①] 因此，我们既要注重对具有法哲学性质的刑法思想的了解，又要关注对刑法教义学知识及其历史的把握。只有这样，才能真正建立起刑法知识体系。

本书在北京大学出版社再次出版过程中，高颖文同学帮助我对本书引用的相关著作的内容进行了精心的核对，以确保准确。为此，我要对高颖文同学表示谢意。

是为序。

陈兴良

2017 年 11 月 16 日

谨识于北京海淀锦秋知春寓所

[①] 〔德〕汉斯·海因里希·耶赛克、〔德〕托马斯·魏根特：《德国刑法教科书》，徐久生译，中国法制出版社2001年版，第56—57页。

修订版序

《刑法的启蒙》成书于 1997 年，是我在检察院兼职的紧张工作之暇余时间仓促完成的一本读书笔记式的著作。该书出版以后受到读者的好评，正如该书名所标示的那样，它确成了一本刑法的启蒙入门的书，这是始料不及的，也算是一种意外的收获吧。

　　我写作该书的初衷，主要还是在于超越刑法教义学的限制，拓展刑法知识的界域。刑法学是一个宏大的知识体系，德国学者曾经对刑法学（strafrechtswissenschaft）的知识内容作了以下分类：刑法学的核心内容是刑法教义学（Strafrechtsdogmatik），其基础和界限源自于刑法法规，致力于研究法规范的概念内容和结构，将法律素材编排成一个体系，并试图寻找概念构成和系统学的新的方法。除刑法教义学外，刑事政策（Kriminalpolitik）也是刑法学的一部分。刑事政策首先以现行法律为出发点，同时也吸收了刑法教义学的研究成果。它根据犯罪学经验研究的成果，对在将来修订现行法律的要求提供理由。刑法史（Strafrechtsgeschichte）扩大了教义学者和刑事政策家们的视野。它再现了法发展的不同阶段，研究立法的变化，使得伟大法学家的形象、其著作和学说具有生命力，它试图解释过去几个世纪的犯罪的表现形式，描绘残酷的刑罚，并建立了现行法学所赖以存在的基础。除此以外，还有从法哲学、比较法角度对刑法的研究，如此等等。① 由此可见，刑法知识是丰富多元的，刑法教义学虽然是刑法学的主体内容，但绝不能把刑法学理论简单地归结为刑法教义学。以往在我国刑法理论中，注释法学居于独尊的地位，其他刑法知识处于被遮蔽的状态。显然，这是不利于刑法理论发展的。本书对于西方刑法思想史上十位著名刑法思想家的刑法思想的阐释，可以归于刑法思想史的知识范畴。刑法思想史是刑法理论的重要组成部分，它构成了刑法理论的知识来源。对于一个欲全面地掌握刑法学理论的人来说，刑法思想史知识是不可或缺的。

在本次修订中，根据新近出版的一些著作，对有关内容作了增补。尤其是龙勃罗梭和李斯特，当我 1997 年写作时，国内尚未出版其译著。现在，龙勃罗梭的《犯罪人论》和李斯特的《德国刑法教科书》都已翻译出版。此外，边沁的著作又有《道德与立法原理导论》一书出版。根据上述新的译著，对本书加以修订，使本书的内容更为全面、系统。

陈兴良

2002 年 7 月 21 日

谨识于北京海淀蓝旗营寓所

---

① 参见〔德〕汉斯·海因里希·耶赛克、〔德〕托马斯·魏根特：《德国刑法教科书》，徐久生译，中国法制出版社 2001 年版，第 53 页以下。

渴望启蒙（代序）

关于启蒙,康德有过一个经典的定义。康德指出:

> 启蒙运动就是人类脱离自己所加之于自己的不成熟状态。不成熟状态就是不经别人的引导,就对运用自己的理智无能为力。①

由此可见,启蒙意味着从一种不成熟状态过渡到成熟状态,这种过渡又不是自我完成的,而是经由别人的引导完成的。我们完全可以把这种需要启蒙的不成熟状态视为一种蒙昧状态,因而启蒙也就是解蔽、解脱与解放。

在17、18世纪,西方曾经掀起了一场思想启蒙运动。德国哲学家卡西勒在论述18世纪启蒙时代的精神时指出:

> 当18世纪想用一个词来表述这种力量特征时,就称之为"理性"。"理性"成了18世纪的汇聚点和中心,它表达了该世纪所追求并为之奋斗的一切,表达了该世纪所取得的一切成就……18世纪浸染着一种关于理性的统一性和不变性的信仰。理性在一切思维主体、一切民族、一切时代和一切文化中都是同样的。宗教信条、道

---

① 〔德〕康德:《历史理性批判文集》,何兆武译,商务印书馆1990年版,第22页。

德格言和道德信念，理论见解和判断，是可变的，但从这种可变性中却能够抽取出一种坚实的、持久的因素，这种因素本身是永恒的，它的这种同一性和永恒性表现出理性的真正本质。①

理性，确实成为启蒙精神的核心，是一个极具象征意义的词汇。在启蒙运动中，人们像发现新大陆一样，似乎发现了理性。这里的"发现"两字是极为重要的。因为按照康德的说法，需要启蒙其原因并不在于缺乏理智，而在于不经别人的引导就缺乏勇气与决心去加以运用时，那么这种不成熟状态就是自己所加之于自己的了。Sapere aude! 要有勇气运用你自己的理智！这就是启蒙运动的口号。② 因此，发现理性、运用理性，这就是启蒙运动所作的一切。恩格斯曾经对启蒙学家作过以下的评价：

> 在法国为行将到来的革命启发过人们头脑的那些伟大人物，本身都是非常革命的。他们不承认任何外界的权威，不管这种权威是什么样的。宗教、自然观、社会、国家制度，一切都受到了最无情的批判；一切都必须在理性的法庭面前为自己的存在作辩护或者放弃存在

---

① 〔德〕E. 卡西勒：《启蒙哲学》，顾伟铭等译，山东人民出版社1996年版，第3—4页。
② 参见〔德〕康德：《历史理性批判文集》，何兆武译，商务印书馆1990年版，第22页。

的权利。思维着的悟性成了衡量一切的唯一尺度。那时，如黑格尔所说的，是世界用头立地的时代，最初，这句话的意思是：人的头脑以及通过它的思维发现的原理，要求成为一切人类活动和社会结合的基础；后来这句话又有了更广泛的含义。和这些原理矛盾的现实，实际上被上下颠倒了。以往的一切社会形式和国家形式、一切传统观念，都被当做不合理的东西扔到垃圾堆里去了；到现在为止，世界所遵循的只是一些成见；过去的一切只值得怜悯和鄙视。只是现在阳光才照射出来，理性的王国才开始出现。从今以后，迷信、偏私、特权和压迫，必将为永恒的真理，为永恒的正义，为基于自然的平等和不可剥夺的人权所排挤。①

毫无疑问，在启蒙学家那里，理性成为一切现存事物的唯一的裁判者。因此，中世纪封建专制刑法也在理性的法庭上受到审判，古典学派的刑法学家们就成为这样一些法官。在孟德斯鸠看来，法律具有某种先验性，法律规范是普遍有效的和不可改变的。他不满足于已为世人通过经验所了解的政治社会的法律。他试图把这些五花八门的法律追溯到几条确定的原则。各种各样的习惯之间的秩序及其相互依赖性，

---

① 《马克思恩格斯选集》（第三卷），中共中央马克思、恩格斯、列宁、斯大林著作编译局编译，人民出版社1995年版，第355—356页。

就构成了"法的精神"。① 正是这种法的精神，成为法的正义理念。孟德斯鸠从政体形式出发，分析了与之相应的法律制度，包括刑法制度。孟德斯鸠明确地将自由作为刑法的根基，使刑法第一次从血腥的镇压中解脱出来，成为保障自由的工具。贝卡里亚沿着孟德斯鸠的思想轨迹进一步前行，对封建专制刑法制度作了猛烈抨击，并提出近代西方刑事法制的基本原则与框架。正如意大利学者利昂纳（Leone）指出：贝卡里亚是第一位推动者，以其极大的动力发动了一场渐进的和强大的刑事制度革命，这场革命彻底地把旧制度颠倒过来，以致使人难以想象出当时制度的模样。② 确实，贝卡里亚是第一个使刑法成为一门科学的人，因为只有他才首次以科学与理性的意识去审视刑法，他提出的罪刑法定、罪刑均衡、无罪推定等刑事法律的原则，至今仍然是刑事法律的圭臬。继贝卡里亚之后，边沁和费尔巴哈各自对刑法的理性化做出了贡献。尤其是费尔巴哈使贝卡里亚的刑法思想向实定刑法原则转化，为规范刑法学的发展奠定了基础。如果说，贝卡里亚等人是以功利为基础建构刑法理论体系的；那么，康德、黑格尔就是以报应为核心展开其刑法理论体系的。康德、黑格尔虽然不是职业刑法学家，甚至连法学家也谈不

---

① 参见〔德〕E. 卡西勒：《启蒙哲学》，顾伟铭等译，山东人民出版社1996年版，第235页。

② 参见黄风：《贝卡里亚及其刑法思想》，中国政法大学出版社1987年版，第25—26页。

上，但他们关于刑法的只言片语却使之在刑法思想史上英名永留。因为正是这些关于刑法本质与原则的见解，构成了刑法观的基本内容。而刑法的一些具体原则与结论，是受这种刑法观制约的。正是康德、黑格尔的报应主义刑法观，使我们看到了刑法所具有的另一特征，从而为刑法观进一步接近刑法的科学起到了重要的推动作用。以上这些刑法思想就是被称为刑事古典学派的刑法理念。刑事古典学派是启蒙运动的产物，其思想在刑法领域中具有启蒙性与革命性，是近代刑法理论的思想渊源。

启蒙不仅是一场运动，而且是一个不断的过程。刑法领域中的启蒙也是如此。刑事古典学派在刑事领域中占据了统治地位，并被付诸实施。但以理性为基础的古典学派，存在一定的理想化与乌托邦的成分，因而在现实的犯罪现象面前，显得有些虚妄。在这种情况下，刑事实证学派脱颖而出。龙勃罗梭以天生犯罪人论一鸣惊人，菲利以犯罪饱和论著称，李斯特以刑罚个别化与保安处分为中心建构了教育刑体系。这一切，对于长期受刑事古典学派思想束缚的人来说，不啻是一些奇思异想。但正是这些以实证为根据的刑法思想，推进了刑法理论的发展，因而同样是一种刑法的启蒙。

在人类认识史上，存在两种模式：一是理性的、建构的、乌托邦的、未来的；二是经验的、进化的、现实的、传统的。前者为人的认识提供一般标准，后者则在此基础上提出修正。在经济学中,作为经济学基础的,"一般均衡"是一个基于乌托邦的理想状态,是古典经济学的核心概念。而实证经济学则打破了这种以理性人为设定的经济规则,提出以个人偏好的出发点的实证经济学。在政治学中,作为政治学基本理论之一的"社会契约",是一种乌托邦式的对社会起源的解释,也是乌托邦式改善现状的出发点。但这种建构理性的改造社会模式受到哈耶克等人的批评,他们提出进化式改造社会的模式,如此等等。同样,刑事古典学派以意志自由为前提建立的刑法理论,作为刑法学基础的"罪刑法定""罪刑均衡"等一般原理,也是一种乌托邦式的刑法建构。刑事实证学派以行为决定论为基础的刑法理论,在一定程度上对刑事古典学派起到了纠偏的作用,使之更加符合现实。因此,如果说刑事古典学派是一种启蒙;那么,刑事实证学派就是一种启蒙之启蒙。不断地启蒙,使刑法理论不断地进化。唯有如此,才有呈现在我们面前的如此丰富的刑法学流派。

刑事古典学派也好,刑事实证学派也好,对于我们来说,都是一两百年以前的理论。似乎一句"俱往矣",就可以将之归入历史博物馆。其实不然,我们不能不每每提及这些不同凡响的名字:贝卡里亚、菲利,等等。因为文化传统是不能割裂的,我们今天在刑法理论中的一些基本原理与原则,都是这些伟大的先驱者建立的,因而我们不能数典忘祖,应该有几分对历史的流恋与怀念。

在我国刑法学界，刑法注释似乎更受青睐；而刑法思想，或者说刑法的形而上学却在一定程度上受到忽视，这是极不正常的。试问，没有刑法思想的指导，怎么可能对刑法条文做出科学的疏解呢？更何况，我们某些刑法研究者对于历史上的刑法学家的刑法思想尚只知其一，不知其二。这种情况下，刑法理论的发展就缺乏共许前提与知识背景。因此，有必要在刑法思想上补课。

我们渴望刑法启蒙，实际上我们渴望的是刑法的被启蒙。本书将把我们领进一个刑法思想家荟萃的蜡像馆，指点我们去认识一个个刑法的启蒙者。只要我们用心，就会如同行走在山阴道上，使人有一种目不暇接的感觉……

1

孟德斯鸠：探寻法意

1.1 超越实在法

  我时常寻求,哪一个政府最符合于理性。最完善的政府,我觉得是能以较少的代价达到统治目的的政府;因此,能以最合乎众人的倾向与好尚的方式引导众人,乃是最完善的政府。
  如果在温和的政府之下,人民驯顺,不下于在严峻的政府之下,则前者更为可取,由于它更符合理性,而严峻是外来的因素。
  亲爱的磊迭,你不妨相信,在刑罚多少偏于残酷的国家,并不使人因此而更服从法律。在刑罚较轻的国家,人们惧怕刑罚,也不下于刑罚残暴恶毒的国家。
  无论政府温和或酷虐,惩罚总应当有程度之分;按罪行大小,定惩罚轻重。人的想象,自然而然适合于所在国的习俗;八天监禁,或轻微罚款,对于一个生长在温和国家的欧洲人,其刺激的程度,不下于割去一条手臂对于一个亚洲人的威吓。某一程度的畏惧,联系在某一程度的刑罚上,而各人按自己的方式,分别程度之轻重。一个法国人受了某种惩罚,声名扫地,懊丧欲绝;同样的惩罚,施之于土耳其,恐怕连一刻钟的睡眠都不会使他失去……①

以上这些片断,摘自孟德斯鸠的早期代表作——《波斯人信札》,这与其说是一部文学作品,毋宁说是一部以书信体写作的关于政治社会问题的著作,我们所摘引的上述论断,也充分表明了孟德斯鸠对政治社会的关怀。

《波斯人信札》问世于1721年,这一年孟德斯鸠32岁。该书的出版在当时的法国巴黎引起轰动,以至于巴黎人奔走相告。那么,这本书到底给法国社会带来什么讯息呢?不是它所记录的异国风情,而是它所展现的一种超越现实的渴望,使长期在路易十四的君主独裁的绝对专制统治之下的法国人民获得了一种心理的宣泄。当然,《波斯人信札》由于其体裁所决定,未能也不可能描绘出理想社会的蓝图。而这一任务是由1748年出版的《论法的精神》一书来完成的。《波斯人信札》是《论法的精神》的准备,也可以说是一个准备写《论法的精神》这么一部巨著的青年人的随感录。在两书之间我们可以明显地发现其中思想发展的轨迹与脉络。

一如古典作家,孟德斯鸠是从对现实的观察开始的。

---

① 〔法〕孟德斯鸠:《波斯人信札》,罗大冈译,人民文学出版社1958年版,第139—140页。

《波斯人信札》就是这种观察的记录。在第 48 封信中,孟德斯鸠有这样一段夫子自道:

> 我以观察为生,白天所见、所闻、所注意的一切,到了晚上,一一记录下来。什么都引起我的兴趣,什么都使我惊讶。我和儿童一般,官能还很娇嫩,最细小的事物,也能给我大大的刺激。①

这种观察使孟德斯鸠积累了大量的社会知识,他所见到的社会不是君主,也不是上帝这些抽象的符号,而是气候、地理、习俗、道德、法律等。孟德斯鸠认为,这一切是构成社会的因素,并由此形成社会总的精神。孟德斯鸠的可贵之处在于,他并没有局限在这些个别的因素上,而是力图通过分析这些因素之间的关系把握社会的发展进程;他并没有停留在这些表面的现象上,而是希冀透过这些现象发现支配着这些现象的本质的东西——这种东西,孟德斯鸠称之为"精神":作为一个社会学家,他寻求社会精神;作为一个法学家,他寻求法的精神。由此,孟德斯鸠承继并发展了古典自然法的观念,实现了对实在法的进一步超越。

那么,什么是法的精神呢?

"精神"一词给人以强烈的主观色彩,至少在汉语中是如此,它与作为客观存在的物质是相对应的哲学范畴。但如

---

① 〔法〕孟德斯鸠:《波斯人信札》,罗大冈译,人民文学出版社 1958 年版,第 75—76 页。

果误以为法的精神也是主观的人的思想,那就是完全误解了孟德斯鸠。在孟德斯鸠那里,精神恰恰是一种客观的事物之间的本质联系。孟德斯鸠指出:

> 从最广泛的意义来说,法是由事物的性质产生出来的必然关系。在这个意义上,一切存在物都有它们的法。上帝有他的法;物质世界有它的法;高于人类的"智灵们"有他们的法;兽类有它们的法;人类有他们的法……由此可见,是有一个根本理性存在着的。法就是这个根本理性和各种存在物之间的关系,同时也是存在物彼此之间的关系。①

在上述意义上,法与规律同义,是一种客观的东西。从本质上理解法,可以将法上升为客观规律,这种观念在西方历史上时隐时现地存在,成为理解法的一条重要线索。这就是自然法思想。我国学者梁治平引述了孟德斯鸠关于"从最广泛的意义来说,法是由事物的性质产生出来的必然关系"的论断,指出:

> 这是一个自然法的定义。这样说有两层意思。第一,可以这样来界定自然法。孟德斯鸠说,自然法"单纯渊源于我们生命的本质",是人类在组成社会之前接

---

① 〔法〕孟德斯鸠:《论法的精神》(上册),张雁深译,商务印书馆1961年版,第1页。

受的规律。第二,把法,首先是自然法视同规律,正可以看做自然法论者固有的思维特征。①

从自然法的法的定义出发,孟德斯鸠逐渐展示其法的精神;既没有把法的精神归结为上帝的意志,也没有把法的精神指认为君主的意志,而是从一个国家(更为确切地说是社会)的自然状态关系界定法的精神,指出:

> 法律应该和国家的自然状态有关系;和寒、热、温的气候有关系;和土地的质量、形势与面积有关系;和农、猎、牧各种人民的生活方式有关系。法律应该和政制所能容忍的自由程度有关系;和居民的宗教、性癖、财富、人口、贸易、风俗、习惯相适应。然后,法律和法律之间也有关系,法律和它们的渊源,和立法者的目的,以及作为法律建立的基础的事物的程序也有关系。应该从所有这些观点去考察法律。
>
> 这就是我打算在这本书里所要进行的工作。我将研讨所有的这些关系。这些关系综合起来就构成所谓"法的精神"。
>
> 我并没有把政治的法律和民事的法律分开,因为我讨论的不是法律,而是法的精神,而且这个精神是存在于法律和各种事物所可能有的种种关系之中,所以我应

---

① 梁治平:《法辨——中国法的过去、现在与未来》,贵州人民出版社1992年版,第184页。

尽量遵循这些关系和这些事物的秩序，而少遵循法律的自然秩序。①

以上这段话，可以作为进入孟德斯鸠的理论大厦的钥匙。在此，孟德斯鸠明确指出：他所要讨论的不是法律，而是法的精神。这里的"法律"，可以理解为实在法；而这里的"法的精神"，则可以理解为自然法：前者是以阐述法之实然为任务的；而后者则以揭示法之应然为使命。法的精神，就是孟德斯鸠关于法之应然的界定与回答。因此，孟德斯鸠指出了考察法律的以下三个观点：①法律和国家的自然状态的关系，这是法律的地理环境决定论的观点。②法律和政制的关系，这是法律的政治制度决定论的观点。③法律和事物的秩序的关系，这是法律的社会决定论的观点。自然法，并不是孟德斯鸠的发明。在孟德斯鸠时代，自然法已是老生常谈。先于孟德斯鸠，英国著名哲学家洛克就曾经将自然法思想发展到登峰造极的程度。英国学者彼得·斯坦、约翰·香德曾经把17世纪的自然法学派分成两个分支：其中以雨果·格老秀斯为代表的一派思想家认为，自然法的基本原则是属于公理性的，就像几何学的定理一样。自然法学派的另一分支将其着眼点放在人上，而不是放在整个社会上。其中，洛克是其代表，将自然法归结为自然权利，通过这种

---

① 〔法〕孟德斯鸠：《论法的精神》（上册），张雁深译，商务印书馆1961年版，第7页。

自然权利来说明社会的起源和法律的渊源。① 孟德斯鸠超越洛克，将自然法社会化，在法律与社会的联系中界定自然法。因此，在孟德斯鸠这里，自然法不再是抽象的理性，也不再简单地认为是一种自然权利，而是理解为一种社会状态所决定的社会精神。孟德斯鸠认为，一项规则，要成为好的法，不仅要适应于抽象的理性，而且还要适合于它所适用的社会的精神。这种社会精神，是从多种因素中升华而来的。② 因此，孟德斯鸠的自然法思想完全不同于以往，它是以探求法的支配因素，即所谓法的精神为特征的，因而其中包含着决定论的方法论。

孟德斯鸠虽然是一个具有浪漫气质的作家，以其观察与想象为依据建构了博大精深的以三权分立为核心的政治法律理论。但孟德斯鸠决不是一个幻想家，他时刻将其想象的翅膀悬挂上原因的重量。对于原因——一种决定性因素的关注，几乎成为孟德斯鸠的思维模式，也可以说是一种研究范式。孟德斯鸠曾经写过一本虽然不像《论法的精神》那么著名但也为他带来声誉的著作，这就是《罗马盛衰原因论》，该书就是以探讨罗马盛衰原因为内容的。孟德斯鸠没有满足于对罗马盛衰表象的描述，而是力图揭示这种盛衰的原因。

---

① 参见〔英〕彼得·斯坦、〔英〕约翰·香德：《西方社会的法律价值》，王献平译，中国人民公安大学出版社1990年版，第12页以下。
② 参见〔英〕彼得·斯坦、〔英〕约翰·香德：《西方社会的法律价值》，王献平译，中国人民公安大学出版社1990年版，第20页。

孟德斯鸠坚信：

> 支配着全世界的并不是命运。这一点从罗马人身上可以看出来：当罗马人根据一种办法来治理的时候，他们一连串的事情都是成功的，可是当罗马人根据另一种办法来行动的时候，他们就遭到了一连串的失败。有一般的原因，它们或者是道德方面的，或者是生理方面的。这些原因在每一个王国里都发生了作用，它们使这个王国兴起，保持住它，或者是使它覆灭。一切偶发事件都是受制于这些原因的；如果偶然一次战败，这就是说一次特殊的原因摧毁了一个国家，那就必然还有一个一般的原因，使这个国家会在一次战斗中灭亡。总之，一个总的基础是会把所有特殊的事件带动起来的。①

如果说罗马盛衰的因果关系只是个案分析，那么，孟德斯鸠将这种因果决定论推广到对社会及其法律现象的解释。在《论法的精神》一书的序言中，孟德斯鸠指出：

> 我首先研究了人，就相信，在这样无限参差驳杂的法律和风俗之中，人不是单纯地跟着幻想走的。
>
> 我建立了一些原则。我看见了：个别的情况是服从这些原则的，仿佛是由原则引申而出的；所有各国的历

---

① 〔法〕孟德斯鸠：《罗马盛衰原因论》，婉玲译，商务印书馆1962年版，第102页。

史都不过是由这些原则而来的结果；每一个个别的法律都和另一个法律联系着，或是依赖于一个更具有一般性的法律。

当我回顾古代，我便追寻它的精神之所在，以免把实际不同的情况当做相同，或是看不出外貌相似的情况间的差别。

我的原则不是我的成见，而是从事物的性质推演出来的。①

由此可见，孟德斯鸠认为人不是虚幻的存在，而是社会的存在，存在于一定的社会环境与自然状态之中，这种存在是有根据的，这种根据即是原因，也就是孟德斯鸠称之为原则的东西。这里的原则可以理解为原因，因为它不是个人的成见，而是从事物的性质推演出来的客观规律。这就是孟德斯鸠认识社会与分析社会的基本逻辑。法国学者雷蒙·阿隆将孟德斯鸠的思想归纳为这样一个公式：应当透过表面上是偶然发生的事件，把握着引起这种事件的深刻的原因。雷蒙·阿隆指出：

这样，就可以有两种方法来解释为什么会有上述种种风俗习惯了。即：或者追溯形成人们在这种或那种情况下遵守的某种特定法律的原因，或者分析构成介于杂

---

① 〔法〕孟德斯鸠：《论法的精神》（上册），张雁深译，商务印书馆1961年版，第37页。

乱无章的各种各样的风俗习惯和法律与普遍有效的蓝图之间的中间体的原则和类型。人们一旦掌握了决定事件总的进程的深刻原因后，未来就成为可理解的了。一旦把多样性置于为数不多的类型或概念之中，那么多样性也就成为可知的了。①

叙述到此，我们就可以掌握孟德斯鸠揭示法的精神的方法论：他通过寻求实在法的存在根据，也就是原因分析，超越实在法。这样，我们可以回到本文开篇引述的孟德斯鸠的那封信：他虽然见到了世俗社会存在的各种政府，但他不是要描述这些政府的存在形式，而是寻求"哪一个政府最符合于理性"这样一个形而上学的结论。在孟德斯鸠看来，各个社会都有其特定的自然状态，因而刑罚的轻重不能进行简单机械的比较，刑法应当适合于一定社会的自然状态。换言之，理想的刑法应当是适合于一定社会的自然状态的刑法。由此，我们可以进入本文的主题：

在孟德斯鸠那里，刑法的精神是什么，或者说，刑法应当是怎么样的，这是一种超越实在刑法的思考，也就是一种刑法哲学的探寻。

---

① 〔法〕雷蒙·阿隆：《社会学主要思潮》，葛智强等译，上海译文出版社1988年版，第23页。

1.2 刑法的精神

孟德斯鸠区分了两种自由：哲学上的自由与政治自由：

> 哲学上的自由，是要能够行使自己的意志，或者，至少（如果应从所有的体系来说的话）自己相信是在行使自己的意志。政治的自由是要有安全，或是至少自己相信有安全。①

哲学上的自由是一种意志自由。这不是孟德斯鸠，也不是本书探讨的重点，孟德斯鸠关注的是政治自由。

"自由"一词在英文中有两个同义的词形，即 Freedom 和 Liberty。在古代西方，自由概念最早曾被用来表示原始社会中无任何羁束的自然生活状态。在现代社会，自由作为一种公民权利而存在，这个意义上的自由不仅是指人身自由，而是包括在社会活动的各个方面自主地决定自己的行为。自由，曾经是 17 世纪至 18 世纪这个期间古典自然法的一个主题。这个时期古典自然法对自由范畴所作的最主要的规定，就是把它宣布为人的天赋权利或者自然权利；而这种天赋权利或者自然权利在实际社会中又表现为社会权利。霍布斯在

---

① 〔法〕孟德斯鸠：《论法的精神》（上册），张雁深译，商务印书馆 1961 年版，第 188 页。

论及自由时指出:

> 自由这个词,按照其确切的意义说来,就是外界障碍不存在的状态。自由首先以自然权利而存在,自然权利就是一个人按照自己所愿意的方式,运用自己的力量保全自己的天性——也就是保全自己的生命——的自由。因此,这种自由就是用他自己的判断和理性认为最适合的手段去做任何事情的自由。①

因此,在霍布斯看来,自由是与生命同在的一种人的本能。在公民社会里它表现为一种自然权利。继霍布斯之后,洛克对这种自由权利范畴作了进一步的说明,指出:

> 人的自然自由,就是不受人间任何上级权力的约束,不处在人们的意志或立法权之下,只以自然法作为他的准绳。处在社会中的人的自由,就是除经人们同意在国家内所建立的立法权以外,不受其他任何立法权的支配,除了立法机关根据对它的委托所制定的法律以外,不受任何意志的统辖或任何法律的约束。②

同时,洛克还论及自由与法律的关系,指出:

> 处在政府之下的人们的自由,应有长期有效的规则

---

① 〔英〕霍布斯:《利维坦》,黎思复、黎廷弼译,商务印书馆1985年版,第165页。

② 〔英〕洛克:《政府论》(下篇),叶启芳、瞿菊农译,商务印书馆1964年版,第15页。

作为生活的准绳，这种规则为社会一切成员所共同遵守，并为社会所建立的立法机关所制定。这是在规则未加规定的一切事情上能按照我自己的意志去做的自由，而不受另一人的反复无常的、事前不知道的和武断的意志的支配；如同自然的自由是除了自然法以外不受其他约束那样。①

在此，洛克明确提出了"凡是法律没有规定的，便是允许去做的"这样一个命题，从而为公民自由留下了广泛的空间，即使法律的规定，也并不是要限制自由。因此，洛克指出：

> 法律按其真正的含义而言与其说是限制还不如说是指导一个自由而有智慧的人去追求他的正当利益，它并不在受这法律约束的人们的一般福利范围之外做出规定。假如没有法律他们会更快乐的话，那么法律作为一件无用之物自己就会消灭；而单单为了使我们不致堕下泥坑和悬崖而作的防范，就不应称为限制。所以，不管会引起人们怎样的误解，法律的目的不是废除或限制自由，而是保护和扩大自由。这是因为在一切能够接受法律支配的人类的状态中，哪里没有法律，那里就没有自由。这是因为自由意味着不受他人的束缚和强暴，而那

---

① 〔英〕洛克：《政府论》（下篇），叶启芳、瞿菊农译，商务印书馆1964年版，第15页。

里没有自由，那里就不能有这种自由。①

根据洛克的观点，自由不是为法律而存在，恰恰相反，法律是为自由而存在的。只有在这个意义上，我们才能明晰洛克关于"哪里没有法律，那里就没有自由"这句名言的真谛。英国哲学家霍布豪斯在论及洛克的观点时指出：

> 值得注意的是，这自由的第一步实际上正是要求法治。"处于政府之下的人们的自由"，洛克在总结整整一章关于17世纪的争论时说，"是要有一个长期有效的规则作为生活的准则，这种规则由社会所建立的立法机关制定，并为社会的一切成员共同遵守。"这就是说，普遍自由的第一个条件是一定程度的普遍限制。没有这种限制，有些人可能自由，另一些人却不自由。一个人也许能够照自己的意愿行事，而其余的人除了这个人认为可以容许的意愿以外，却无任何意愿可言。换言之，自由统治的首要条件是：不是由统治者独断独行，而是由明文规定的法律实行统治，统治者本人也必须遵守法律。我们可以从中得出一个重要结论，即自由和法律之间没有根本性的对立。相反，法律对于自由是必不可少的。当然，法律对个人施加限制，因此它在一个特定时候和一个特定方面与个人的自由是对立的。但是，法律

---

① 〔英〕洛克：《政府论》（下篇），叶启芳、瞿菊农译，商务印书馆1964年版，第35—36页。

同样也限制他人随心所欲地处置个人。法律使个人解除了对恣意侵犯或压迫的恐惧，而这确实是整个社会能够获得自由的唯一方法和唯一意义。①

从保障自由出发，进而提出统治的要求，这确实是洛克政治法律理论的内在逻辑。那么，法律又是什么呢？这里涉及洛克关于社会契约的思想，洛克指出：

> 任何人放弃其自然自由并受制于公民社会的种种限制的唯一的方法，是同其他人协议联合组成为一个共同体，以谋他们彼此间的舒适、安全和和平的生活，以便安稳地享受他们的财产并且有更大的保障来防止共同体以外任何人的侵犯。②

不仅如此，社会还从公民个人中通过权利转让获得了立法权，从而制定法律并用法律来解决公民之间的纠纷，以及依照法律处罚违法者。正如洛克指出：

> 真正的和唯一的政治社会是，在这个社会中，每一成员都放弃了这一自然权力，把所有不排斥他可以向社会所建立的法律请求保护的事项都交由社会处理。于是每一个别成员的一切私人判决都被排除，社会成了仲裁

---

① 〔英〕霍布豪斯：《自由主义》，朱曾汶译，商务印书馆1996年版，第9页。
② 〔英〕洛克：《政府论》（下篇），叶启芳、瞿菊农译，商务印书馆1964年版，第59页。

人，用明确不变的法规来公正地和同等地对待一切当事人；通过那些由社会授权来执行这些法规的人来判断该社会成员之间可能发生的关于任何权利问题的一切争执，并以法律规定的刑罚来处罚任何成员对社会的犯罪。①

在此，洛克阐明了刑罚权的起源，它来自在自然法状态下为执行私人判决而处罚违犯自然法的行为的权力。洛克以自然权利与社会契约建构起来的以自由为精神的政治哲学理论，为此后发展起来的罪刑法定主义提供了理论支撑。正是在洛克之后，孟德斯鸠进一步论述了自由与法律的关系，指出：

在一个国家里，也就是说，在一个有法律的社会里，自由仅仅是：一个人能够做他应该做的事情，而不被强迫去做他不应该做的事情。自由是做法律所许可的一切事情的权利；如果一个公民能够做法律所禁止的事情，他就不再有自由了，因为其他的人也同样会有这个权利。

一个公民的政治自由是一种心境的平安状态，这种心境的平安是从人人都认为他本身是安全的这个看法产生的。要享有这种自由，就必须建立一种政府，在它的

---

① 〔英〕洛克：《政府论》（下篇），叶启芳、瞿菊农译，商务印书馆1964年版，第53页。

统治下一个公民不惧怕另一个公民。①

由此可见，孟德斯鸠把公民的自由归结为一种不受侵犯的安全，这也正是政治上的自由与哲学上的自由的主要区别。孟德斯鸠认为：

> 这种安全从来没有比在公的或私的控告时受到的威胁更大的了。因此公民的自由主要依靠良好的刑法。
>
> 在过去，刑法并不是一刹那之间就达到了完善的境地的。甚至在那些人们最追求过自由的地方，人们也并未立即就找到它。亚里士多德告诉我们，在丘麦，控告人的父母可以当证人。在罗马君王的时代，法律极不完善，以致塞尔维乌斯·图里乌斯竟亲自把安库斯·马尔蒂乌斯的子女判刑。这些子女被告暗杀国王——他的岳父。在法兰西初期各王时代，格罗大利乌斯制定了一项法律，规定被告非经审讯不得判罪。这证明曾经有过某些案件做法与此相反，或是某些野蛮人民的做法与此相反。卡龙达斯开创了对于伪证的审判。当公民的无辜得不到保证，自由也就没有保证。
>
> 关于刑事审判所应遵守的最稳妥的规则，人们在某些国家已获得的知识以及将来在其他国家所将获得的知识，比世界上任何东西都使人类感到亲切。

---

① 〔法〕孟德斯鸠：《论法的精神》（上册），张雁深译，商务印书馆1961年版，第154页以下。

只有在这些知识的实践基础上才有可能建立起自由来。在这方面具有最好法律的国家里,就是一个被控告并将在明天绞决的人,也比一个土耳其的高官还要自由些。①

"公民的自由主要依靠良好的刑法",这是孟德斯鸠对自由与刑法关系的科学概括。由此,我们可以引申出这样一个命题:"刑法是为保障自由而存在的",这就是孟德斯鸠对刑法的价值定位。刑法从专制镇压的工具,到公民自由的保障,这是一个多么巨大的变化,也是古代及中世纪刑法与近代及现代刑法的根本分野。孟德斯鸠首先指出了这一点,将刑法与自由联系起来,使刑法奠基于个人权利与自由之上,成为自由的守护神。

刑法应当为保障自由而存在,但刑法本身并不会创造自由,它仅为自由的存在提供法律保障而已。然而,在不同的政制架构中,公民的自由程度是不同的,刑法的性质也就随之而有别。这里,涉及孟德斯鸠关于政体类型的理论:

> 政体有三种:共和政体、君主政体、专制政体。用最无学识的人的观念就足以发现它们的性质。我假定了三个定义,或毋宁说是三个事实:共和政体是全体人民或仅仅一部分人民握有最高权力的政体;君主政体是由

---

① 〔法〕孟德斯鸠:《论法的精神》(上册),张雁深译,商务印书馆1961年版,第188—189页。

单独一个人执政，不过遵照固定的和确立了的法律；专制政体是既无法律又无规章，由单独一个人按照一己的意志与反复无常的性情领导一切。

这就是我所谓的各种政体的性质。应该看到什么法律是直接从政体的性质产生出来的，这种法律便是最初的基本法律。①

政体的性质决定着法律，同样也决定着刑法。法律从政体的性质与原则中引申出来，在孟德斯鸠看来，就如同水从泉源流出一样自然。我们按照孟德斯鸠的思路，分别考察在三种政体之下刑法的存在方式：

专制政体的原则是恐怖，在专制社会里，之所以需要恐怖，是因为：

在专制政体之下，君主把大权全部交给他所委任的人们。那些有强烈自尊心的人们，就有可能在那里进行革命，所以就要用恐怖去压制人们的一切勇气，去窒息一切野心。一个宽和的政府可以随意放松它的权力，而不致发生危险。它是依据它的法律甚至它的力量，去维持自己的。但是在专制政体之下，当君主有一瞬间没有举起他的手臂的时候，当他对那些居首要地位的人们不能要消灭就消灭的时候，那一切便都完了，因为这种政

---

① 〔法〕孟德斯鸠：《论法的精神》（上册），张雁深译，商务印书馆1961年版，第7—8页。

府的动力——恐怖——已不再存在,所以人民不再有保护者了。①

在这种恐怖的统治之下,公民不知自由为何物,因为当一个人握有绝对权力的时候,他首先便是想简化法律。在这种国家里,他首先注意的是个别的不便,而不是公民的自由,公民的自由是受不到关怀的。由于公民没有自由,因而专制国家是无所谓法律的,法官本身就是法律。因此,在专制国家里,严刑苛罚是极其寻常的,因为严峻的刑罚比较适宜于以恐怖为原则的专制政体。所以,刑法在专制政体下不可能是自由的保障,而只能是制造恐怖的工具。由此,孟德斯鸠得出结论:

刑罚的增减和人民距离自由的远近成正比例。②

君主政体的原则是荣誉。在孟德斯鸠看来,荣誉就是每个人和每个阶层的成见。荣誉的性质要求优遇和高官显爵。就是因为这个缘故,荣誉便在这类政体中获得地位。在这种君主政体下,公民的自由是有限的,并且是按照等级分配的。孟德斯鸠指出:

君主国是有法律的;法律明确时,法官遵照法律;

---

① 〔法〕孟德斯鸠:《论法的精神》(上册),张雁深译,商务印书馆1961年版,第26页。
② 〔法〕孟德斯鸠:《论法的精神》(上册),张雁深译,商务印书馆1961年版,第26页。

法律不明确时，法官则探求法律的精神。①

这里的"法律的精神"是指法官所理解的立法原意，这是一种主观的东西，与孟德斯鸠所说的法的精神——这是一种客观的事物的关系与性质，完全是两回事。在君主政体下，法律不具有确定性，而且具有等级的特征。因而，刑法也只能是一种维护荣誉的工具而已。

共和政体的原则是品德与节制。孟德斯鸠认为共和政体可以分为两种：共和国的全体人民握有最高权力时，就是民主政治。共和国的一部分人民握有最高权力时，就是贵族政治。民主政治的原则是品德，因为在这种平民政治的国家里执行法律的人觉得本身也要服从法律，并负担责任，因而品德是极为重要的。而贵族政体的原则是节制，一种以品德为基础的节制。因为在贵族政体下，看来就像是把贵族放在法律威权之下，而又使贵族置身于法律之外。因此，为了维护贵族政体，贵族需要自我抑制。孟德斯鸠指出：

> 那么，这样一个团体只有两种抑制自己的方法。一个是以高尚的品德，使贵族和人民多少平等些，这可能形成一个共和国。另一个是比较小的品德，也就是说以某种程度的节制，使贵族们至少在贵族之间是平等的，

---

① 〔法〕孟德斯鸠：《论法的精神》（上册），张雁深译，商务印书馆1961年版，第76页。

这样他们就能够存在下去。①

在共和政体下，自由并不是天然存在的，自由的存在是有条件的。在此，就涉及孟德斯鸠关于三权分立的政治哲学。孟德斯鸠指出：

> 民主政治和贵族政治的国家，在性质上，并不是自由的国家。政治自由只在宽和的政府里存在。不过它并不是经常存在于政治宽和的国家里；它只在那样的国家的权力不被滥用的时候才存在。但是一切有权力的人都容易滥用权力，这是万古不易的一条经验。有权力的人们使用权力一直到遇有界限的地方才休止。说也奇怪，就是品德本身也是需要界限的！
>
> 从事物的性质来说，要防止滥用权力，就必须以权力约束权力。我们可以有一种政制，不强迫任何人去做法律所不强制他做的事，也不禁止任何人去做法律所许可的事。②

为了实现公民的自由，就必须实行分权，以权力制约权力，这就是孟德斯鸠的结论。为此，孟德斯鸠主张，把国家权力分为以下三种：①立法权；②行政权；③司法权。三权

---

① 〔法〕孟德斯鸠：《论法的精神》（上册），张雁深译，商务印书馆1961年版，第22—23页。
② 〔法〕孟德斯鸠：《论法的精神》（上册），张雁深译，商务印书馆1961年版，第154页。

分立就是把这三种国家权力交由不同的国家机关执掌，通过法律规定的方式，既互相牵制，又互相保持平衡。实行这种政治制度的国家，叫做"政治宽和的国家"。不仅君主专制的国家要通过分权，走向立宪君主制，而且共和制的国家也要通过三权分立实现其政治的宽和性。① 因此，只有实行三权分立才能实现政治自由。如果没有三权分立，也就不可能存在公民的政治自由。因为，在孟德斯鸠看来：

> 一个公民的政治自由是一种心境的平安状态。这种心境的平安是从人人都认为他本身是安全的这个看法产生的。要享有这种自由，就必须建立一种政府，在它的统治下一个公民不惧怕另一个公民。
>
> 当立法权和行政权集中在同一个人或同一个机关之手，自由便不复存在了；因为人们将要害怕这个国王或议会制定暴虐的法律，并暴虐地执行这些法律。
>
> 如果司法权不同立法权和行政权分立，自由也就不存在了。如果司法权同立法权合而为一，则将对公民的生命和自由施行专断的权力，因为法官就是立法者。如果司法权同行政权合而为一，法官便将握有压迫者的力量。②

---

① 参见朱光磊：《以权力制约权力——西方分权论和分权制评述》，四川人民出版社1987年版，第64页。
② 〔法〕孟德斯鸠：《论法的精神》（上册），张雁深译，商务印书馆1961年版，第155—156页。

正是孟德斯鸠的三权分立理论为罪刑法定主义奠定了政治制度基础。因为罪刑法定是以三权分立为前提的。在实行专制的社会，君主大权独揽，集立法、司法与行政三权于一身，实行的是罪刑擅断。而根据三权分立学说，立法机关应该依据宪法规定独立地完成立法任务；司法机关依据刑事法律的明文规定独立地执行审判职责；行政机关，如果是司法行政机关则负责执行审判和行刑的任务以及执行属于法律解释权内的法律解释任务，其他行政机关不能干涉立法与司法的活动。由此可见，只要在立法与司法分立的前提下，为了防止审判的擅断，就有必要把罪与刑用明文规定下来，从而确定了罪刑法定原则。因此，罪刑法定原则对于防止立法权与司法权的滥用，保障公民的自由具有十分重要的意义。

罪刑法定主义首先涉及对立法权的限制，刑事立法权不是无限的，应当有所限制。尤其是，立法的目的是为了保障公民自由而不是为了限制以至取消公民自由。即使是限制了某些人的自由或者某些方面的自由，也是为了使公民更多更好地享受自由。为此，孟德斯鸠提出了"依犯罪的性质量刑有利于自由"的原则，指出：

> 如果刑法的每一种刑罚都是依据犯罪的特殊性质去规定的话，便是自由的胜利。一切专断停止了，刑罚不是依据立法者一时的意念，而是依据事物的性质产生出

来的；这样，刑罚就不是人对人的暴行了。①

刑法的明确性，也是罪刑法定的题中应有之义。如果刑法规定笼统、含混、概括，难免罪刑擅断之虞。为此，孟德斯鸠考察了历史上的法律，为我们指出了颇有借鉴意义的教导：

> 按照火诺利乌斯的法律，把一个脱离奴籍的人当作农奴买入或有意使他忧虑不安的人，处死刑。该法不应该使用像"忧虑不安"这样一种含糊笼统的措辞。使一个人忧虑不安，完全要看这个人敏感性的程度而定。
>
> 法律要有所规定时，应该尽量避免用银钱作规定。无数原因可以促使货币的价值改变；所以改变后同一金额已不再是同一的东西了。我们都知道罗马那位卤莽家伙的故事；他见谁就打谁一记耳光，然后再给人《十二铜表法》所规定的 25 苏。
>
> 在法律已经把各种观念很明确地加以规定之后，就不应再回头使用含糊笼统的措辞。路易十四的刑事法令，在精确地列举了和国王有直接关系的讼案之后，又加上了这一句："以及一切向来都由国王的判官审理的讼案。"人们刚刚走出专横独断的境域，可是又被这句

---

① 〔法〕孟德斯鸠：《论法的精神》（上册），张雁深译，商务印书馆 1961 年版，第 189 页。

话推回去了。①

罪刑法定主义还涉及对司法权的限制,孟德斯鸠认为,法官应严格依照司法程序和法律规定审理案件,唯有如此才能保障公民自由。孟德斯鸠指出:

> 在政治宽和的国家里,一个人,即使是最卑微的公民的生命也应当受到尊重。他的荣誉和财产,如果没有经过长期的审查,是不得剥夺的;他的生命,除了受国家的控诉之外,是不得剥夺的。——国家控诉他的时候,也必定要给他一切可能的手段为自己辩护。
>
> 在共和国里,政制的性质要求法官以法律的文字为依据;否则在有关一个公民的财产、荣誉或生命的案件中,就有可能对法律作有害于该公民的解释了。
>
> 在罗马,法官只能够宣告被告犯了某一罪行,而这罪行的处罚,法律是有规定的。这从当时所制定的各种法律可以看到。同样,在英国,由陪审员根据向他们提出的事实,认定被告是否犯罪。如果他们宣告犯罪属实,法官便按照法律的规定宣告刑罚。做这件事,法官只要用眼睛一看就够了。②

---

① 〔法〕孟德斯鸠:《论法的精神》(下册),张雁深译,商务印书馆1961年版,第297页。

② 〔法〕孟德斯鸠:《论法的精神》(上册),张雁深译,商务印书馆1961年版,第76—77页。

法官只需做"只要用眼睛一看就够了"的工作，一切都由法律规定好了。在这种立法与司法的建构中，法官不再握有欺压公民的权力，公民自由就受到保障了：这就是孟德斯鸠所构造的一个法的理想国。

1.3 犯罪的载体

在欧洲中世纪，自杀是一项严重的罪名。对于自杀未遂的人，法律制裁非常严厉，可以规定再一次将他们处死。这种将自杀规定为犯罪的做法来源于一种神学观念，认为自杀扰乱天道神理。上帝将你的灵魂与肉体结合在一起，而你把它们分开。因此你违反神意，抗拒神旨。对此，孟德斯鸠大不以为然，指出：

> 我觉得这种法律是很不公道的。我受到痛苦、贫困、蔑视等沉重的压迫的时候，为什么别人不让我结束我的苦难，而残忍地剥夺了我自己手中的救药？
>
> 这个社会我已经不愿参加，为什么还要我替它劳动呢？为什么要我遵守不得我同意而制订的公约呢？社会是建立在互利的基础上的，可是，社会对于我成了负担的时候，谁又能阻止我离弃社会呢？上天给我生命，这是一种恩惠；所以，生命已经不成其为恩惠时，我可以

将它退还：因既不存，果亦当废。①

这就促使我们考虑一个问题：什么样的行为可以规定为犯罪？因为犯罪是一种应当受到刑罚处罚的行为，如果犯罪规定不合理，犯罪界限不明确，那么刑法就不能保障公民自由，甚至恰恰会沦为侵犯公民自由的工具。为此，孟德斯鸠对于思想、言词、文字能否成为犯罪的载体分别作了探讨：

孟德斯鸠认为，思想不能构成犯罪，主观归罪只能将公民自由剥夺殆尽，因而是一种大暴政：

> 马尔西亚斯做梦他割断了狄欧尼西乌斯的咽喉。狄欧尼西乌斯因此把他处死，说他如果白天不这样想夜里就不会做这样的梦。这是大暴政，因为即使他曾经这样想，他并没有实际行动过。法律的责任只是处罚外部的行动。②

梦中之所思也构成死罪，在我们今天看来是多么的荒唐，但它却是历史上真实发生的事件。中国古代也有"腹诽"之罪，腹诽者，腹里之诽谤也，一种内心的不敬也可以招致杀身之祸，这是何其专制。法律不能惩罚思想，那么，能否惩罚表露出来的言词呢？孟德斯鸠的回答也是否定的：

---

① 〔法〕孟德斯鸠：《波斯人信札》，罗大冈译，人民文学出版社1958年版，第133页。
② 〔法〕孟德斯鸠：《论法的精神》（上册），张雁深译，商务印书馆1961年版，第197页。

言语并不构成"罪体"。它们仅仅栖息在思想里。在大多数场合，它们本身并没有什么意思，而是通过说话的口气表达意思的。常常相同的一些话语，意思却不同，它们的意思是依据它们和其他事物的联系来确定的。有时候沉默不言比一切言语表示的意义还要多。没有比这一切更含混不清的了。那么，怎能把它当做大逆罪呢？无论什么地方制定这么一项法律，不但不再有自由可言，即连自由的影子也看不见了。①

言论自由是其他一切公民自由的前提，没有言论自由也就不可能有其他自由。不仅言论不能成为罪体，同样，文字也不能单独构成犯罪，因为文字也主要是一种表述思想的工具。孟德斯鸠指出：

文字包含某种比语言较有恒久性的东西。但是如果文字不是为大逆罪作准备而写出的话，则不能作为犯大逆罪的理由。②

孟德斯鸠认为，只有行为才能成为罪体，因为法律是调整人的外部行为的，行为才能成为惩罚的对象：

行为不是天天都有的。许多人能够把行为具体指

---

① 〔法〕孟德斯鸠：《论法的精神》（上册），张雁深译，商务印书馆1961年版，第198页。
② 〔法〕孟德斯鸠：《论法的精神》（上册），张雁深译，商务印书馆1961年版，第199页。

出,捏造事实进行诬告是容易被揭发的。言语要和行为结合起来才能具有该行为的性质。因此,一个人到公共场所鼓动人们造反即犯大逆罪,因为这时言语已经和行为连结在一起,并参与了行为。人们处罚的不是言语,而是所犯的行为,在这种行为里人们使用了这些言语。言语只有在准备犯罪行为、伴随犯罪行为或追从犯罪行为时,才构成犯罪。如果人们不是把言语当做死罪的征兆来看待,而是以言语定死罪的话,那就什么都混乱了。①

既然只有行为才能成为罪体,那么,什么行为应当作为犯罪来处理呢?孟德斯鸠认为应当从行为的性质上去探求,唯有如此,才是极有利于公民的自由的。这里的行为性质,实际上是指行为对于社会的危害性。在专制统治下,公民动辄获罪,没有自由,没有安全感,只有恐怖。孟德斯鸠猛烈地抨击了这种处罚思想、言词、文字的专制刑法制度,明确提出只有危害社会的行为才能成为刑罚处罚的对象,这一观点在当时确实是具有巨大的震撼力的,至今成为刑法的一个基本理念。

---

① 〔法〕孟德斯鸠:《论法的精神》(上册),张雁深译,商务印书馆1961年版,第198页。

1.4 刑罚的限度

残酷的刑罚曾经在中世纪盛行一时，这种残酷的刑罚是没有差别的赤裸裸的暴力。孟德斯鸠考察了刑罚轻重与政制的关系，指出：

> 严峻的刑罚比较适宜于以恐怖为原则的专制政体，而不适宜于以荣誉和品德为动力的君主政体和共和政体。
>
> 在政治宽和的国家，爱国、知耻、畏惧责难，都是约束的力量，能够防止许多犯罪。对恶劣行为最大的惩罚就是被认定为有罪。因此，民事上的法律可以比较容易地纠正这种行为，不需要许多大的强力。
>
> 在这些国家里，一个良好的立法者关心预防犯罪，多于惩罚犯罪，注意激励良好的风俗，多于施用刑罚。[①]

在孟德斯鸠看来，刑罚适用的目的是为了防止犯罪发生，因此，刑罚不是越重越好。刑罚只是防止犯罪的一种措施，是最严厉的措施，应当谨慎使用。孟德斯鸠十分注重风俗、道德等因素的作用。只有在专制国家里，人民很悲惨，

---

① 〔法〕孟德斯鸠：《论法的精神》（上册），张雁深译，商务印书馆1961年版，第83页。

所以人们畏惧死亡甚于爱惜其生活。因此,刑罚便要严酷些。在政治宽和的国家里,人们害怕丧失其生活,甚于畏惧死亡,所以刑罚只要剥夺他们的生活就够了。因此,刑罚是有限度的,不是越重越好。孟德斯鸠指出:

> 经验告诉我们,在刑罚从轻的国家里,公民的精神受到轻刑的影响,正像其他国家受到严刑的影响一样。
> 如果在一个国家里,有什么不便的事情发生的话,一个暴戾的政府便想立即加以消弭。它不想法执行旧有的法律,而是设立新的残酷的刑罚,以便马上制止弊害。但是因为政府的动力被用尽了,人们对严刑峻法在思想上也习惯了,正如对宽法轻刑也会习惯一样;当人们对轻刑的畏惧减少了,政府不久便不能事事都用严刑。有的国家时常发生拦路抢劫,为着消除这种祸害,它们便发明了车轮轧杀刑;这个刑罚的恐怖,使抢劫暂时停止。但是不久以后,在大路上拦路抢劫又和从前一样了。①

因此,孟德斯鸠告诫我们:

> 治理人类不要用极端的方法;我们对于自然所给与我们领导人类的手段,应该谨慎地使用。如果我们研究人类所以腐败的一切原因的话,我们便会看到,这是因

---

① 〔法〕孟德斯鸠:《论法的精神》(上册),张雁深译,商务印书馆1961年版,第85页。

为对犯罪不加处罚，而不是因为刑罚的宽和。

让我们顺从自然吧！它给人类以羞耻之心，使从羞耻受到鞭责。让我们把不名誉作为刑罚最重的部分吧！

如果一个国家，刑罚并不能使人产生羞耻之心的话，那就是由于暴政的结果，暴政对恶棍和正直的人使用相同的刑罚。①

孟德斯鸠破除了刑罚万能的观念，树立了一种理性的与科学的刑罚观，对于刑罚的功能与价值的认识至今仍不失其借鉴意义。在刑罚的适用上，孟德斯鸠提出了以下两个原则：

首先，孟德斯鸠提出了根据犯罪的性质确定其应当科处的刑罚的原则，即罪与刑在性质上的尽可能地类似或者等同。孟德斯鸠把犯罪分为以下四个种类，论述了与之相适应的刑罚：

第一是危害宗教的犯罪，指单纯的亵渎神圣罪。孟德斯鸠指出：

> 如果按照事物的性质处罚亵渎神圣罪，则对该罪的刑罚应为：剥夺宗教所给予的一切利益，如驱逐出庙宇；暂时或永久禁止与信徒来往；避开罪犯，不和他们见面；唾弃、憎厌、诅咒他们。②

---

① 〔法〕孟德斯鸠：《论法的精神》（上册），张雁深译，商务印书馆1961年版，第85页。
② 〔法〕孟德斯鸠：《论法的精神》（上册），张雁深译，商务印书馆1961年版，第190页。

第二是危害风俗的犯罪,例如破坏公众有关男女道德的禁例或个人的贞操,亦即破坏有关如何享受感官使用的快乐与两性结合的快乐的体制。孟德斯鸠指出:

> 这类犯罪也应该按照事物的性质加以规定。剥夺犯罪人享受社会所给予遵守纯洁风俗的人们的好处、科以罚金、给以羞辱、强迫他藏匿、公开剥夺他的公权、驱逐他出域或使他与社会隔绝,以及一切属于轻罪裁判的刑罚,已足以消除两性间的卤莽行为。实际上,这类犯罪从它所以产生的原因来说,是存心作恶者少,而出于忘其所以或不知自重者多。①

第三是危害公民安宁的犯罪,指单纯的违警事件。孟德斯鸠指出:

> 这类犯罪的刑罚应依事物的性质规定,并应采取有利于公民的安宁的形式,例如监禁、放逐、矫正惩戒及其他刑罚,使那些不安分子回头,重新回到既定的秩序里来。②

第四是危害公民安全的犯罪,这是一种最为严厉的犯罪,孟德斯鸠指出:

---

① 〔法〕孟德斯鸠:《论法的精神》(上册),张雁深译,商务印书馆1961年版,第191页。
② 〔法〕孟德斯鸠:《论法的精神》(上册),张雁深译,商务印书馆1961年版,第191页。

末后一类犯罪的刑罚就是真正的所谓"刑",是一种"报复刑",即社会对一个剥夺或企图剥夺他人安全的公民,拒绝给予安全。这种刑罚是从事物的性质产生出来的,是从理性和善恶的本源引申出来的。一个公民应该处死,是因为他侵犯他人的安全到了使人丧失生命的程度,或者因为企图剥夺别人的生命。死刑就像是病态社会的药剂。侵犯财产的安全也可以有理由处以极刑,但是对危害财产安全的犯罪以丧失财产作为刑罚不但好些,而且也较适合于犯罪的性质。如果大家的财产是公共的或是平等的,就更应当如此。但是,由于侵犯财产的人常常是那些自己什么财产也没有的人,因此就不能用体刑作为罚金的补充。①

孟德斯鸠关于根据犯罪的性质确定与之相适应的刑罚的观点,对于建立罪与刑之间的科学关系是极为有用的。这里包含一定报应刑的因素,但又不是简单地追求刑罚性质与犯罪类型的等同,而是关注如何制止犯罪,恢复秩序。孟德斯鸠不仅论述了犯罪与刑罚在性质上的决定关系,而且论述了犯罪与刑罚在程度上的比例关系,提出"罪与刑之间的适当比例"命题,指出:

刑罚的轻重要有协调,这是很重要的,因为我们防

---

① 〔法〕孟德斯鸠:《论法的精神》(上册),张雁深译,商务印书馆1961年版,第191页。

止大罪应该多于防止小罪,防止破坏社会的犯罪应该多于防止对社会危害较小的犯罪。①

由此可见,这里的罪与刑的比例关系,是根据预防犯罪的需要来确定的,这种观点具有明显的功利主义的色彩。罪刑之所以要保持一种适当的比例关系,就在于能够防止更大的犯罪发生。那么,如果罪与刑不具有这种适当的比例关系又会如何呢?孟德斯鸠指出:

> 在我们国家里,如果对一个在大道上行劫的人和一个行劫而又杀人的人,判处同样的刑罚的话,那便是很大的错误。为着公共安全起见,刑罚一定要有一些区别,这是显而易见的。
>
> 在中国,抢劫又杀人的处凌迟,对其他抢劫就不这样。因为有这个区别,所以在中国抢劫的人不常杀人。
>
> 在俄罗斯,抢劫和杀人的刑罚是一样的,所以抢劫者经常杀人。他们说:"死人是什么也不说的"。
>
> 在刑罚没有区别的场合,就应该在获得赦免的希望上有些区别。在英国,抢劫者从来不杀人,因为抢劫者有被减为流放到殖民地去的希望;如果杀人的话,便没

---

① 〔法〕孟德斯鸠:《论法的精神》(上册),张雁深译,商务印书馆1961年版,第91页。

有这种希望。①

孟德斯鸠以上这些思想，就是我们现在刑法理论上称之为罪刑均衡的原则。罪刑的均衡，也就是保持罪与刑之间的适当比例。在当今刑法教科书中已经成为常识与通论，但在孟德斯鸠生活的时代不啻是乌云密布的天空中划过的一道闪电。孟德斯鸠论证了刑罚应当是怎么样的，刑罚是由哪些因素所决定的，这就为后来的刑法改革提供了思想武器。

孟德斯鸠指出：

> 有两种腐化，一种是由于人民不遵守法律，另一种是人民被法律腐化了。被法律腐化是一种无可救药的弊端，因为这个弊端就存在于矫正方法本身中。②

孟德斯鸠使法律世俗化，打破了法律的神圣，第一次采用社会学的研究方法，使法学成为一门科学。这种法的精神，也就成为法学的研究对象。如果说，以往在孟德斯鸠以前只是看到"人民不遵守法律"，由此而构成犯罪。由于法律是神圣的，犯罪是对神圣物的一种亵渎，因而应当受到惩罚。但孟德斯鸠突破了这种思维定势，使人们看到问题的另一方面，即"人民被法律腐化"，也就是法律制造犯罪，甚至那些恶法本身

---

① 〔法〕孟德斯鸠：《论法的精神》（上册），张雁深译，商务印书馆1961年版，第92页。
② 〔法〕孟德斯鸠：《论法的精神》（上册），张雁深译，商务印书馆1961年版，第86页。

就是犯罪，比犯罪还要令人不耻。这样，就使我们的注意力集中到法律上，对法本身进行考察，寻求法的精神。在刑法上也是如此，孟德斯鸠以大量的实证材料与逻辑分析，得出了一些对于刑法科学来说是必不可少的一些基本原理。

孟德斯鸠的批判精神是永远值得我们珍惜的，还是让我们用他那批判性的话语来结束对孟德斯鸠刑法思想的追寻吧：

> 这法权！按今天的状况，是一种科学，它教给国君们，可以把正义破坏到什么程度，而不影响他们自己的利益。磊迭，为了硬化他们的良心，企图将不公正的行为列成制度、订出规条、形成原则、做出结论，这是什么居心！①

---

① 〔法〕孟德斯鸠：《波斯人信札》，罗大冈译，人民文学出版社1958年版，第160页。

2

贝卡里亚：建构公理

2.1 追随孟德斯鸠

不朽的孟德斯鸠院长曾迅速地论及过这一问题,那不可分割的真理促使我循着这位伟人的光辉足迹前进,然而,聪明的读者都会把我同他的步伐加以区别。如果我也能像他那样赢得暗中平静地追随理性的善良者的秘密感谢,如果我能唤起那些善感者的心灵向人类利益的维护者发出热情共鸣,那么我真感到幸运!①

这里贝卡里亚在其名作《论犯罪与刑罚》一书的引言中的一段话。贝卡里亚毫无保留地自称是孟德斯鸠的追随者。1766年贝卡里亚在写给他的著作的法文译者莫雷莱（Morellet）的信中坦率地写道：

我把一切都归功于法国人写的书。这些书唤起了我心灵中八年来一直遭受溺信教育扼制的人道情感。仅仅

---

① 〔意〕贝卡里亚：《论犯罪与刑罚》,黄风译,中国大百科全书出版社1993年版,第6页。

五年的工夫，我就完全转而相信这些哲理，并且成为（孟德斯鸠的）《波斯人信札》的信徒。促使我完成头脑中革命的第二本书是爱尔维修的著作。是他猛然把我推向追求真理的道路，他第一次唤起我对人类的迷惘和灾难的注意。我的大部分思想的形成同阅读他的《论精神》是分不开的。①

由此可见，贝卡里亚在刑法领域不是一个横空出世的孤独的英雄，而是启蒙时代的产儿。他将启蒙思想引入到刑法领域中，猛烈地抨击了封建专制刑法原则，为现代刑法制度的建立提供了理论基础。

在启蒙思想中，贝卡里亚接受并以此作为理论出发点的两个基本观念是自然法与社会契约，其实这两者又是密切联系的。自然法的观念，起源于古希腊。古希腊斯多葛派思想家芝诺（Zeno，公元前350—公元前260年）及其追随者把自然的概念作为其哲学体系的核心。所谓自然，按照斯多葛派的理解，就是统治原则，它遍及整个宇宙，并被他们按泛神论的态度视之为神。这种统治原则在本质上具有理性。芝诺认为，整个宇宙是由一种实体组成的，这种实体就是理性。因此，在芝诺看来，自然法就是理性法。人类作为宇宙自然界的一部分，本质上是一种理性动物，服从理性的命

---

① 黄风：《贝卡里亚及其刑法思想》，中国政法大学出版社1987年版，第23页。

令,根据人自己的自然法则安排其生活。斯多葛派认为,理性作为一种遍及宇宙的万能的力量,是法律和正义的基础。他们认为,处处寓于所有人的头脑之中的神圣的理性,不分国别或种族。因而存在着一种基于理性的普遍的自然法,它在整个宇宙中都是普遍有效的。它的要求对世界各地的任何人都有约束力。① 及至中世纪,阿奎那使自然法神学化;自然法从属于体现神的理性的永恒法,指出:

> 既然像我们已经指出的那样,所有受神意支配的东西都是由永恒法来判断和管理的,那么显而易见,一切事物在某种程度上都与永恒法有关,只要它们从永恒法产生某些意向,以从事它们所特有的行动和目的。但是,与其他一切动物不同,理性的动物以一种非常特殊的方式受着神意的支配;他们既然支配着自己的行动和其他动物的行动,就变成神意本身的参与者。所以他们在某种程度上分享神的智慧,并由此产生一种自然的倾向以从事适当的行动和目的。这种理性动物之参与法,就叫做自然法。②

及至近代,自然法逐渐世俗化。格老秀斯是近代自然法

---

① 参见〔美〕博登海默:《法理学——法哲学及其方法》,邓正来译,华夏出版社1987年版,第13—14页。
② 〔意〕托马斯·阿奎那:《阿奎那政治著作选》,马清槐译,商务印书馆1963年版,第107页。

的创始人，自然法理论是他的社会政治思想的基石。所谓自然法，按照格老秀斯的定义，自然法是正当的理性准则，它指示任何与我们理性和社会性相一致的行为就是道义上公正的行为；反之，就是道义上罪恶的行为。简言之，自然法是真正理性的命令，是一切行为善恶的标准。此后，霍布斯进一步发展了自然法理论，其特点是由自然权利推及自然法，并将两者加以区分：

> 著作家们一般称之自然权利的，就是每一个人按照自己所愿意的方式运用自己的力量保全自己的天性——也就是保全自己的生命——的自由。因此，这种自由就是用他自己的判断和理性认为最适的手段去做任何事情的自由。
>
> 自由这一语词，按照其确切的意义说来，就是外界障碍不存在的状态。这种障碍往往会使人们失去一部分做自己所要做的事情的力量，但却不能妨碍按照自己的判断和理性所指出的方式运用剩下的力量。
>
> 自然律是理性所发现的诫条或一般法则。这种诫条或一般法则禁止人们去做损毁自己的生命或剥夺保全自己生命的手段的事情，并禁止人们不去做自己认为最有利于生命保全的事情。
>
> 谈论这一问题的人虽然往往把权与律混为一谈，但却应当加以区别。因为权在于做或者不做的自由，而律则决定并约束人们采取其中之一。所以律与权的区别就像义务与自由的区别一样，两者在同一事物中

是不相一致的。①

在此,霍布斯所论及的自然律,就是我们通常所说的自然法。正是自然法使人们摆脱自然状态,过和平与幸福生活。那么,自然法从何而来呢?这里就涉及社会契约问题。霍布斯认为,权利的互相转让就是人们所谓的契约。为了使一个人的生命得到保障,人们才能通过契约理让自己的权利,由此导致了社会和国家的起源。因此,所谓社会契约论,简言之就是:

> 在人类还没成立国家和社会之前,曾经存在着一种"自然状态"(Natural State),在这种状态中,人类享受着种种"自然权利"(Natural Right),除了"自然法"(Natural Law)以外,不存在人为的法律,人们是完全平等自由的。后来,由于各种原因,使人们生活得不方便,不安全,生命和财产得不到必要的保障,于是就趋于意见一致,彼此订立契约,把各自的"自然权利"让给第三者,由他们充当社会(国家)领袖。至此,就有了国家、社会和统治者,人们就能过方便、安全和有保障的生活。②

洛克继承了霍布斯的观点,首先肯定了一种自然状态的

---

① 〔英〕霍布斯:《利维坦》,黎思复、黎廷弼译,商务印书馆1985年版,第97—98页。
② 袁华音:《西方社会思想史》,南开大学出版社1988年版,第166页。

存在，但这种自然状态不是像霍布斯所描述的那样，是一切人反对一切人（bellum omnium contra omnes）的战争状态，而是一种完备无缺的自由状态。洛克指出：

> 自由状态有一种为人人所应遵守的自然法对它起着支配作用；而理性，也就是自然法，教导着有意遵从理性的全人类：人们既然都是平等和独立的，任何人就不得侵害他人的生命、健康、自由或财产。①

既然自然状态是一种自由状态，为什么又会建立政治社会即国家呢？洛克认为，人们在自然状态中虽然享有权利，但这种享有是很不稳定的，有不断受别人侵犯的威胁。既然人们都像他一样有王者的气派，人人同他都是平等的，而大部分人又并不严格遵守公道和正义，他在这种状态中对财产的享有就很不安全、很不稳妥。就是说，自然状态无法保护人们的财产，使得他们不得不联合成为国家。洛克指出：

> 任何人放弃其自然自由并受制于公民社会的种种限制的惟一的方法，是同其他人协议联合组成为一个共同体，以谋他们彼此间的舒适、安全和和平的生活，以便安稳地享受他们的财产并且有更大的保障来防止共同体

---

① 〔英〕洛克：《政府论》（下篇），叶启芳、瞿菊农译，商务印书馆1964年版，第6页。

以外任何人的侵犯。①

根据洛克的观点，人们在缔结契约的时候，只交出部分权力，而保留了生命、自由和财产权。同样，这样一个主要的论点也是据此能够成立的：国家的权力来自于公民自然权利的转让。

及至孟德斯鸠，同样信奉自然法的理论。但孟德斯鸠没有过多地假设自然状态，而是从事物的性质产生出来的必然关系上合乎逻辑地引申出自然法的概念。孟德斯鸠指出：

> 在所有这些规律之先存在着的，就是自然法。所以称为自然法，是因为它们是单纯渊源于我们生命的本质。如果要很好地认识自然法，就应该考察社会建立以前的人类。自然法就是人类在这样一种状态之下所接受的规律。②

孟德斯鸠认为，自然法共有四条：第一条是和平。第二条是寻找食物。第三条是自然的爱慕。第四条是社会性。这也正是构成国家的基础，孟德斯鸠指出：

> 人类除了最初的感情而外，又逐渐得到了知识。这样，他们之间便产生了第二种的联系，这是其他动物所

---

① 〔英〕洛克：《政府论》（下篇），叶启芳、瞿菊农译，商务印书馆1964年版，第59页。
② 〔法〕孟德斯鸠：《论法的精神》（上册），张雁深译，商务印书馆1961年版，第4页。

没有的。因此，他们有了一个互相结合的新理由；愿意过社会生活……①

在此，孟德斯鸠虽然没有明确地使用契约一词来表示互相结合的形式，但其中包含了国家是由个人联合而成，国家权力来自个人的思想。孟德斯鸠引用格拉维那的话：一切个人的力量的联合就形成我们所谓"政治的国家"。②

在当时君权神授的宗教神学思想占统治地位的情况下，自然权利和社会契约的观念强调公民权利的天生性与神圣性，强调国家起源于公民个人的契约，无疑具有重大的历史进步意义，并形成强大的思想冲击波。毫无疑问，它对年青的贝卡里亚也产生了巨大的影响。我国学者黄风曾经论述了启蒙思想对贝卡里亚的影响，指出：

> 在18世纪60年代，随着启蒙思想不断深入人心，越来越多的人包括当时统治集团中的一些有识之士对旧的刑事制度产生了厌恶、怀疑和不满，刑法改革的思想条件和社会条件正日趋成熟，现在只待有人先扯下旧刑事制度最后的遮羞布，让其蒙昧主义的本质暴露无遗，并根据新的社会需要，运用启蒙运动所倡导的自由、平

---

① 〔法〕孟德斯鸠：《论法的精神》（上册），张雁深译，商务印书馆1961年版，第5页。
② 〔法〕孟德斯鸠：《论法的精神》（上册），张雁深译，商务印书馆1961年版，第6页。

等和人权的观念阐发新的刑法原则。谁将承担这一使命呢？1764年欧洲惊呆了，一系列振聋发聩的批判和一系列鼓舞人心的刑法原则竟然完美地浓缩在一本6万字的、题为《论犯罪与刑罚》的小书之中，这本书的作者是一位26岁的意大利青年，名字叫切萨雷·贝卡里亚。①

1764年，是刑法学作为一门独立的学科诞生的一年，因而是刑法学纪年史上的元年。近代刑法学的诞生以《论犯罪与刑罚》一书的出版为标志。这本书对启蒙思想的直接承续并在刑法学上的科学引申，直接导致了一个后世称之为刑事古典学派的产生。贝卡里亚直接从自然法的观念中揭示刑法的理论基础，指出：

> 神明启迪、自然法则和社会的人拟协约，这三者是产生调整人类行为的道德原则和政治原则的源泉。就其目标的主导地位来说，前者与后二者之间是不可比拟的。然而，这三者同样都在开创世俗生活的幸福。研究后者的关系并不等于把前二者置之度外。相反，在堕落的人脑中，神明启迪和自然法则——尽管这二者是神圣的和不可改变的——早已被虚伪的宗教和无数随意的善恶概念所亵渎了，因此，看来需要单独地研究根据共同

---

① 黄风：《贝卡里亚及其刑法思想》，中国政法大学出版社1987年版，第22—23页。

需要及功利加以表述或设想纯人类协约的产物。这种观点是每个教派和每个道德体系都必定会同意的；迫使最固执己见、最不信教的人也遵守促使人类过社会生活的那些原则，这是值得赞赏的。

宗教、自然、政治，这是善与恶的三大类别。这三者绝不应相互对立。然而，并不是由一者所得出的所有结论和义务，也同样由其他两者那里得出。并非启迪所要求的一切，自然法同样要求；也并非自然法所要求的一切，纯社会法也同样要求。不过，把产生于人类契约即人们确认或默许的公约的东西分离出来，倒是极为重要的，因为，它的力量足以在不肩负上天特别使命的情况下，正当地调整人与人之间的关系。①

在此，贝卡里亚论述了宗教、道德和法律三者之间的关系。贝卡里亚所说的神明启迪是指神学教义，自然法实质上是指道德，而所谓社会的拟定契约则是指世俗的法律。贝卡里亚自然还不敢公然地摒弃神学教义，但明确地把它与虚伪的宗教加以区分，并强调都是为了开创世俗生活的幸福。同时，贝卡里亚还把宗教、道德与法律并列起来，认为三者的管辖范围是不同的，它们之间存在性质上的区分，不能等同，更不应混为一谈。贝卡里亚指出：

---

① 〔意〕贝卡里亚：《论犯罪与刑罚》，黄风译，中国大百科全书出版社1993年版，第2—3页。

从本质上讲，神明公正和自然公正是永恒不变的，因为，两个同样对象之间的关系总是相同的。但是，人类公正，或曰政治公正，却只是行为与千变万化的社会状态间的关系，它可以根据行为对社会变得必要或有利的程度而变化。如果人们不去分析错综复杂和极易变化的社会关系，就会对此辨认不清。一旦这些本质上相互区别的原则被混淆，便无望就公共议题做出正确解释了。神学家的任务是根据行为内在的善或恶来确定正义与非正义的界限。公法学家的任务是确定政治上的正义与非正义的关系，即行为对社会的利弊关系。既然每个人都看到纯粹的政治美德会屈从于上帝颁布的永恒的宗教美德，上述对象就绝不可能相互妨害。①

以区分宗教与法律为契机，贝卡里亚摒弃了刑罚权的神授观念，而是用自然权利与社会契约论证刑罚权的来源。贝卡里亚继承了古典自然法的思想，同样假定在自然状态下人人都有一份不可侵犯的自由，这就是天赋的自然权利。正是这种自然权利的转让，形成了国家的权力，这是一种人民主权的观念，在当时是一种进步的思想。贝卡里亚指出：

> 没有一个人为了公共利益将自己的那份自由毫无代价地捐献出来，这只是浪漫的空想。只要可能，我们当

---

① 〔意〕贝卡里亚：《论犯罪与刑罚》，黄风译，中国大百科全书出版社1993年版，第3—4页。

中的每一个人都希望约束别人的公约,不要约束我们自己,都希望成为世界上一切组合的中心。

人类的繁衍尽管本身规模不大,却远远超过了贫瘠荒凉的自然界为满足人们日益错综复杂的需要而提供的手段,这就使一部分野蛮人联合起来。为了抵抗这最初的联盟,必然又形成了新的联盟。就这样,战争状态从个人之间转移到国家之间。

离群索居的人们被连续的战争状态弄得筋疲力尽,也无力享受那种由于朝不保夕而变得空有其名的自由,法律就是把这些人联合成社会的条件。人们牺牲一部分自由是为了平安无扰地享受剩下的那份自由。为了切身利益而牺牲的这一份份自由总合起来,就形成了一个国家的君权。君主就是这一份份自由的合法保存者和管理者。①

这就是贝卡里亚所称的"君主惩罚犯罪的真正权利的基本起点",也就是刑罚权的来源。在中世纪,由于受宗教神学的影响,刑罚权的神授论相当流行,犯罪被认定获罪于天,刑罚则是体现神旨。如此等等,使刑法蒙上了一层神学的色彩。贝卡里亚通过区分宗教、道德与法律,澄清了神明与自然,以及与社会契约之间的界限,并进一步将

---

① 〔意〕贝卡里亚:《论犯罪与刑罚》,黄风译,中国大百科全书出版社1993年版,第8页。

刑罚权的起源追溯到自然状态下公民的个人自由。贝卡里亚指出：

> 正是这种需要迫使人们割让自己的一部分自由，而且，无疑每个人都希望交给公共保存的那份自由尽量少些，只要足以让别人保护自己就行了。这一份份最少量自由的结晶形成惩罚权。一切额外的东西都是擅权，而不是公正，是杜撰而不是权利。如果刑罚超过了保护集存的公共利益这一需要，它本质上就是不公正的。刑罚越公正，君主为臣民所保留的安全就越神圣不可侵犯，留给臣民的自由就越多。①

由此可见，贝卡里亚是在保障公民个人权利的意义上界定刑罚机能的。由于刑罚权来自公民自由的转让，公民当然希望转让出来的权利越少越好。当然，这里的多与少也有一个界限，这就是足以保护集存的公共利益。这里所谓公共利益，实际上就是个人自由的总和。在此，我们又似乎听到了孟德斯鸠"公民的自由主要依靠良好的刑法"的呐喊。贝卡里亚以自己的逻辑思维重复了孟德斯鸠的话，他不愧是孟德斯鸠的追随者。

---

① 〔意〕贝卡里亚：《论犯罪与刑罚》，黄风译，中国大百科全书出版社1993年版，第9页。

2.2 刑法的原则

在《论犯罪与刑罚》一书的最后，贝卡里亚总结出一条颇为有益的普遍公理，然而它却不那么符合习惯——某些国家中最普通的立法者。这条公理就是：

> 为了不使刑罚成为某人或某些人对其他公民施加的暴行，从本质上来说，刑罚应该是公开的、及时的、必需的，在既定条件下尽量轻微的、同犯罪相对称的并由法律规定的。①

在上述公理中，包含着现在我们称之为刑法基本原则的内容，这就是罪刑法定主义、罪刑均衡原则和刑罚人道主义。

在贝卡里亚之前，洛克和孟德斯鸠都涉及罪刑法定的观点。例如，洛克认为，既然刑罚权来源于全体公民让渡给国家的立法权，那么只有立法机关正式制定出来的、固定的、为人们普遍了解和同意的法律才是是非、善恶的尺度。人们只有通过这种法律才能知道自己的本分，才能知道自己应当怎样做和不应当做什么。所以国家必须以正式公布和被接受

---

① 〔意〕贝卡里亚：《论犯罪与刑罚》，黄风译，中国大百科全书出版社1993年版，第109页。

的法律来进行统治，法律对贫穷、富贵、权贵和平民都应当一视同仁，一律平等，不能例外。每一个个人和其他最微贱的人都平等地受制于那些他自己作为立法机关的一部分所制定的法律。由此，国家只有根据法律才能确定一个公民是否构成犯罪以及是否要受到刑罚和受什么刑罚处罚的问题。反之，如果国家法律没有规定某一种行为是犯罪，或者公民根本不知道这一行为是犯罪的，那么国家就不能对他定罪处罚。① 孟德斯鸠也表达了同样的思想，要求法官以法律的文字为判案的依据。贝卡里亚明确地提出了罪刑法定的原则，并将它视为刑法之公理。贝卡里亚对封建社会的罪刑擅断进行了猛烈的抨击，满怀深情地写道：

> 当一部法典业已厘定，就应逐字遵守，法官唯一的使命就是判定公民的行为是否符合成文法律。当既应指导明智公民又应指导无知公民的权利规范不再是争议的对象，而成为一种既定事物的时候，臣民们就不再受那种小型的多数人专制的摆布，受难者与压迫者间的距离越小，这种多数人专制就越残忍；多数人专制比一人专制更有害，因为，前者只能由后者来纠正，并且一人专制的残暴程度并非与它的实力成正比，

---

① 参见马克昌主编：《近代西方刑法学说史略》，中国检察出版社1996年版，第13页。

而是同它遇到的阻力成正比。①

贝卡里亚从罪刑法定主义中引申出以下四个结论：

> 第一个结论是：只有法律才能为犯罪规定刑罚。只有代表根据社会契约而联合起来的整个社会的立法者才拥有这一权威。任何司法官员（他是社会的一部分）都不能自命公正地对该社会的另一成员科处刑罚。超越法律限度的刑罚就不再是一种正义的刑罚。因此，任何一个司法官员都不得以热忱或公共福利为借口，增加对犯罪公民的既定刑罚。②

在这一结论中，贝卡里亚论述了立法对司法的限制。以立法权限制司法权，是罪刑法定主义的应有之义，这也体现了"法无明文规定不为罪，法无明文规定不处罚"这一罪刑法定主义的基本蕴含。当然，这是以三权分立为基本前提的，即只有立法机关才能规定犯罪、设置刑罚，司法机关则只能依照法律科处刑罚。否则，就是越权，就是专制。

> 第二个结论是：代表社会的君主只能制定约束一切成员的普遍性法律，但不能判定某个人是否触犯了社会契约。由于国家可能分成为两方：君主所代表的一方断

---

① 〔意〕贝卡里亚：《论犯罪与刑罚》，黄风译，中国大百科全书出版社1993年版，第13页。
② 〔意〕贝卡里亚：《论犯罪与刑罚》，黄风译，中国大百科全书出版社1993年版，第11页。

定出现了对契约的侵犯，而被告一方则予以否认。所以，需要一个判定事实真相的第三者。这就是说，需要一个做出终极判决的司法官员，他的判决是对具体事实做出单纯的肯定或否定。①

在第二个结论中，贝卡里亚论述了司法权对立法权的限制，即立法机关只能制定法律，但不能同时又适用法律。因为是否构成违法犯罪，不能由立法机关来判定，而应当由作为第三者的司法机关来加以判定。

第三个结论是：即使严酷的刑罚的确不是在直接与公共福利及预防犯罪的宗旨相对抗，而只是徒劳无功而已，在这种情况下，它也不但违背了开明理性所萌发的善良美德——这种理性往往支配着幸福的人们，而是一群陷于怯懦的残忍循环之中的奴隶——同时，严酷的刑罚也违背了公正和社会契约的本质。②

在这一结论中，贝卡里亚论述了立法权自身应有的限度。根据罪刑法定主义，立法机关有权规定犯罪与设置刑罚。但立法机关的这种立法权本身也是有限制的，并非可以把一切行为都规定为犯罪，同样也不能规定过于残暴的刑

---

① 〔意〕贝卡里亚：《论犯罪与刑罚》，黄风译，中国大百科全书出版社1993年版，第11页。
② 〔意〕贝卡里亚：《论犯罪与刑罚》，黄风译，中国大百科全书出版社1993年版，第11页。

2. 贝卡里亚：建构公理

罚。因为这一切都与人的理性与幸福相违背。

第四个结论是：刑事法官根本没有解释刑事法律的权利，因为他们不是立法者。①

在这一结论中，贝卡里亚否定了法官对于法律解释的权力，这一点与孟德斯鸠是一脉相承的。不过，贝卡里亚对于否定法官的法律解释权的理由作了更为深入的论述，指出：

"法律的精神需要探询"，再没有比这更危险的公理了。采纳这一公理，等于放弃了堤坝，让位给汹涌的歧见。在我看来，这个道理已被证实。而在凡人看来却似乎是奇谈怪论，他们往往只感触到眼前的一些小麻烦，却察觉不出在一个国家已根深蒂固的荒谬原则所产生的致命而深远的结果。

我们的知识和我们的观念是相互联系的，知识愈是复杂，观点的差距也愈大。每个人都有自己的观点，在不同的时间里，会从不同的角度看待事物。因而，法律的精神可能会取决于一个法官的逻辑推理是否良好，对法律的领会如何；取决于他感情的冲动；取决于被告人的软弱程度；取决于法官与被侵害者间的关系；取决于一切足以使事物的面目在人们波动的心中改变的、细微

---

① 〔意〕贝卡里亚：《论犯罪与刑罚》，黄风译，中国大百科全书出版社1993年版，第12页。

的因素。所以，我们可以看到，公民的命运经常因法庭的更换而变化。不幸者的生活和自由成了荒谬推理的牺牲品，或者成了某个法官情绪冲动的牺牲品。因为法官把从自己头脑中一系列混杂概念中得出的谬误结论奉为合法的解释。我们还可以看到，相同的罪行在同一法庭上，由于时间不同而受到不同的惩罚。原因是人们得到的不是持久稳定的而是飘忽不定的法律解释。①

贝卡里亚认为自由解释是擅断和徇私的源泉，因此断然否定法官的法律解释权。这种观点在我们今天看来，未免过于极端，是矫枉过正，但在贝卡里亚看来却是罪刑法定主义的基本要求。因此，在贝卡里亚的司法模式中，法官只不过是法律的机械执行者，其权力是十分有限的。因为贝卡里亚将司法模式设想为是三段论式的逻辑推理。其中，大前提是一般法律，小前提是行为是否符合法律，结论是自由或者刑罚。在这种司法模式中，法官基本上没有刑罚裁量权，因为法律已经将一切都规定得十分明确了。因此，对法官的法律解释权的否定，隐含着对于法律规定的明确性的要求。贝卡里亚坚决反对法律的含混性，如果法律是用一种人民所不了解的语言写成的，这就使人民处于对少数法律解释者的依赖地位，而无从掌握自己的自由，或处置自己的命运。这种语

---

① 〔意〕贝卡里亚：《论犯罪与刑罚》，黄风译，中国大百科全书出版社1993年版，第12—13页。

言把一部庄重的公共典籍简直变成了一本家用私书。为此,贝卡里亚发出了以下感慨:

> 一个社会如果没有成文的东西,就决不会具有稳定的管理形式。在稳定的管理形式中,力量来自于整体,而不是局部的社会;法律只依据普遍意志才能修改,也不会蜕变成私人利益的杂烩。经验和理性告诉我们:人类传统的可靠性和确定性,随着逐渐远离其起源而削弱。如果不建立一座社会契约的坚固石碑,法律怎么能够抵抗得住时间和欲望的必然侵袭呢?①

贝卡里亚这里所说的"社会契约的坚固石碑",指的就是法典。付诸法典,是贝卡里亚所继承的启蒙思想家的一个重要理念。正如美国学者庞德指出:

> 自然法学派的立法理论认为,只要通过理性的努力,法学家们便能塑造出一部作为最高立法智慧而由法官机械地运用的完美无缺的法典。在这种思想的影响下,人们往往蔑视历史和传统的法律材料。在他们看来,所有的要求都可由理性独立完成,似乎过去从未有过立法。惟一需要做的就是调动起国内最有力的理性,通过运用这一理性获取一部完美的法典,并使那些具有

---

① 〔意〕贝卡里亚:《论犯罪与刑罚》,黄风译,中国大百科全书出版社1993年版,第15页。

较弱理性的人臣服于法典的内容。①

如果说，在贝卡里亚的思想中，罪刑法定主义主要是限制司法权，尽管也涉及限制立法权的内容，例如认为不得规定残暴的刑罚等。那么，罪刑均衡原则主要是为科学的刑事立法提供一般的标准，尽管在刑事司法中也存在罪刑均衡的问题。不同于报应主义，贝卡里亚不是从已然的犯罪轻重上提出罪刑均衡的原则，而是从使用多重的刑罚足以遏制犯罪这一功利的角度提出罪刑均衡的问题，指出：

> 公众所关心的不仅是不要发生犯罪，而且还关心犯罪对社会造成的危害尽量少些。因而，犯罪对公共利益的危害越大，促使人们犯罪的力量越强，制止人们犯罪的手段就应该越强有力。这就需要刑罚与犯罪相对称。②

因此，如果说报应主义的罪刑均衡是为了满足正义的理念，那么，贝卡里亚的罪刑均衡是为了获取最佳的刑罚效果，这就是威慑犯罪。正是在这个意义上，我国学者黄风将罪刑均衡视为贝卡里亚刑事政策思想的核心。③ 这种刑事政策就是建立在区别对待的基础之上的，只有区别对待才能使

---

① 〔美〕罗斯科·庞德：《法律史解释》，曹玉堂、杨知译，华夏出版社1989年版，第13页。
② 〔意〕贝卡里亚：《论犯罪与刑罚》，黄风译，中国大百科全书出版社1993年版，第65页。
③ 参见黄风：《贝卡里亚及其刑法思想》，中国政法大学出版社1987年版，第113页。

刑罚发挥最好的社会效果。贝卡里亚指出：

> 如果说欢乐和痛苦是支配感知物的两种动机，如果说无形的立法者在推动人们从事最卓越事业的动力中安排了奖赏和刑罚，那么，赏罚上的分配不当就会引起一种越普遍反而越被人忽略的矛盾，即：刑罚的对象正是它自己造成的犯罪。如果对两种不同程度地侵犯社会的犯罪处以同等的刑罚，那么人们就找不到更有力的手段去制止实施能带来较大好处的较大犯罪了。无论谁一旦看到，对打死一只山鸡、杀死一个人或者伪造一份重要文件的行为同样适用死刑，将不再对这些罪行作任何区分；道德情感就这样遭到破坏。这种情感是无数世纪和鲜血的成果，它们极为艰难地、缓慢地在人类心灵中形成；为培养这种感情，人们认为还必须借助最高尚的动力和大量威严的程式。①

因此，在贝卡里亚看来，违背罪刑均衡原则，对犯罪不加区别地处以相同之刑，不仅难以制止犯罪，甚至导致人们去犯更重的罪行，而且还会损害人们的道德情感，而这种道德情感恰恰是刑法的基础。贝卡里亚主张的罪刑均衡原则，实际上包含以下两个方面的内容：

其一，罪刑在数量上的对称。

---

① 〔意〕贝卡里亚：《论犯罪与刑罚》，黄风译，中国大百科全书出版社1993年版，第65页。

这里的对称，是指保持一种比例关系。因为对称（Proporzione）这个词本意是指两物体之间的比例或比值相等。这种比例关系也是牛顿力学在研究动量和外力、作用和反作用时的基本概念。根据这种比例关系，人们在已知物体承受的外力的情况下，可以推知物体的动量的变化；在已知物体的作用力的情况下，可以推知反作用力。贝卡里亚认为，把这种比例关系适用于犯罪和刑罚，可以使刑罚成为犯罪的对应物，它的强度仅仅取决于犯罪的危害程度。这种比例关系的确立就好像为人们提供了一张犯罪的"价目表"，罪行越严重，犯罪人付出的代价就越高、越大。这样，人们想到这张"价目表"，就会自动放弃犯罪尤其是严重犯罪的意念。[1] 贝卡里亚确实开出了一张这种罪刑价目表，这就是贝卡里亚所称的罪刑阶梯：

> 既然存在着人们联合起来的必要性，既然存在着作为私人利益相互斗争的必然产物的契约，人们就能找到一个由一系列越轨行为构成的阶梯，它的最高一级就是那些直接毁灭社会的行为，最低一级就是对于作为社会成员的个人所可能犯下的、最轻微的非正义行为。在这两级之间，包括了所有侵害公共利益的、我们称之为犯罪的行为，这些行为都沿着这无形的阶

---

[1] 参见黄风：《贝卡里亚及其刑法思想》，中国政法大学出版社1987年版，第113页。

梯,从高到低顺序排列。

如果说,对于无穷无尽、暗淡模糊的人类行为组合可以应用几何学的话,那么也很需要有一个相应的、由最强到最弱的刑罚阶梯。有了这种精确的、普遍的犯罪与刑罚的阶梯,我们就有了一把衡量自由和暴政程度的潜在的共同标尺,它显示着各个国家的人道程度和败坏程度。然而,对于明智的立法者来说,只要标出这一尺度的基本点,不打乱其次序,不使最高一级的犯罪受到最低一级的刑罚,就足够了。①

贝卡里亚建构的罪刑阶梯是理性主义在刑法研究中的生动体现,令人赞叹。而且,在贝卡里亚所处的犯罪标准含混不清、刑罚方法残暴苛刻的时代,能够如此清晰地归纳出罪刑之间的比例与对称关系,不仅需要理论勇气,更需要以一颗仁慈、温厚的人道主义者的良心为依托。罪刑相均衡,在我们今天已经是不证自明、不言而喻的常识,而在贝卡里亚时代则是先知式的箴言。

其二,罪刑在形式上的类似性。

类似不是等同,而只是尽可能的相像。罪刑类似,使人容易联想到同态复仇之类的报应观念。但在贝卡里亚这里,罪刑相类似,不是为了以同类刑罚补偿或报应同类犯罪,而

---

① 〔意〕贝卡里亚:《论犯罪与刑罚》,黄风译,中国大百科全书出版社1993年版,第66页。

是由于这种类似,是一个更能加强犯罪与刑罚之间联系的巧妙手段。① 由此可见,罪刑在形式上的类似性,同样具有刑事政策的意蕴,是为增加刑罚威慑效果的一种方法。贝卡里亚指出:

> 刑罚应尽量符合犯罪的本性,这条原则惊人地进一步密切了犯罪与刑罚之间的重要连接,这种相似性特别有利于人们把犯罪动机同刑罚的报应进行对比,当诱人侵犯法律的观念竭力追逐某一目标时,这种相似性能改变人的心灵,并把它引向相反的目标。②

由此,贝卡里亚得出结论:刑罚不但应该从强度上与犯罪相对称,也应从实施刑罚的方式上与犯罪相对称。贝卡里亚不仅确立了罪刑在形式上的相似性的原则,而且作了具体论证。其中最有特色的是对耻辱罪与盗窃罪应当如何处以相似之刑的论述。耻辱刑是指以施加一定的耻辱为内容的刑罚,这种刑罚在中世纪封建专制社会里曾经广泛使用。贝卡里亚对于中世纪滥用耻辱刑是持否定态度的,指出:耻辱这种刑罚不应该过于经常地使用。因为,如果过于频繁地借助舆论的实际效果,就削弱了它本身的力量。另外,这种刑罚

---

① 参见马克昌主编:《近代西方刑法学说史略》,中国检察出版社1996年版,第47页。
② 〔意〕贝卡里亚:《论犯罪与刑罚》,黄风译,中国大百科全书出版社1993年版,第57页。

也不应该一下子施用于一大批人,因为,如果大家都耻辱,就成了谁都不耻辱了。① 但对于侮辱性的犯罪,贝卡里亚从罪刑相似的观念出发,主张施以耻辱刑。贝卡里亚指出:人身侮辱有损于人的名誉,也就是说,有损于一个公民有权从他人那里取得的那份正当的敬重。对于这种侮辱行为,应该处以耻辱刑。② 显然,贝卡里亚这里所说的耻辱刑,是指运用道德谴责来实现刑罚的效果,因而在一定程度上具有我们今天所说的资格刑的意蕴。对于盗窃罪,贝卡里亚认为在一般情况下,如果不牵涉暴力,应处以财产刑。对那些大发他人之财的人应该剥夺他们的部分财产。但一般说来,盗窃是一种产生于贫困和绝望的犯罪,是不幸者的犯罪,所有权(可怕的、也许是不必需的权利)为他们保留的只是一贫如洗的地位。同时,财产刑要求犯人付出的钱数超过了他所侵犯的数额,并迫使一些无辜的人们为罪犯付出代价。所以,最恰当的刑罚是那种唯一可以说是正义的苦役,即在一定的时间内,使罪犯的劳作和人身受到公共社会的奴役,以其自身的完全被动来补偿他对社会公约任意的非正义践踏。不过,如果盗窃活动中加进了暴力,那么刑罚也应该是身体刑

---

① 参见〔意〕贝卡里亚:《论犯罪与刑罚》,黄风译,中国大百科全书出版社1993年版,第54页。
② 参见〔意〕贝卡里亚:《论犯罪与刑罚》,黄风译,中国大百科全书出版社1993年版,第75页。

和劳役的结合。① 贝卡里亚如此煞费苦心地强调刑罚与所犯罪行在形式上的相类似,确然体现了贝卡里亚计算的精确性。这种精确性虽然还不能说达到了几何学的程度,但相对于中世纪封建专制社会下刑罚含混性而言,确实达到了相对确定的程度,正是贝卡里亚赋予了刑法以一定程度的确定性。

刑罚人道主义,也是贝卡里亚竭力提倡并确立的刑法基本原则之一。贝卡里亚所处的18世纪刑法规定的惩罚是野蛮的,它允许实行刑讯逼供以获取犯罪事实和同案犯,对数百种罪行几乎都适用死刑。法律通常不公布,市民很难判断他们的行为是否违法。那时完全没有"正当的法律程序",逮捕常常是随意和任性的。审前关押的时期很长,甚至根本就不审判,凡被监禁的人就推定有罪。法官享有证据和判决的完全自由的裁量权,在这种情况下,腐败和不公正比比皆是。政府通过其法官,完全和随意地控制着所有市民。② 对于封建专制的残酷刑罚,贝卡里亚进行了猛烈的抨击,指出:

---

① 参见〔意〕贝卡里亚:《论犯罪与刑罚》,黄风译,中国大百科全书出版社1993年版,第78页。
② 参见〔美〕理查德·霍金斯、〔美〕杰弗里·P. 阿尔珀特:《美国监狱制度——刑罚与正义》,孙晓雳、林遐译,中国人民公安大学出版社1991年版,第29页。

纵观历史，目睹由那些自命不凡、冷酷无情的智者所设计和实施的野蛮而无益的酷刑，谁能不怵目惊心呢？目睹帮助少数人、欺压多数人的法律有意使或容忍成千上万的人陷于不幸，从而使他们绝望地返回到原始的自然状态，谁能不毛骨悚然呢？目睹某些具有同样感官、因而也具有同样欲望的人在戏弄狂热的群众，他们采用刻意设置的手续和漫长残酷的刑讯，指控不幸的人们犯有不可能的或可怕的愚昧所罗织的犯罪，或者仅仅因为人们忠实于自己的原则，就把他们指为罪犯，谁能不浑身发抖呢？①

贝卡里亚是一个功利主义者，但同时又是一个人道主义者。在一定意义上说，贝卡里亚的刑法理论具有相对的性质，他从来不是一个绝对的功利主义者。因此，贝卡里亚不像中国古代的法家代表人物商鞅、韩非那样，从功利主义出发，得出重刑主义的结论。贝卡里亚从人道主义出发，坚定地主张刑罚的宽和。当然，刑罚宽和的理由仍然是功利的。例如，贝卡里亚指出了残酷的刑罚将会使刑罚的效果发生贬值，这一见解对于刑罚理论来说是一大贡献。贝卡里亚指出：

> 人们只根据已领教的恶果的反复作用来节制自己，

---

① 〔意〕贝卡里亚：《论犯罪与刑罚》，黄风译，中国大百科全书出版社1993年版，第42页。

而不受未知恶果的影响。这里有两个国家，在与犯罪阶梯相对应的刑罚阶梯中，第一个国家的最重刑罚是长期苦役，而第二个国家的最重刑罚则是轮刑。我认为，在这两个国家中，对最重刑罚的畏惧是同等程度的。如果说根据某种理由，后一个国家的最重刑罚被移置于前一个国家，那么，同样的理由也会促使后一个国家制定更残酷的刑罚，从轮刑逐渐发展到一些更加挖空心思的酷刑，直到那些残暴者所特别精通的学问取得更新结晶。

人的心灵就像液体一样，总是顺应着它周围的事物，随着刑场变得日益残酷，这些心灵也变得麻木不仁了。生机勃勃的欲望力量使得轮刑在经历了百年残酷之后，其威慑力量只相当于从前的监禁。①

随着刑罚残酷程度的增加，刑罚效果降低，这对于欲利用严刑苛罚来威慑犯罪的人来说，不啻是当头一棒。贝卡里亚指出：

> 严峻的刑罚造成了这样一种局面：罪犯所面临的恶果越大，也就越敢于规避刑罚。为了摆脱对一次罪行的刑罚，人们会犯下更多的罪行。

刑罚的残酷性还造成两个同预防犯罪的宗旨相违背的有害结果。第一，不容易使犯罪与刑罚之间保持实质

---

① 〔意〕贝卡里亚：《论犯罪与刑罚》，黄风译，中国大百科全书出版社1993年版，第43页。

的对应关系。因为，无论暴政多么殚精竭虑地翻新刑罚的花样，但刑罚终究超越不了人类器官和感觉的限度。一旦达到这个极点，对于更有害和更凶残的犯罪，人们就找不出更重的刑罚以作为相应的预防手段。第二，严酷的刑罚会造成犯罪不受处罚的情况。人们无论是享受好处还是忍受恶果，都超越不了一定的限度。一种对于人性来说是过分凶残的场面，只能是一种暂时的狂暴，决不会成为稳定的法律体系。如果法律真的很残酷，那么它或者必须改变，或者导致犯罪不受处罚。①

贝卡里亚这种功利主义与人道主义的巧妙结合，在关于死刑的论述上表现得也十分充分。在刑法史上，贝卡里亚是第一个明确提出废除死刑的人。但废除死刑的理由不仅在于死刑的非人道性与残酷性，更多的是功利理由。贝卡里亚从以下几个方面论证了废除死刑的必要性②：

（1）死刑违背了社会契约。在他看来，在人们为了共同生活而被迫牺牲自己的那一部分自由时，绝不是无代价、无限制的。每个人都只愿交给当局一份尽可能少的自由，当然不可能把处分自己生命的生杀予夺大权交出来。实际上，作

---

① 〔意〕贝卡里亚：《论犯罪与刑罚》，黄风译，中国大百科全书出版社1993年版，第43—44页。
② 参见马克昌主编：《近代西方刑法学说史略》，中国检察出版社1996年版，第52页以下。

为缔约者的人们也无权交出处置自己生命的权利,因为他们根本没有这种权利。生命是一种特殊的权利,作为生命所有者的个人甚至无权做主自杀。缔结社会契约的社会成员既然没有给予,刑罚权中的死刑权就成了无源之水,无本之木,因而死刑的存在,是对社会契约本质即公共意志的违反,属于权力的滥用。

（2）死刑并不能产生最佳的威吓效果。贝卡里亚对于报应刑是持批判立场的。因此,他在论述死刑问题时,采取的是排除了报应观念的功利主义态度,即死刑是否能够有效地威吓人们以预防新的犯罪,成为研究死刑存废的前提,他的结论是否定的。贝卡里亚认为,死刑尽管很残酷,但它执行时间的短暂性,使得人们对它的恐惧很快过去,死刑留给人们的印象总会被淡忘。如果要有效地以死刑来显示法律的力量,适用死刑就应当是经常的,也就是说,要求人们尽快地淡忘死刑所留下的印象而去实施严重的犯罪,由此陷入了无法挣脱的悖论。而且,贝卡里亚认为终身苦役就足以达到适用死刑所期望达到的目的,甚至效果比死刑更好。总之,贝卡里亚认为,死刑不仅残酷,而且无益。

（3）死刑会引起人们对受刑者的怜悯。国家适用并公开执行死刑,是希望通过刑场的示范效果,来唤起民众对于法律的畏惧感。然而,由于刑场上国家与受刑人的强弱对比是如此的悬殊,加之旁观者通常与犯罪人所实施的犯罪行为并无直接的利害关系,死刑的强烈刺激极易使他们把受刑人视为受欺凌的弱者,并对其产生怜悯感。

(4)死刑给人们提供了残酷的榜样,会毒化人们的心灵。人类在几千年间逐步培育的温和、善良的性情,被死刑执行一瞬间的观感破坏殆尽,隐藏在人们心灵最深处的最古老原始的蛮性被启发了出来,成为随时可能危害社会的恶魔。杀人并不困难,只要有正当的理由,杀人是可以允许的——这就是死刑教给人们的观念。而这正是刑罚越残酷、适用死刑越多的社会里,犯罪也更凶残的重要的原因。

(5)死刑一旦发生错误则是无法挽回的。在《论犯罪与刑罚》一书中,贝卡里亚尚未论及这一点。他提出这一问题,是在1782年1月12日伦巴第刑法委员会讨论死刑问题的专门会议上,在由他执笔写成的会议发言记录报告中指出:从对一切法制的考察中得出这样一个结论,足以判决罪犯死刑的证据是不能排除相反的可能性的。既然如此,作证的证人至少需两人以上,罪迹证据要充足而且相互独立,并备有犯人的供述,以上这些证据的任何一个都超不出道德肯定性的限度。而经过很好考察的道德肯定性恰恰是一种极大的可能性。在对几乎所有国家的考察中,这样的情况并不罕见:根据这种臆断的无可辩驳的证据,一些被臆断的罪犯被判处了死刑。

贝卡里亚的结论是:因此,促使我们废除死刑的同意心并不是对罪犯的一种错误怜悯。如果说在消灭某些罪犯方面,死刑最为干脆的话,在打击犯罪方面,它却不是适宜的。①

尽管贝卡里亚首倡废除死刑,并从功利角度作了论证。但贝卡里亚又不是一个彻底的死刑废除论者,认为只有根据两个理由,才可以把处死一个公民看做是必要的:

(1) 某人在被剥夺自由之后仍然有某种联系和某种力量影响着这个国家的安全;或者他的存在可能会在既定的政府体制中引起危险的动乱。

(2) 当一个国家正在恢复自由的时候,当一个国家的自由已经消失或者陷入无政府状态的时候,这时混乱取代了法律,因而处死某些公民就变得必要了。如果一个举国拥戴的政府,无论对内还是对外,都拥有力量和比力量更有效的舆论作保护,如果在那里发号施令的只是真正的君主,财富买来的只是享受而不是权势,那么,我看不出这个安宁的法律王国有什么必要去消灭一个公民,除非处死他是预防他人犯罪的根本的和唯一的防范手段。②

显然,以上两个理由也是功利性的。尽管如此,人道主义仍然是贝卡里亚的重要信念,由此促使他抨击残暴刑罚,倡导刑罚人道主义。

贝卡里亚确立的罪刑法定、罪刑均衡、刑罚人道主义这

---

① 参见黄风:《贝卡里亚及其刑法思想》,中国政法大学出版社1987年版,第104页。
② 参见〔意〕贝卡里亚:《论犯罪与刑罚》,黄风译,中国大百科全书出版社1993年版,第45—46页。

三大原则，虽然进入19世纪下半叶以后，受到刑事实证学派的有力冲击，但现在仍在刑事立法与刑事司法以及刑法理论中占据着重要地位。就此而言，将贝卡里亚称为现代刑法的奠基人是一点也不过分的。

2.3 犯罪的本质

什么是犯罪，犯罪的本质特征是什么，这是人们长久地思考的一个问题。但在贝卡里亚之前，这个问题仍然迷雾一般地若隐若现，还没有一个科学的结论。在整个中世纪，由于教会与王权合一，在犯罪问题上也深深地打上了宗教的烙印。根据宗教神学的意志自由论，上帝赋予人以灵魂，灵魂是一种独立并优越于肉体的精神实体，否认人的意志受社会物质生活条件的制约，将犯罪视为魔鬼诱惑人类心灵的结果，这种导致犯罪的意志是一种恶的意志。例如奥古斯丁就明确地把犯罪原因归咎于人的恶的意志。正因为如此，奥古斯丁认为法官职责是"审判别人的良心"，对犯人着重追究思想动机，即强调犯罪的主观精神作用，以心治心。12世纪在教会法庭审理案件中出现了"应受谴责"的思想，它既作为测定有罪的标准，也用来区别罪行的轻重。基督教的这种思想可以归结为一句格言："行为无罪，除非内心邪恶。"[①]

[①] 储槐植：《美国刑法》，北京大学出版社1987年版，第80页。

在这种思想的影响下，中世纪的刑法充满主观归罪的意味。其中最突出的是犯罪（Crime）和罪孽（Sin）不加区别。违反宗教法的行为称为罪孽，罪孽又分为三部分：一部分是纯属内心活动的罪孽，另一部分是行为轻微的罪孽，还有一部分是严重侵犯教会信条或利益的罪孽，例如异端罪、巫术罪、通奸罪等，这类犯罪被教会法学家称为"犯罪的罪孽"。前两种罪孽由教会的内部庭审理，后一种罪孽由教会的对外庭审理。① 在封建专制统治者看来，犯罪是人内心邪恶、道德堕落的表现，由于这种堕落触犯了上帝的永恒法规，犯罪者应当受到惩罚，以此涤除道德罪恶并平息上天的震怒，因此犯罪的责任既是法律上的也是道德上的，而且它的基本根据是人内心的邪恶程度。由于人的内心邪恶程度没有客观尺度可以衡量，因此无数无罪者成为这种含义模糊并且可以任意解释的判断标准的牺牲品。贝卡里亚目睹这种犯罪认定标准的模糊性带给社会的出入人罪的严重后果，猛烈地抨击了主观归罪的司法原则。

首先，贝卡里亚批判了以意图作为认定犯罪标准的观点，指出：

> 有人认为，犯罪时所怀有的意图是衡量犯罪的真正标尺，看来他们错了。因为，这种标尺所依据的只是对

---

① 参见黄风：《贝卡里亚及其刑法思想》，中国政法大学出版社1987年版，第10页。

客观对象的一时印象和头脑中的事先意会，而这些东西随着思想、欲望和环境的迅速发展，在大家和每个人身上都各不相同。如果那样的话，就不仅需要为每个公民制定一部特殊的法典，而且需要为每次犯罪制定一条新的法律。有时候会出现这样的情况，最好的意图却对社会造成了最坏的恶果，或者，最坏的意图却给社会带来了最大的好处。①

贝卡里亚从主观意图的差异性和变异性以及主观意图与客观效果的差别性，论证了不能以主观意图作为衡量犯罪的标准。同时，贝卡里亚还批驳了罪孽的轻重是犯罪认定标准的观点，指出：

> 冷静地研究一下人与人之间以及人与上帝之间的关系，就将清楚地发现这种看法的荒谬。人与人之间的关系是平等的，只是为了解决欲望的冲突和私利的对立，才产生共同利益的观念，以作为人类公正的基础。人与上帝之间的关系是依赖于上天和造物主的，只有造物主才同时拥有立法者和审判者的权利，因为惟独它这样做不会造成任何麻烦。如果说上帝已经为违抗它那无上权威的人规定了永恒的刑罚，那么，谁胆敢去充当一个取代神明公正的爬虫呢？谁想去为这位不能从周围接受任

---

① 〔意〕贝卡里亚：《论犯罪与刑罚》，黄风译，中国大百科全书出版社1993年版，第67页。

何欢乐和痛苦、自我作古、独往独来的存在物复仇呢？

　　罪孽的轻重取决于叵测的内心堕落的程度，除了借助启迪之外，凡胎俗人是不可能了解它的，因而，怎么能以此作为惩罚犯罪的依据呢？如若这样做，就可能出现这种情况：当上帝宽恕的时候，人却予以惩罚；当上帝惩罚的时候，人却宽恕。如果说人的侵害行为可能触犯上帝的无上权威的话，那么，人们的惩罚活动同样可能触犯这一权威。①

贝卡里亚从罪孽的不可度量性否定了以罪孽的轻重衡量犯罪的标准。而且，在他看来，罪孽完全是一个宗教的问题。只有上帝才有权审判，它根本就不属于世俗刑罚管辖。贝卡里亚对犯罪完全采取了一种客观的标准来衡量，这就是对社会造成的危害，而这种危害是可以采用外部标准来衡量的，一个人内心的邪恶也只能由表现为外部行为及其所造成的危害来测定。除此以外，离开人的外部行为的主观意图与罪孽是不可度量的，不能作为衡量犯罪的标准。贝卡里亚指出：

　　我们已经看到，什么是衡量犯罪的真正标尺，即犯罪对社会的危害。这是一条显而易见的真理，尽管认识这类明了的真理并不需要借助于象限仪和放大镜，而且

---

① 〔意〕贝卡里亚：《论犯罪与刑罚》，黄风译，中国大百科全书出版社1993年版，第68页。

它们的深浅程度都不超过任何中等智力水平的认识范围，但是，由于环境惊人地复杂，能够有把握认识这些真理的人，仅仅是各国和各世纪的少数思想家。①

毫无疑问，贝卡里亚就是这种少数思想家之一。因此，贝卡里亚对犯罪本质所持的是一种客观主义的立场。当然，贝卡里亚并不否认人的意志自由是构成犯罪的前提。但在贝卡里亚看来，作为理性的人，其意志自由是人人皆然的。所以，贝卡里亚非常小心翼翼地回避了已往刑法学家们津津乐道的犯罪的主观状态问题，强调法律不惩罚犯意；不过问行为的内在恶意。② 这种客观主义的理论，在我们今天看来尽管不无偏颇，但在当时却具有历史进步意义。

犯罪的本质特征在于行为的社会危害性，不仅如此，犯罪还应当具有违法性，这是罪刑法定的基本要求。在贝卡里亚看来，刑法是国家与公民互相订立的一个契约，规定哪些行为是犯罪，此外就是公民的自由空间。贝卡里亚认为犯罪是违反社会契约的行为，指出：

> 我所论述的只是那些由人类本性和社会契约规定的犯罪，而不是罪孽，对于罪孽的惩罚包括暂时的惩罚，

---

① 〔意〕贝卡里亚：《论犯罪与刑罚》，黄风译，中国大百科全书出版社1993年版，第67页。

② 参见〔意〕贝卡里亚：《论犯罪与刑罚》，黄风译，中国大百科全书出版社1993年版，第67—68页。

应该由有限哲学原则以外的其他原则加以制约。①

贝卡里亚关于犯罪必须是一种违反社会契约的行为的思想，使他将犯罪行为与思想言论加以严格区分。在《论犯罪与刑罚》一书中，贝卡里亚论及一类特殊的犯罪，他以这样的语言描述了这类所谓的犯罪：

> 它使欧洲的土地上洒满了人的鲜血；它把活生生的人体投入火中，用它们架起悲惨的柴堆，在那里，烧焦的骨骼噼啪作响，还在颤动的内脏受到煎熬，从人类躯体冒出的黑烟中传出嘶哑的、不成声的哭泣。②

显然，只要我们对历史稍有了解，就知道贝卡里亚这里所说的特殊的犯罪，就是指异端邪说罪，贝卡里亚描述的就是对这种犯罪的宗教镇压。异端是相对于正统而言的。洛克曾经指出，所谓异端，指的是教会里属于同一宗教的人们之间由于某些与宗教法则无关的不同意见而产生的分离。其次，在那些只承认《圣经》为其信仰法则的人们中间，所谓异端，则指的是因为与《圣经》明文规定无关的一些意见分歧而在自己的基督教会里产生的分离。③ 因此，异端只是一

---

① 〔意〕贝卡里亚：《论犯罪与刑罚》，黄风译，中国大百科全书出版社1993年版，第96页。
② 〔意〕贝卡里亚：《论犯罪与刑罚》，黄风译，中国大百科全书出版社1993年版，第95页。
③ 参见〔英〕洛克：《论宗教宽容——致友人的一封信》，吴云贵译，商务印书馆1982年版，第49—50页。

种意见分歧，是一个信仰问题。但在欧洲中世纪黑暗年代，宗教组织建立了异端裁判所（Inquisition）。依照公元1252年罗马教皇英诺森四世的手谕，凡被控告为异端者，将受到严刑拷打，秘密审讯。当时，异端裁判所之酷烈，闻者谈之色变，其残酷甚至连死者也不放过。根据公元14世纪的一个异端裁判法官的记载，在任职期间，曾对89个死人判处异端罪行，没收其遗产，他的后裔因而受罚，殃及第三代。[①]及到启蒙时代，宗教宽容大力提倡，深入人心。例如孟德斯鸠指出：如果一国的法律认为应该容忍好几种宗教的话，那么法律也就必须要求这些宗教彼此互相容忍。一切受到压制的宗教，自己必将成为压制异教的宗教。这是一条原则。因为当一种宗教侥幸而脱离了压迫的时候，它就要立即攻击曾经压迫它的宗教——不是作为宗教，而是作为暴政来攻击。[②]在现代社会，宗教作为一种信仰虽然仍然存在，但由于政教的分离，宗教已经不再能够支配政治。而且，由于宗教自由的确立，宽容已经使各种宗教和平共处，信教与不信教都纯属个人的选择，不应受到法律的强制，更不应受到刑法的干涉。孟德斯鸠指出：对于宗教，应避免使用刑法。刑法让人们畏惧，这是真的。但是宗教也有引起人们畏惧的刑法，因

---

① 参见张绥：《中世纪"上帝"的文化——中世纪基督教会史》，浙江人民出版社1987年版，第132页。
② 参见〔法〕孟德斯鸠：《论法的精神》（下册），张雁深译，商务印书馆1961年版，第166页。

此,一种畏惧就被另一种畏惧消灭掉。居于这两种不同的畏惧之间,人们的心灵就变得残酷了。① 在我们今天,由于宗教偏见而带来的刑法残酷已经成为只有在历史教科书上才能看到的陈迹。但在贝卡里亚生活的时代,宗教宽容还是有待争取的理想。因此,贝卡里亚才会说,聪明的人都能看出,地点、年代和议题都不允许我去探讨这类犯罪——异端邪说罪的本质。尽管闪烁其辞,但贝卡里亚还是对惩罚思想与信仰的专制刑法制度进行了尖锐的指责:

> 为什么有的国家要一反许多国家的范例,非得把人的思想都完全地统一起来呢?为什么有些相互分歧的见解,尽管它们之间的差异是极细微的、不明显的,而且是人们的能力所难以顾及的,但是,如果不确立它们中一者的主导地位,它们就也会干扰公共利益呢?为什么见解的本质竟如此地复杂:有些见解在酝酿和斗争中日见分晓,正确的保留下来,错误的则被记忆所淘汰;然而,另一些见解,为了勉强维持它们空虚的永恒地位,却需要诉诸权威和强力呢?论证这些问题将太冗长,太离题了。②

---

① 参见〔法〕孟德斯鸠:《论法的精神》(下册),张雁深译,商务印书馆1961年版,第167页。
② 〔意〕贝卡里亚:《论犯罪与刑罚》,黄风译,中国大百科全书出版社1993年版,第95页。

确实，这些问题本来是十分简单的，例如对思想不能实行强迫命令，但却需要用成千上万人的鲜血来证明。

基于对犯罪本质的正确界定，贝卡里亚对犯罪进行了科学分类。在古罗马法中，犯罪被分为公犯和私犯或称公罪和私罪两大类。公犯或公罪是指侵害国家和社会法益的犯罪，要处以刑罚。私犯或私罪是指侵犯个人法益的行为。最初私罪被看成是个人之间的纠纷，只发生债的关系，被害人只能依据普通程序要求损害赔偿，到后来被害人才可以对私罪提起刑事自诉，不过因此而丧失要求损害赔偿的权利。及至中世纪，公犯与私犯的分类被世俗犯罪与宗教犯罪的分类所取代。世俗犯罪是指由世俗当局管辖的犯罪，包括叛逆罪、犯上罪等。宗教犯罪是指由教会审判处理的犯罪，包括亵渎神灵罪、异端罪等。贝卡里亚对封建的世俗刑法和教会刑法以行为人的等级特权身份和行为人的内心罪孽作为犯罪分类的标准，进行了深刻的批判。贝卡里亚将犯罪分为以下三类：

第一类是直接地毁伤社会或社会的代表的犯罪，即危害国家法益的犯罪。贝卡里亚认为这一类犯罪由于其危害性较大，因而是最严重的犯罪，这就是所谓的叛逆罪。[1]

第二类是侵犯私人安全的犯罪，即危害个人法益的犯

---

[1] 参见〔意〕贝卡里亚：《论犯罪与刑罚》，黄风译，中国大百科全书出版社1993年版，第71页。

罪。贝卡里亚指出,一切合理的社会都把保卫私人安全作为首要的宗旨,所以,对于侵犯每个公民所获得的安全权利的行为,不能不根据法律处以某种最引人注目的刑罚。在这类犯罪中,一部分是侵害人身,一部分是损害名誉,还有一部分是侵犯实物。①

第三类犯罪属于同公共利益要求每个公民应做和不应做的事情相违背的行为,即危害社会法益的犯罪。具体地说,就是那些扰乱公共秩序和公民安宁的犯罪行为。例如,在被指定进行贸易和公民来往的公共街道上喧闹和豪宴狂饮;向好奇的群众发表容易激起他们欲望的狂热说教,助长这种欲望的是听众的聚集和蒙昧怪癖的热情,而不是清醒、平静的理性,这种理性从不对一大群人起作用。②

贝卡里亚上述犯罪的三分法,同孟德斯鸠的犯罪分类相比较,标准更为科学,基本上是以犯罪侵犯的法益性质所作的分类。这一分类经过刑事古典学派其他刑法学家的发扬光大,成为西方刑法理论中犯罪分类的通说。并且,这一分类还为大陆法系国家刑法典中分则体系的建构奠定了基础。

---

① 参见〔意〕贝卡里亚:《论犯罪与刑罚》,黄风译,中国大百科全书出版社1993年版,第72页。
② 参见〔意〕贝卡里亚:《论犯罪与刑罚》,黄风译,中国大百科全书出版社1993年版,第85页。

2.4 刑罚的目的

在报应主义刑法理论中，没有刑罚预防目的的观念，是贝卡里亚首倡刑罚目的的功利观，并以双面预防理论而著称。贝卡里亚指出：

> 我们看到：刑罚的目的既不是要摧残折磨一个感知者，也不是要消除业已犯下的罪行。
>
> 一个并不为所欲为的政治实体平稳地控制着私人欲望，难道它能够容忍无益的酷政为野蛮和狂热、为虚弱的暴君充当工具吗？难道一个不幸者的惨叫可以从不可逆转的时间中赎回已经完成的行为吗？刑罚的目的仅仅在于：阻止罪犯再重新侵害公民，并规诫其他人不要重蹈覆辙。因而，刑罚和实施刑罚的方式应该经过仔细推敲，一旦建立了确定的对应关系，它会给人以一种更有效、更持久、更少摧残犯人躯体的印象。[1]

在贝卡里亚以前，也有个别学者论及刑罚的预防目的。例如古希腊哲学家普罗塔哥拉指出：谁要是以理智来处罚一个人，那并不是为了他所犯的不法，因为并不能由于处罚而

---

[1] 〔意〕贝卡里亚：《论犯罪与刑罚》，黄风译，中国大百科全书出版社1993年版，第42页。

使业已发生的事情不发生。刑罚应该为着未来而处罚,因此再不会有其他的人,或者被处罚者本人,再犯同样的不法行为。① 此后,古希腊另一著名哲学家柏拉图也表达了同样的思想。在柏拉图看来,刑罚的目的是为了使犯罪者改邪归正,惩罚不仅教育他本人,而且对其他人也是警告,并有教育作用。国家的一切惩罚措施都要以引导公民们走向善德的道路,给罪犯一个刺激,使其改变不义而恢复灵魂中的正义。② 柏拉图的这一观点,得到后来的哲学家格老秀斯的赞同,指出:关于惩罚的目的,迄今我们说的只证明犯法者如果受到惩罚,是没有冤枉他们的。但是,由此不应得出必然的结论,认为他们应该受到惩罚,也不能认为这种惩罚一定是必要的。柏拉图在其法律篇中的观点,受到了人们的赞美,塞涅卡把它译为:"没有一个聪明的人惩罚别人是因为他犯过错误,而是为了他今后不再犯错误。"③ 如果说,以上关于刑罚的目的在于预防犯罪的论述还只是只言片语,那么,及至贝卡里亚,双面预防主义蔚然成为一家之说。贝卡里亚的刑罚目的观是建立在其功利主义法律观的基础之上的,他指出:

---

① 参见林山田:《刑罚学》,台北商务印书馆1983年版,第64页。

② 参见王哲:《西方政治法律学说史》,北京大学出版社1988年版,第26页。

③ 北京大学法学教材编写部、西方法律思想史编写组编:《西方法律思想史资料选编》,北京大学出版社1983年版,第158页。

我们翻开历史发现，作为或者本应作为自由人之间公约的法律，往往只是少数人欲望的工具，或者成了某种偶然或临时需要的产物。这种法律已不是由冷静地考察人类本质的人所制定的了的，这种考察者把人的繁多行为加以综合，并仅仅根据这个观点进行研究：最大多数人分享最大幸福。①

"最大多数人的最大幸福"，这是功利主义的一句名言，它为贝卡里亚所信奉，并成为他考察刑罚问题的理论出发点。贝卡里亚指出：

对于这些犯罪应适用什么样的刑罚呢？死刑对于维护社会的正常秩序和安全来说，真是有益和必要的刑罚吗？刑讯和折磨算是正义吗？它们能实现法律所提出的宗旨吗？什么是预防犯罪的最好方法呢？同样的刑罚在任何时候都是有利的吗？他们对习俗又产生什么样的影响呢？②

贝卡里亚认为，应当用几何学的精确度来解释这些问题。这里的几何学的精确度主要用来计算功利之得失。表现在刑罚上，就是这样一个问题：足以阻止犯罪的刑罚严厉性

---

① 〔意〕贝卡里亚：《论犯罪与刑罚》，黄风译，中国大百科全书出版社1993年版，第5页。
② 〔意〕贝卡里亚：《论犯罪与刑罚》，黄风译，中国大百科全书出版社1993年版，第7页。

应当如何确定？贝卡里亚认为，犯罪对于行为人具有一种吸引力，因为可以从中获取自由：不但夺回自己（交出）的那份自由，还极力霸占别人（享有）的那份自由。因此，需要有些易感触的力量（motivi sensibili）来阻止个人专横的心灵把社会的法律重新沦入古时的混乱之中。这种易感触的力量是对触犯法律者所规定的刑罚。因此，刑罚并不是像报应主义所认为的那样，是一种机械的反动，而是一种政治阻力，而这种政治阻力的大小即刑罚的轻重是可以计算的，它只要足以抵消犯罪的引力就可以了。贝卡里亚将立法者形象地比喻为建筑师，指出：

> 促使我们追求安乐的力量类似重心力，它仅仅受限于它所遇到的阻力。这种力量的结果就是各种各样的人类行为的混合；如果它们互相冲突、互相侵犯，那么我称之为"政治约束"的刑罚就出来阻止恶果的产生，但它并不消灭冲突的原因，因为它是人的不可分割的感觉。立法者像一位灵巧的建筑师，他的责任就在于纠正有害的偏重方向，使形成建筑物强度的那些方向完全协调一致。①

应该指出，虽然贝卡里亚主张双面预防——一般预防与个别预防的统一，但他更为强调的还是一般预防，并且预防

---

① 〔意〕贝卡里亚：《论犯罪与刑罚》，黄风译，中国大百科全书出版社1993年版，第66页。

的手段主要在于刑罚的威慑性。为了实现刑罚的威慑效果,贝卡里亚提出了下述刑罚适用的原则:

其一,刑罚的必要性。贝卡里亚通过对刑罚性质与功能的分析,对刑罚的限度得出一个结论:一种正确的刑罚,它的强度只要足以阻止人们犯罪就够了。在贝卡里亚看来,正义的刑罚应该是必要的刑罚。这里的必要性,就在于阻止犯罪。一种刑罚,凡是不必要的,就是专制的。贝卡里亚引用孟德斯鸠的这句名言加以强调。贝卡里亚指出:

> 只要刑罚的恶果大于犯罪所带来的好处,刑罚就可以收到它的效果。这种大于好处的恶果中应该包含的,一是刑罚的坚定性,二是犯罪既得利益的丧失。除此之外的一切都是多余的,因而也就是蛮横的。①

其二,刑罚的确定性。刑罚的确立就是有罪必罚,只要发生了犯罪必然受到刑罚的处罚,任何人都难以逃脱法网。在贝卡里亚看来,刑罚的确定性可以降低刑罚的严酷性,比较小的刑罚代价换取较大的阻止犯罪的功利效果。贝卡里亚指出:

> 对于犯罪最强有力的约束力量不是刑罚的严酷性,而是刑罚的必定性,这种必定性要求司法官员谨守职

---

① 〔意〕贝卡里亚:《论犯罪与刑罚》,黄风译,中国大百科全书出版社1993年版,第42—43页。

责，法官铁面无私、严肃认真，而这一切只有在宽和法制的条件下才能成为有益的美德。即使刑罚是有节制的，它的确定性也比联系着一线不受处罚希望的可怕刑罚所造成的恐惧更令人印象深刻。因为，即使是最小的恶果，一旦成了确定的，就总令人心悸。然而，希望——这一天赐物，往往在我们心中取代一切，它常常使人想入非非，吝啬和软弱所经常容许的不受处罚更加使它具有力量。①

贝卡里亚这段话虽然是为了证明轻刑反对酷刑而说的，但他对刑罚的确定性——也就是不可避免性在制止犯罪中的作用的论述是极有见地的。难怪列宁重述贝卡里亚的这句话来说明这个道理：惩罚的警戒作用决不是看惩罚的严厉与否，而是看有没有人漏网。重要的不是严惩罪行，而是使所有的罪案都真相大白。② 即使完全否认刑罚威慑效果的菲利，也不得不承认：刑罚从其结果的不可避免性中产生全部威力。在刑罚中，尤其是在死刑中，刑罚的确定性比严厉性更有效，这是古典派犯罪学家取得并反复强调的几个实际的心理学研究结论之一。③

---

① 〔意〕贝卡里亚：《论犯罪与刑罚》，黄风译，中国大百科全书出版社1993年版，第59页。
② 参见《列宁全集》（第四卷），人民出版社1984年版，第356页。
③ 参见〔意〕菲利：《犯罪社会学》，郭建安译，中国人民公安大学出版社1990年版，第76页。

其三，刑罚的及时性。及时性是指刑罚应当在犯罪发生后，尽可能短的时间内迅速到来。贝卡里亚认为：惩罚犯罪的刑罚越是迅速和及时，就越是公正和有益。刑罚的及时性之所以是公正的，贝卡里亚论述道：

> 它减轻了捉摸不定给犯人带来的无益而残酷的折磨，犯人越富有想象力，越感到自己软弱，就越感受到这种折磨。还因为，剥夺自由作为一种刑罚，不能被施行于判决之前，如果并没有那么大的必要这样做的话。在宣判为罪犯之前，监狱只不过是对一个公民的简单看守；这种看守实质上是惩罚性的，所以持续的时间应该尽量短暂，对犯人也尽量不要苛刻。这一短暂的时间应取决于诉讼所需要的时间以及有权接受审判者入狱的先后次序。监禁的严密程度只要足以防止逃脱和隐匿犯罪证据就可以了。诉讼本身应该在尽可能短的时间内结束。法官懒懒散散，而犯人却凄苦不堪；这里，行若无事的司法官员享受着安逸和快乐，那里，伤心落泪的囚徒忍受着痛苦，还有比这更残酷的对比吗?![1]

在贝卡里亚看来，刑罚的及时性不仅能够减少对犯人的精神和肉体上的折磨，因而是公正的，而且，刑罚的及时性还是有益的，因为：

---

[1] 〔意〕贝卡里亚：《论犯罪与刑罚》，黄风译，中国大百科全书出版社1993年版，第56页。

犯罪与刑罚之间的时间隔得越短，在人们心中，犯罪与刑罚这两个概念的联系就越突出、越持续，因而，人们就很自然地把犯罪看做起因，把刑罚看做不可缺少的必然结果。

只有使犯罪和刑罚衔接紧凑，才能指望相联的刑罚概念使那些粗俗的头脑从诱惑他们的、有利可图的犯罪图景中立即猛醒过来。推迟刑罚只会产生使这两个概念分离开来的结果。推迟刑罚尽管也给人以惩罚犯罪的印象，然而，它造成的印象不像是惩罚，倒像是表演。并且只是在那种本来有助于增加惩罚感的、对某一犯罪的恐惧心理已在观念心中减弱之后，才产生这种印象。①

刑罚的及时性确实是发挥刑罚效益的必要条件之一。值得注意的是，我国学者黄风认为，贝卡里亚关于刑罚必须及时这一规则实际上是联想主义的"时空接近律"在刑法理论中的翻版。它的依据是经典力学的这一定律：受吸引力作用的物体越靠近吸引中心，接受的吸引力就越大。贝卡里亚认为，一般人都根据比较直接和直观的联系行事，因此，使刑罚与犯罪衔接紧凑，有助于在人们心理上使刑罚观念与犯罪

---

① 〔意〕贝卡里亚：《论犯罪与刑罚》，黄风译，中国大百科全书出版社1993年版，第56—57页。

观念相互间产生强烈的引力。① 贝卡里亚从自然科学汲取知识并将之适用于刑法学,由此建立了刑法理论中至今仍然被公认的公理。就此而言,贝卡里亚堪称刑法学之父,而他那本仅6万字的小册子——《论犯罪与刑罚》,成为刑法学中百读不厌、万世流芳的经典著作。

---

① 参见黄风:《贝卡里亚及其刑法思想》,中国政法大学出版社1987年版,第121页。

3

边沁：追求功利

3.1 实现最大幸福

　　四周是一个环形建筑,中心是一座望塔楼。望塔有一圈大窗户,对着环形建筑。环形建筑被分成许多小囚室,每个囚室都贯穿建筑物的横切面。各囚室都有两个窗户,一个对着里面,与塔的窗户相对,另一个对着外面,能使光亮从囚室的一端照到另一端。然后,所需要做的就是在中心望塔安排一名监督者,在每个房间里关进一个疯人或一个病人、一个罪犯、一个工人、一个学生。通过逆光效果,人们可以从望塔的与光源恰好相反的角度,观察四周囚室里被囚禁者的小人影。这些囚室就像是许多小笼子、小舞台。在里面,每个演员都是茕茕孑立,各具特色并可以被随时观看和一眼辨认。总之,它推翻了牢狱的原则,或者更准确地说,推翻了它的三个功能——封闭、剥夺光线和隐藏。它只保留了第一个功能,消除了另外两个功能。充分的光线和监督者的注视比黑暗更能有效地捕捉囚禁者,因为黑暗说到底是保护被囚禁者的，可见性就是一个捕捉器。①

以上是法国著名学者福科对边沁的全景敞视建筑（Panopticon）的生动描述。福科认为，这种全景敞视建筑的主要后果就在于：

> 在被囚禁者身上造成一种有意识的和持续的可见状态，从而确保权力自动地发挥作用。这样安排的后果是，监视成为权力的一个持续效应，即便权力在行动上是断断续续的，这种权力的完善应趋向于使其实际运用不再必要，这种建筑应该成为一个创造和维系一种独立于运用者的权力关系的机制。总之，被囚者应该被一种权力局势（power situation）所制约，而他们本身就是这种权力局势的载体。②

福科认为这种全景敞视监狱是一种权力行使方式。这种方式使权力从野蛮行使过渡到合理行使，使权力自动化和非个性化。权力不再体现在某个人身上，而是体现在对肉体、平面、光线、关注的某种统一分配上，体现在一种安排上。这种权力行使恰恰是最经济的，符合边沁的功利主义原则。边沁原来打算把这种全景敞视建筑作为监狱，但他认为类似

---

① 〔法〕福科：《规训与惩罚——监狱的诞生》，刘北成、杨远婴译，台北桂冠图书股份有限公司1992年版，第199—200页。
② 〔法〕福科：《规训和惩罚——监狱的诞生》，刘北成、杨远婴译，台北桂冠图书股份有限公司1992年版，第201页。

的设计也可以适用于贫民习艺所和其他公共机关。解释和推荐这种发明的文字在他已发表的著作中所占的比重是相当大的,这一计划在开始时很受欢迎。1792年,英国议会曾经讨论过。1794年按照边沁的设计图建立一座监狱的法案被批准成为法律。那时还购置了一块宽广的地基,一切都说明这一试验很有希望。然而事情却中断了,据说是乔治三世坚决反对。财政部为了补偿边沁为该计划所花费的时间和精力,给他一大笔酬金,但这无法弥补他所感到的失望。原先他对自己的计划采用后所能增进的公共福利有很多奢望,后来计划不得不放弃时,他就不忍再看自己有关这一问题的文件。他说:"这就像是把关着魔鬼的抽屉打开,使整个屋子都充满了鬼气。"①

全景敞视监狱,只是边沁追求功利主义的一个小小试验而已。通过这一管道,我们可以进入到边沁的庞大思想体系当中去。边沁是功利主义哲学的创始人,并且主要是从法律的分析当中得到这种功利原则。功利主义是以行为的目的和效果衡量行为价值的一些伦理学说中最有影响的学说之一。这些学说统统被称为"目的论"(从希腊语"telos"一词派生而来,"telos"的意思是"目的"),或者称为"效果论"。功利主义理论共同认为:行为和实践的正确性与错误性只取

---

① 〔英〕边沁:《政府片论》,沈叔平等译,商务印书馆1995年版,第12页。

决于这些行为和实践对受其影响的全体当事人的普遍福利所产生的结果；所谓行为的道德上的正确或错误，是指该行为所产生的总体的善或恶而言，而不是指行为本身。① 功利主义思想可以追溯到古希腊伊壁鸠鲁的快乐主义。伊壁鸠鲁伦理学的根本原则是个人的快乐。伊壁鸠鲁的快乐绝非什么肉体享受，而是理智的人、特别是贤哲可以达到的善。伊壁鸠鲁还用快乐来解释正义，认为正义就在于能够带来某种快乐或者利益。伊壁鸠鲁指出：

> 在被承认为是正义的行为中，被人们相互交往的要求证明为有益的行为，不管它是对所有的人共同的，还是不对所有的人共同的，它都包含着按正义行事的诺言。但是，如果有人颁布了法律，而这项法律并不有利于人们相互交往，那么，这项法律就没有正义的本性。而符合正义所要求的利益一旦发生变化（消失），但在一段时间内还符合正义的自然观念，则在这段时间内，在不自惑于空言而注重事实的人看来，这个利益仍不失为正义。②

这样，伊壁鸠鲁就排列出了这样一个因果链条：利益决

---

① 参见〔美〕汤姆·L. 彼彻姆：《哲学的伦理学》，雷克勤等译，中国社会科学出版社1990年版，第108页。
② 〔苏〕涅尔谢相茨：《古希腊政治学说》，蔡拓译，商务印书馆1991年版，第211页。

定正义，正义决定法律。而这里所谓利益，主要就是个人的快乐。近代功利主义的思想渊源则可以追溯到休谟的道德情感论。休谟认为道德不是从理性得来的，而是被人感觉到的，由此将道德诉诸经验。休谟认为，道德感的性质就是一些特殊的苦乐感觉。道德感只是一种印象，凡是善德发生的印象总是令人愉快的，凡是恶德发生的印象总是令人不快的。区别德与恶的印象只是一些特殊的快乐与痛苦的感觉。休谟指出：

> 一个行动、一种情绪、一个品格是善良的或恶劣的，为什么呢？那是因为人们一看见它就发生一种特殊的快乐或不快。因此，只要说明快乐或不快的理由，我们就充分地说明了恶与德。发生德的感觉只是由于思维一个品格感觉一种特殊的快乐。正是那种感觉构成了我们的赞美或敬羡。我们不必再进一步远求；我们也不必探索这个快感的原因。我们并非因为一个品格令人愉快，才推断那个品格是善良的；而是在感觉到它在某种特殊方式下令人愉快时，我们实际上就感到它是善良的。这个情形就像我们关于一切种类的美、爱好和感觉做出判断时一样。我们的赞许就涵摄在它们所传来的直接快乐中。①

---

① 〔英〕休谟：《人性论》（下册），关文云译，商务印书馆1980年版，第511页。

因此，休谟把判断善恶的标准归结为人的快乐或者不快的感觉，这种感觉就是所谓道德感。由此成为伦理价值判断的一个尺度，从而为功利主义提供了理论基础。休谟虽然对边沁产生了重大影响。但边沁的功利主义直接来源于贝卡里亚。边沁回忆道：

> 我记得非常清楚，最初就是从贝卡里亚论犯罪与惩罚那篇小论文中得到这一原理（计算快乐与幸福原理）的第一个提示的。由于这一原理，数学计算的精确性、清晰性和肯定性才第一次被引入道德领域。这一领域，就其自身性质来说，一旦弄清楚之后，它和物理学（包括着它的最高级部分：数学）同样无可争辩地可以具有这些性质。①

边沁对贝卡里亚深表同情，因为贝卡里亚和他一样，首先是一个改革家。边沁称贝卡里亚的论文为"第一部贯彻批判精神的著作"。边沁的最重要的原则和他的立法的方法，大部分获益于贝卡里亚。正像对其他借鉴的思想一样，边沁对这一点光明磊落地予以承认。英国历史学家 F. C. 蒙塔古在边沁《政府片论》一书的编者导言中指出：

> 如果我们利用他的坦率来贬低他的创作性的话，那我们就错待边沁了。他绝不仅仅是一个抄袭者，绝不是仅仅热心于描述前人所留下而未完成的少许细节的人。

---

① 《边沁全集》（第Ⅲ卷），第286—287页。

贝卡里亚指出了许多原理,然而都只是提出而未详论。边沁却以惊人的毅力抓住了这些原理,对它们做出十分清晰的定义,并且由此得出无数的推论。贝卡里亚只限于讨论刑法,而边沁的改革计划却包括了法律的全部领域。边沁从贝卡里亚那里所得的益处,仅仅和任何能干的研究者从本门学科先行者那里所得的益处一样。[①]

的确如此,贝卡里亚提出了"最大多数人的最大幸福"这样一个功利主义的经典公式,但他也仅仅是在刑法改革中运用而已。而边沁却将其当做终身工作的座右铭,并由此演绎出一套功利主义哲学。蒙塔古说,这句话可以写在边沁全集的前面,边沁正是从这里得到启发,推出细致而周详的关于快乐与痛苦的计算法。

为了把握边沁的功利主义,首先来看边沁对人性的理解。边沁认为趋利避害是人的自然天性,由此可以引申出功利原则。边沁指出:

> 自然把人类置于两位主人——快乐和痛苦——的主宰之下。只有它们才指示我们应当干什么,决定我们将要干什么。是非标准,因果联系,俱由其定夺。凡我们所行、所言、所思,无不由其支配:我们所能做的力图挣脱被支配地位的每项努力,都只会昭示和肯定这一

---

① 〔英〕边沁:《政府片论》,沈叔平等译,商务印书馆1995年版,第34页。

点。一个人在口头上可以声称绝不再受其主宰，但实际上他将照旧每时每刻对其俯首称臣。功利原理承认这一被支配地位，把它当作旨在依靠理性和法律之手建造福乐大厦的制度的基础。①

因此，边沁把快乐和痛苦视为人的行为的标准，把道德判断的标准归于人的苦乐感觉。边沁将历史上的快乐主义、幸福主义改造成为功利主义，他曾经对功利作出如下界定：

> 功利是指任何客体的这么一种性质：由此，它倾向于给利益有关者带来实惠、好处、快乐、利益或幸福（所有这些在此含义相同），或者倾向于防止利益有关者遭受损害、痛苦、祸患或不幸（这些也含义相同）；如果利益有关者是一般的共同体，那就是共同体的幸福，如果是一个具体的人，那就是这个人的幸福。②

从这种对功利的理解出发，得出功利主义的一般结论。按照边沁的快乐计算方法，如果一种行为带来的快乐的成分占优势，它就是道德的、善的行为；如果一种行为带来的完全是快乐而没有痛苦，就是最大幸福；那么，大多数人都争得这种最大幸福，也就达到了最大多数人的最大幸福，这就

---

① 〔英〕边沁：《道德与立法原理导论》，时殷弘译，商务印书馆2000年版，第57页。
② 〔英〕边沁：《道德与立法原理导论》，时殷弘译，商务印书馆2000年版，第58页。

是边沁的功利主义原理或最高功利原则。按照边沁的定义：

> 功利主义指的就是：当我们对任何一种行为予以赞成或不赞成的时候，我们是看该行为是增多还是减少当事者的幸福；换句话说，就是看该行为增进或者违反当事者的幸福为准。①

功利原则不仅是一种衡量的标准，而且还是一种尺度。因此，它不仅具有质的性质，还具有量的特征，即苦乐计算法。边沁认为，苦乐价值是可以计算的，依照以下七个条件来决定：

（1）强度（intensity）。

（2）持久性（during）。

（3）确定性或不确定性（certainty or uncertainty）。

（4）迫近性或遥远性（时间上的远近，propinquity or remoteness）。

（5）继生性（fecundity），或苦乐之后随之产生同类感受的机会，也就是乐后之乐、苦后之苦。

（6）纯度（是否纯粹，purity），或者苦乐之后不产生相反感受的机会，也就是不产生乐后之苦、苦后之乐。

（7）范围（extent），也就是苦或乐扩展所及的人数，或者换句话说，受苦乐影响的人数多少。

为了便于记忆这些构成整个伦理与立法之基础的要点，

---

① 周辅成编：《西方伦理学名著选辑》（下卷），商务印书馆1987年版，第211—212页。

边沁曾作歌诀一首如下:

苦乐原有特征,
强、久、确、速、继、纯。
为私应求此快乐,
为公要推广此快乐;
避苦是你本分;
如苦不可免,
应该求减轻。①

边沁指出:如果要对任何足以影响社会利益的行为之总的趋势加以确切的计算,可照下述方式进行:作为起点,在那些其利益最直接受该行为影响的人群之中,任选一人,然后计算下列各点:

(1) 看来由该行动最初造成的每项可辨认的快乐的值;

(2) 看来由它最初造成的每项痛苦的值;

(3) 看来由它随后造成的每项快乐的值,这构成最初快乐的本度以及最初痛苦的不纯度;

(4) 看来由它随后造成的每项痛苦的值,这构成最初痛苦的本度以及最初快乐的不纯度;

(5) 把所有的快乐之值加在一起,同时把所有的痛苦之值加在一起。如果快乐的总值较大,则差额表示行动之有关

---

① 周辅成编:《西方伦理学名著选辑》(下卷),商务印书馆1987年版,第227页。

个人利益的好的总倾向；如果痛苦的总值较大，则差额表示其坏的总倾向。

（6）确定利益有关者的人数，对每个人都按照上述程序估算一遍。于是可以看到有两种人：一种是就他而言行动的倾向总的来说是好的，另一种是就他而言其倾向总的来说是坏的。把表示行动之有关每个前一种人的、具有多大程度好倾向的所有数值加在一起，同时把表示行动之有关每个后一种人的、具有多大程度坏倾向的所有数值加在一起。如果快乐的总值较大，则差额表示有关当事人全体或他们组成的共同体的、行动的总的良善倾向；如果痛苦的总值较大，则差额表示有关同一共同体的、行动的总的邪恶倾向。[1]

边沁对于这套快乐与痛苦的计算法是十分自信的，并力图用于法律研究，尤其是创立一套立法理论。但正如蒙塔古指出，严格地说来，快乐与痛苦的计算仍然是不可能的。用边沁的计算法，无法得到准确的结果，因为对快乐与痛苦不能做出数字的评价。边沁依据功利原则向我们提出的一套法律规则，尽管他尽量做了精密的论述，然而应用这种原则的可能性，仍然十分值得怀疑。那么，难道边沁的功利原则就一文不值吗？不是的。蒙塔古指出：

> 道理是这样：功利原则的价值不在于创造方面，而

---

[1] 参见〔英〕边沁：《道德与立法原理导论》，时殷弘译，商务印书馆2000年版，第88页。

在于批判方面。它的价值在于作为一种检验标准，而不在于作为一种胚芽。它的真正潜力是反面的，也就是把不公道的地方和许多繁文缛节揭露出来，并删去许多冗长的词句。对于这种目的，功利原则是特别有效的。①

下面，我们就来看一看边沁在刑法领域是如何运用其功利原则的，其建树又如何。

3.2 犯罪：禁止的恶

什么是犯罪，这是刑法面临的首要课题。贝卡里亚揭示了犯罪的本质特征在于行为的社会危害性，这是一项具有历史突破性的成果。边沁也认识到界定犯罪的重要性，认为除非我们从重构犯罪概念入手，否则，在刑事法律科学中我们将永远无法消除这些歧义。那么，究竟什么是犯罪呢？边沁指出：

> 根据讨论的题目不同，这个词的意义也有所区别。如果这个概念指的是已经建立的法律制度，那么，不论基于何种理由，犯罪都是被立法者所禁止的行为。如果这个概念指的是为创建一部尽可能好的法典而进行的理论研究，根据功利主义原则，犯罪是指一切基

---

① 〔英〕边沁：《政府片论》，沈叔平等译，商务印书馆1995年版，第44页。

于可以产生或者可能产生某种罪恶的理由而人们认为应当禁止的行为。①

在此,边沁区别了两个层次上的犯罪概念:一是规范意义上的犯罪概念,或者法定的犯罪概念,基于罪刑法定主义原则,一般是指法律所禁止的行为。二是实质意义上的犯罪概念,或者应然的犯罪概念,根据边沁的界定,是指一种禁止的恶。我们关注的是第二种意义上的犯罪概念,这也正是边沁运用功利原则所确定的犯罪概念。

既然犯罪是一种禁止的恶,那么如何判断这种恶呢?为了判断行为的善恶和是否违犯法律,边沁把行为区分为六个方面:①行为本身;②客观条件;③行为意向;④伴随的意识;⑤行为动机;⑥一般习性。从行为活动来看,边沁把各种行为区分为积极的和消极的;外在的和内在的,即肉体的和心灵的;及于人的行为和不及于人的行为;暂时的行为和持续的行为。边沁从功利主义原则出发,在犯罪的认定标准上,采取的是客观主义的唯效果论。这里涉及动机和效果的关系问题。

边沁首先将意向和动机加以区分。意向完全以客观效果作为自己好坏的标准;动机则不然。一个意向发生作用,即使动机是好的,但所得的后果是坏的,那么这个意向便是坏的;同样,一个意向发生作用,即使动机是

---

① 〔英〕边沁:《立法理论——刑法典原理》,孙力等译,中国人民公安大学出版社1993年版,第1页。

坏的，但所得的后果是好的，那么这个意向便是好的。在边沁看来，意向既牵涉到行为本身，也可能同样涉及后果。边沁指出：

> 意向（disposition）乃是一种虚构之物，假想出来以资推论方便，借以表示在一个人心灵的机构中有一种永恒性的东西，他在某某时际，受了某某一种动机的影响，而有某种行动的。而这种行动，在他看来，是有某种趋势的，或出于某种意向的。
>
> 意向，正和别的东西一样；其好坏悉依效果为准。依效果之足以增进或减低社会之幸福为准。一人之意向，可依两点来讨论：根据它，一、对自己幸福的影响；或二、对别人幸福的影响。总此二者以观，或随便就任何一方来看，它一方面可称为善，而在别一方面可称为恶，或在恶劣的情形下，可称之为极恶的。依前一种看法，它尚没有任何专有名称。在一方面，它可名为（但并不说明问题）脆弱或薄弱；在另一方面，健全或坚毅。在一种看法下，一方面可称为有益的或有功的，另一方面，可称为有害的或祸人的。关于人的一部分意向，其效果之仅直接关涉他自己者，在这里没有多少可说。但意向为恶的时，欲加以改正，宁可说是道德家之事情，而非立法者的：这种意向也不容易感受许多不同的改变。而这种改变在立法者方面可有很大的效果。其次关于另一部分的意向，其效果直接关涉到别人者，则

只在其是为祸于人的范围内讲，刑法才和它有着直接的关系。①

意向这个词是边沁虚构的，但包含着一些深刻的思想。边沁所说的意向，在一定意义上相当于现代刑法理论中所讲的犯罪目的，或称为犯罪意图。这种犯罪目的是由动机刺激下产生的，但又与动机不同。犯罪目的直接指向一定的犯罪结果，因此犯罪结果是犯罪目的的外化。应该说，边沁将犯罪动机与犯罪目的加以区分，是有见地的。但是，边沁的意向又不完全等同于犯罪目的，它有超越目的之处，在一定程度上又与犯罪人格或犯罪心理结构相似，因为它表现为某种行动的趋势，是人心灵中一种永恒性的东西。这个观点，从心理学上来说，涉及了犯罪行为人的主观心理结构，较之其他古典派学者更为深刻。而且，边沁还论及，某一行为是否应受刑法调整，关键是看其行为效果（指坏的效果）是否关乎他人。如果行为之坏的效果只关涉本人，则不发生构成犯罪的问题，只有行为之坏的效果关涉他人，才能作为犯罪来处理。

边沁还对动机作了进一步的心理学分析。边沁认为，在所有这样一连串的动机中，主要的或起始的一环，似乎就是在可窥见人的最后的内心动机；都由于它，可窥见的一切其

---

① 周辅成编：《西方伦理学名著选辑》（下卷），商务印书馆1987年版，第239—240页。

3. 边沁：追求功利

他动机才有其重要性,直接行动的动机才得以存在。我们看到,这种可窥见的动机总是某种快乐或某种痛苦;当时的行为被当做延续或产生快乐、中断或阻止苦痛的手段。所以动机本质上不过就是在某种形式下发生作用的乐或苦罢了。边沁认为,动机只是一种未确定的心理状态。一个人的动机,主要是为了取得快乐防止痛苦。既然能产生快乐的就是善,造成痛苦的就是恶,那么说动机本身有善恶就没有意义了。由此,边沁得出动机无所谓善恶之分的结论。边沁指出:

> 就好坏而言,动机同其他每一种本身既非痛苦亦非快乐的事情一样。如果它们是好的或坏的,那只是因为它们的效果:好是因为趋于产生快乐或避开痛苦,坏是因为趋于产生痛苦或避开快乐。于是,从一个同样的动机以及从每一种动机当中,可以产生好的行动,也可以产生坏的行动,还可以产生不好不坏的行动。我们将就所有各类不同的动机来表明这一点,这些动机是由各式各样的快乐和痛苦决定的。①

边沁之所以否定动机的善恶,主要是为其效果论服务的。边沁认为,一个行为是善是恶,只要考虑它的结果如何而定。其所以是善,是因为它能够引起愉快或排除痛苦;其所以是恶,是因为它能够引起痛苦或排除愉快。从同一个动

---

① 〔英〕边沁:《道德与立法原理导论》,时殷弘译,商务印书馆2000年版,第152页。

机,以致任何动机都可以产生善的、恶的乃至无善无恶的行动。这就是说,行为的善恶主要是根据其结果进行评价,与行为的动机无关。边沁认为,只有行为的效果、功利是唯一有价值的和应该被重视的。边沁举案例加以说明:一个杀人犯无论心中如何充满慈善,对于他的杀人罪行来说,也不能减轻丝毫;相反,一个援救溺水人的人,在他援救溺水人时,不论他心中充满着多卑劣的动机,他援救溺水人的行动价值丝毫也不应减轻。[1] 由此可见,边沁的功利原则赋予了古典学派客观主义的刑法理论以特定的蕴含。

边沁的犯罪分类也是十分独特的,并略有些复杂,但却又颇有些启发。实际上,边沁关于犯罪的分类与其功利原则也有一定关联。通过犯罪分类,使我们对犯罪这种禁止的恶具有更为深刻的认识。

边沁认为根据受害人的身份,犯罪可以分为私罪、反射罪、半公罪和公罪[2]:

(1) 私罪,指对某些特定的人进行的犯罪,而并非指对罪犯本人进行的犯罪。与个人幸福的来源相适应,私罪又可以分为人身犯罪、财产犯罪、名誉犯罪和身份犯罪。具有多方面侵害性的私罪可以称之为混合型犯罪,例如侵犯人身又

---

[1] 参见罗国杰、宋希仁:《西方伦理思想史》(下卷),中国人民大学出版社1988年版,第376页。

[2] 参见〔英〕边沁:《立法理论——刑法典原理》,孙力等译,中国人民公安大学出版社1993年版,第1—2页。

侵犯财产的犯罪即属于这种情况。

（2）反射罪，或者侵害自己的犯罪。在这类犯罪中，罪犯侵害的不是别人而是他本人；或者他侵害别人，而结果却伤害了他本人。

（3）半公罪，这类犯罪所侵害的是社会的某一部分、一个地区、一个特定的社团、一个教派、一个商行，或者是出于共同利益而成立的协会。这类犯罪的关键特征在于恶行是即将发生的，是一种危险的威胁，而且受害人又不是特定的个人。半公罪又包括两类：第一类需要有自然灾祸的介入，如破坏交通设施与水利设施的犯罪、违反传染病传播法的犯罪等。第二类不需要自然灾祸的介入，例如对某一阶层的人的威吓，对公共财产的偷窃，对城市装饰物的毁损等。

（4）公罪，这种犯罪对社会全体成员或者不特定的多数人产生某种共同危险，虽然对任何一个特定的人来说不会比其他任何人具有更大的受到侵害的可能性。其中，公罪又可以分为九类：第一类，对外部安全的犯罪。这类犯罪的意图是使这个国家招致国外敌人的进攻。第二、三类，妨害司法与治安的犯罪。司法与治安的共同任务是维护国家的内部安全，区别在于前者处罚已然之罪，后者预防未然之罪。第四类，对公共力量的犯罪，即削弱、影响军队力量的犯罪。第五类，对公共财富的犯罪，如妨害税收和国家劳工基金的犯罪。第六类，导致国家人口下降的犯罪。第七类，对国民财产的犯罪，这类犯罪导致社会成员个人财产的数量和价值的降低。第八类，对统治权的犯罪。第九类，对宗教的犯罪。边沁认为，宗教负有维护和加强人类对最高统治者的敬畏的义务，因而削弱或者破坏宗教的影响，就等于削弱或者破坏国家从宗教那里获得的益处，因此构成犯罪。

除了上述犯罪分类以外，边沁还论及混合型犯罪与单一型犯罪、主罪和从罪、作为犯罪与不作为犯罪、假想罪等。

边沁把犯罪之恶分为两个层次：

第一层次之恶，是指犯罪自身的恶性大小。边沁认为，犯罪产生的第一层次之恶可以根据下列原则估量[①]：

（1）混合型犯罪能产生比单一犯罪更多的恶。例如使无辜的人受到刑罚处罚的伪证罪，比使有罪的人逃避惩罚的伪证罪会产生更多的恶。

（2）半公罪和公罪之恶，在同样条件下比私罪之恶大。例如，把瘟疫传播给整个大陆的恶比把瘟疫传播给一个有很少居民、几乎没人去的小岛要大。

（3）半公罪和公罪进一步细分时，其恶害比同种类的私罪要小。例如抢劫公共财产的犯罪，由于系财产的重新瓜分而被害人很富有，其恶害就比同等情况下个人被抢劫时小。

（4）如果一种犯罪的结果不仅造成了原始的恶，而且对被害人产生了附随的恶害，则该种犯罪的恶害就大。例如由

---

① 参见〔英〕边沁：《立法理论——刑法典原理》，孙力等译，中国人民公安大学出版社1993年版，第7页以下。

于监禁或伤害而使受害人失去了职位、婚姻、高利润生意等利益的情况。

(5) 如果一种犯罪衍生出一种对其他人的恶,那么,这种犯罪的恶就大。

边沁指出,要估量第一层次之恶,还必须考虑加重情节,即使罪恶增加的情形。这些加重情节包括：受害人肉体上痛苦的增加；恐怖的增加；耻辱的增加；无法弥补的损坏；以及伤害的加重。

第二层之恶是指犯罪造成社会和公众相应的惊恐。边沁认为,不同犯罪引起的惊恐,从不安到恐怖,可以分为很多层次。各种犯罪所产生的一般性惊恐则会均衡、有效地持续下去,且能被确定。除第一层次之恶的程度以外,第二层次惊恐的程度随下面的情况而变化[①]：

(1) 犯罪目的对惊恐的影响。边沁认为,不论是故意犯罪还是过失犯罪,其结果都是一样的,但产生的惊恐不同。我们把一个知道并策划犯罪的人看做既坏且又危险的人；而一个过失犯罪的人的犯罪原因,则仅仅被认为是由于他的疏忽与无知。

(2) 罪犯的身份及其对惊恐的影响。边沁认为,有些罪人人都可以犯；有些罪则要求特定的身份,这种身份为犯罪

---

① 参见〔英〕边沁：《立法理论——刑法典原理》,孙力等译,中国人民公安大学出版社1993年版,第8页以下。

所必需。通常情况下，罪犯的身份能够减少人们的惊恐。

（3）动机对惊恐程度的影响。边沁认为，犯罪是出自特殊的动机而这种动机又不常见的话，那么，惊恐也就很有限；如果这种犯罪是出自普通的、频繁的、有影响的动机的话，惊恐就大，因为更多的人会发现他们生活在危险之中。

（4）预防犯罪的难易及其对惊恐的影响。边沁认为，一种犯罪愈容易预防，它引起的惊恐就愈少。受害人不同意就无法进行的犯罪不会引起很大的惊恐。

（5）秘密的技巧程度对惊恐的影响。边沁认为，犯罪的性质和情节导致很难发现犯罪，抓获罪犯时，惊恐程度就增大。在那些由于犯罪性质的缘故而使罪犯能够被发现的案件中，惊恐大大地减弱了。

（6）罪犯性格对惊恐的影响。边沁认为，一个人的性格或多或少地显示出一定的危险性。性格能使惊恐增加或者减少。

应该指出，边沁对犯罪之恶的量化分析是极为难能可贵的。虽然有些结论似是而非，但其分析确实很有特色。边沁对犯罪之恶的分析贯穿了功利原则，从而使我们对犯罪的认识更为清晰与明确，也为刑罚适用奠定了基础。

3.3 刑罚：必要的恶

边沁曾经指出苦和乐的四个来源，这就是：自然的、政治的、道德的和宗教的。出自这四种来源之一的苦与乐，既然都能给任何的行为法律或行为规则以一种约束力，所以它们可以统称为制裁（sanction）。与苦和乐的四个来源相对应，制裁也可以分为四种：自然制裁、政治制裁、道德制裁和宗教制裁。① 这里的政治制裁就是法律制裁。因此，法律制裁在整个社会制裁体系中，只是其中一种，而不是全部。对于犯罪来说，制裁也不是唯一的，补救方法是多元的。在这方面，边沁多有建树。边沁认为，犯罪的补救方法可以划分为四种类型②：

第一，预防方法。边沁认为，预防方法是指有助于防止犯罪的措施。预防方法可以分为两种形式：直接方法，及时而具体地适用于某种犯罪；间接方法，在于一般地预防所有的犯罪。边沁指出：犯罪行为被实施之前，可能会有许多犯罪临近的预兆。犯罪经过一系列的预备活动，而往往会在危害结果产生前得以制止。这种对特定犯罪适用的措施，就是直接预防方法。边沁还以相当大的篇幅论述了预防犯罪的间接方法，可见他对间接方法的重视。边沁指出：为了实现预防犯罪的目的，既可以阻碍获取犯罪所需要的信息，又可以排除犯罪的能力或犯意。绝大多数的手段在于引导人们弱化蒙发恶念的欲望，强化趋向善良的保护性动机。不具有惩罚

---

① 参见周辅成编：《西方伦理学名著选辑》（下卷），商务印书馆1987年版，第223页以下。

② 参见〔英〕边沁：《立法理论——刑法典原理》，孙力等译，中国人民公安大学出版社1993年版，第26页以下。

性的间接方法则能对人们的客观行为与主观意图发生作用，使其服从法律，避免受到邪恶的诱惑，依靠人们的意志和知识进行自我约束。①

第二，遏制方法。边沁认为，遏制方法是指有助于阻止已经发生且正在进行中，但尚未完成的犯罪的方法。用以制止罪恶，至少是其部分罪恶。由于遏制方法只适用于正在发生的犯罪，因此，只有对那些持续犯罪才适用。正如边沁所言：阻止犯罪的能力，以该犯罪具有一定的持续时间以便司法介入为前提条件，但并非所有的犯罪都持续一定的时间。一些犯罪转瞬即逝，另一些则有较长的实施过程。为此，边沁研究了持续犯罪的各种情况，认为对不同类型的持续犯罪，应采取不同的遏制方法。

第三，补偿方法。边沁认为，补偿方法由赔偿和保障构成，以保护那些遭受犯罪侵害的人。边沁将补偿分为以下六种类型：①金钱补偿，这种补偿的适用范围较广，对许多犯罪都不失为一种有效的补偿手段。然而，并非所有的罪犯都有以金钱支付的能力，而且，并非对所有被害人以支付金钱为妥。②实物返还，这种补偿方法或者是归还非法获取的财物，或者是给与类似于非法获取或毁坏的财物。③宣誓补偿，如果犯罪由作虚假陈述所致，采取依法宣誓澄清真相的

---

① 参见〔英〕边沁：《立法理论——刑法典原理》，孙力等译，中国人民公安大学出版社1993年版，第96页。

补偿方法，颇为适当。④名誉补偿，通过补偿的方法，达到为他人维护或者重新树立曾遭受犯罪侵犯或者践踏的名誉。⑤惩罚补偿，给罪犯造成明显痛苦的各种措施，无不包含会使被害人产生报复后的满足感。⑥替代补偿，亦称第三者的补偿。某人并非罪犯，而在经济上为罪犯所造成的损害承担责任。

第四，刑罚方法，又称惩罚。边沁认为，刑罚方法（惩罚）同样是有用的，尽管犯罪已被制止，被害人也得到补偿，但仍然需要防止出于同一罪犯或者其他罪犯的类似的犯罪。有两种途径达到这一目的，一种是制止犯罪意图，另一种是消除行为能力。消除其再犯意图称作改造；消除其行为能力称作剥夺能力。无论是根据其犯罪意图进行改造还是根据其性质剥夺行为能力，施行的这种方法令人生畏地被称作惩罚。边沁指出，惩罚的首要目的是防止发生类似的犯罪。过去发生的毕竟只有一个行为，而未来则未可限量。已经实施的犯罪仅涉及某一个人，类似的犯罪将可能影响整个社会。在许多案件中，虽然不可能矫正已经实施的罪恶，但有可能消除其再犯的意图。尽管犯罪能获得很大的快乐，但是，惩罚所造成的痛苦超过实施犯罪获得的快乐。

这样，边沁构筑了一个犯罪的政治补救体系。在这个体系中，刑罚只是一种最后不得已而采用的手段，是一种必要的恶。

在边沁之前，贝卡里亚虽然从功利主义出发主张刑罚的宽和，但基本上是出于一种人道的考虑，并没有把刑罚本身看做一种恶，尽管他也看到了刑罚滥用的副作用。贝卡里亚把刑罚视为对犯罪的一种政治阻力，只是强调刑罚化是不必要的，就是专制的。换言之，只有必要的刑罚才是公正的。而边沁则明确地把刑罚视为一种必要的恶，使刑罚彻底功利化。因此，边沁认为，所有惩罚都是损害，所有惩罚本身都是恶。根据功利原理，如果它应当被允许，那只是因为它有可能排除某种更大的恶。① 边沁还对刑罚之恶与犯罪之恶进行了对比，指出：

> 应观察这样两种情况——一种代表罪行之恶，另一种代表刑罚之恶。下列之恶是每种刑罚所具有的：第一，强制之恶。它根据受禁止事物有权享用的快乐程度向累犯适用或多或少之痛苦。第二，刑罚所产生之苦。当刑罚被实际执行时皆如此。第三，恐惧之恶。那些已经违反法律或害怕随之而来的指控者必然遭受此种痛苦。第四，错误控告之恶。这种恶专属于刑法，而且尤其是那些含糊不清之刑及虚假之罪。人们的普遍憎恨经常使受到指控或责难的嫌疑犯及被告人处于一种可怕的形势下。第五，衍化之恶。发生在受到法律制裁者之父母或朋友身上。上述是立法者在规定刑罚时应该时刻注

---

① 参见〔英〕边沁：《道德与立法原理导论》，时殷弘译，商务印书馆 2000 年版，第 216 页。

意的恶或"代价"。①

根据边沁的观点，刑罚的适用对于预防犯罪来说并非是一种主要手段，而且还是有代价的。正因为如此，边沁对刑罚适用提出了其功利规则。

从功利原则出发，在某些情况下适用刑罚是不合适的，这就是所谓不应适用之刑。边沁列举了以下四种不应适用之刑②：

第一，滥用之刑。边沁认为，滥用之刑发生在下列情况下：不存在现实之罪，不具有第一层次或第二层次之恶，或者恶性刚刚超过由附随善性所产生的可补偿性，正如在行使政治或家庭权力、抵抗更大的恶行以及防卫时所出现的情况那样。边沁又把滥用之刑看做一种错误之刑，尤其是刑罚不应当株连无辜。为此，边沁指出：在这方面，立法者需履行两个义务：①他应该避免最初适用刑罚时的滥用。②当直接刑罚的后果降临到有罪者身上时，必须把可能落在无辜者身上的痛苦减少到最低限度。

第二，无效之刑。边沁把那些对意志毫无效用，因而无法预防相似行为之刑称为无效的。边沁认为，对不知法者、非故意行为者、因错误判断或不可抗力而无辜干坏事者所适

---

① 〔英〕边沁：《立法理论——刑法典原理》，孙力等译，中国人民公安大学出版社1993年版，第67页。

② 参见〔英〕边沁：《立法理论——刑法典原理》，孙力等译，中国人民公安大学出版社1993年版，第66页以下。

用之刑,都是无效的。儿童、弱智者、智障者等人虽然在某种程度上能被奖赏和威胁所影响,但他们缺乏足够的受刑罚禁止的未来意识。在他们的案件中,刑罚也是无效的。

第三,过分之刑,边沁认为,当通过更温和的手段——指导、示范、请求、缓期、褒奖可以获得同样效果时,适用刑罚是过分的。

第四,昂贵之刑。边沁认为,如果刑罚之恶超过罪行之恶,立法者就是制造更大的痛苦而不是防止痛苦,是以较大恶之代价来消除较小之恶。

在上述四种情况下,由于适用刑罚,或者会带来更大的恶害,或者难以产生预防效果,因而从功利原则考察,都不应适用刑罚。

那么,在什么情况下刑罚才是合适的、正当的呢?按照边沁的原则,我们就应当用不多于也不少于必要限度的刑罚来预防一种侵害行为(且假定所说的侵害行为是可以有效预防的)。这就是边沁对罪刑相适应问题的解决办法。刑罚超过必要限度就是对犯罪人的残酷;刑罚达不到必要限度则是对未受到保护的公众的残酷,也是对已遭受的痛苦的浪费。边沁坚持要尽可能以"最低的代价"来预防犯罪这一向前看的目标。[①] 由此可见,在边沁看来,合适的刑罚应当是罪刑

---

① 参见〔美〕戈尔丁:《法律哲学》,齐海滨译,三联书店1987年版,第151页。

相称的刑罚。边沁指出:

> 孟德斯鸠意识到了罪刑相称的必要性,贝卡里亚则强调它的重要性。然而,他们仅仅做了推荐,并未进行解释;他们未告诉我们相称性由什么构成。让我们努力弥补这一缺憾,提出计算这个道德原则的主要规则。①

为此,边沁根据功利主义哲学,提出了以下罪刑相称的主要规则:

第一个规则——刑罚之苦必须超过犯罪之利。边沁认为,为预防一个犯罪,抑制动机的力量必须超过诱惑动机。作为一个恐惧物的刑罚必须超过作为诱惑物的罪行。一个不足的刑罚比严厉的刑罚更坏。因为一个不足的刑罚是一个应被彻底抛弃的恶,从中不能得到任何好结果。对公众如此,因为这样的刑罚似乎意味着他们喜欢罪行;对罪犯如此,因为刑罚未使其变得更好。如果一个外科医生顾忌病人的某些痛苦而停止治疗,我们对此应该怎样评论?在无程序的痛苦呻吟之中又加上无效手术所带来的痛苦,这难道是启蒙者的人道性吗?

第二个规则——刑罚的确定性越小,其严厉性就应该越大。边沁认为,除非存在免受惩罚之希望,否则没人愿意去犯罪。如果刑罚恰好由罪行之获利而产生,且又是不可避免

---

① 〔英〕边沁:《立法理论——刑法典原理》,孙力等译,中国人民公安大学出版社1993年版,第68页。

的，那么就不会有人犯罪了。难道有这样愚蠢的人，除了因徒劳的尝试而蒙羞外，肯定一无所获却仍然冒险去犯罪？在所有犯罪中，存在一个成功与失败的机会计算，为了平衡受惩罚之机会，必须增大刑罚之分量。下述命题是正确的：刑罚越确定，所需严厉性越小。这是由法律的明白性而产生之好处，亦是一个优良的程序方法。基于同样理由，刑罚应该尽可能紧随罪行而发生，因为它对人心理的效果将伴随时间间隔而减弱。此外，间隔通过提供逃脱制裁的新机会而增加了刑罚的不确定性。

第三个规则——当两个罪刑相联系时，严重之罪应适用严厉之刑，从而使罪犯有可能在较轻阶段停止犯罪。当一个人有能力和愿望犯两个罪行时，可以说它们是相联系的。一个强盗可能仅仅满足于抢劫，也可能从谋杀开始，以抢劫结束。对谋杀的处罚应该比抢劫更严厉，以便威慑其不犯更重之罪。如果对所犯之每份恶都规定出与之相应的刑罚，那么就等于完善地实践了这一规则。假如一个罪犯盗窃10克郎与盗窃20克郎所受刑罚是同样的，那么只有傻瓜才会少拿而不多拿。对不同之罪的相同之刑经常促使人犯重罪。

第四个规则——罪行越重，适用严厉之刑以减少其发生的理由就越充足。边沁认为，我们不能忘记，刑罚的痛苦性是获取不确定好处的确定代价。对小罪适用重刑恰恰是为防止小恶而大量支出。

第五个规则——不应该对所有罪犯的相同之罪适用相同

之刑，必须对可能影响感情的某些情节给予考虑。相同的名义之刑不是相同的实在之刑。年龄、性别、等级、命运和许多其他情节，应该调整对相同之罪的刑罚。如果罪行是人身伤害，同样的财产刑对富人将无足轻重，而对穷人则沉重不堪；同样的刑罚可能给某一等级之人打上耻辱烙印，而对低等级之人则可能毫无影响；同样的监禁对一个商人可能是毁灭性打击，对一个体弱多病的老人则无异于死刑，对一个妇女可能意味着终身耻辱，而对其他状况的人也许无关紧要。

边沁的上述规则其实在很大程度上重复了贝卡里亚的结论，只不过贝卡里亚的结论较为简明，边沁的规则是这些简明结论的细则化。但边沁的这种计算方法是否可行，也是一个值得怀疑的问题。对此，美国学者戈尔丁指出：

> 边沁的方法中一个根本性困难就是，它需要大量的而又不可能的计算与计划。而且我们似乎也不可能做出必要的各种比较：在甲的快乐与痛苦和乙的快乐与痛苦之间作比较。对边沁确信他所创立的一种"计算"来说也是如此。[1]

也许边沁也意识到了这一点，因而他指出：

> 应该看到，罪行相称不应该是这样数学化的相称，

---

[1] 〔美〕戈尔丁：《法律哲学》，齐海滨译，三联书店1987年版，第153页。

从而避免法律的过分细微、复杂和模糊。简洁与明确应该是更重要的价值。有时，为了赋予刑罚更引人注目的效果，为了更好地鼓励人们对预备犯罪之恶的憎恨，可能牺牲彻底的相对性。①

为了使刑罚能够与犯罪相适应，实现罪刑之间的比例相称规则，边沁认为刑罚应当具有以下特质②：

第一，它应该具有多与少的可变性，或者说可分割性，以使之符合罪行严重性的差异。期限性刑罚，诸如监禁和放逐，在极其广泛的程度上拥有这种特质。它们可以被分成所需要的任何数量单位。财产刑亦如此。

第二，本身平等——它应该在某种程度上对所有犯同样之罪的人一模一样，适应他们不同层次的感受力。这就需要注意年龄、性别、条件、命运、个人习惯以及许多其他情节；然而，同样的名誉刑却经常对一些人太严厉，对另一些人太温和，因此或者惩罚过重，或者难以奏效。由法律固定的罚金对不同命运的人也绝不是一个平等的刑罚。放逐亦具有某些不方便性，对一些人过分严厉，对另一些人则毫无意义。

---

① 〔英〕边沁：《立法理论——刑法典原理》，孙力等译，中国人民公安大学出版社1993年版，第70页。

② 参见〔英〕边沁：《立法理论——刑法典原理》，孙力等译，中国人民公安大学出版社1993年版，第77页以下。

第三，可成比例——如果一个人有机会犯两个不同之罪，那么法律应该促使其不犯更严重的那一个。假如他发现犯更重之罪将接受更重之刑，就可能产生这样的效果。这样，应该是他自己能比较这些刑罚，并测定其不同的严厉程度。

第四，与罪行的相似性——如果刑罚具有某种与罪行类似或相似的特性，即与罪行有共同属性，那么就极易加深记忆，给人留下强烈印象。在这个意义上，古代那句格言是值得赞赏的——"以眼还眼，以牙还牙！"以一种最不完善的理解可使这些思想连结起来。但是，这类刑罚是很少实用的，在多数情况下都代价高昂。存在另一类相似性。比如探求犯罪的动机，一般地说，人们可以辨识支配罪犯的情感，然后按照上述格言，根据其罪孽方式进行处罚。贪利犯罪最好用罚金处罚，只要罪犯的财力允许；侮辱类犯罪通过羞辱刑处罚；游手好闲的犯罪通过强制劳动或强迫安宁处罚。

第五，示范性——一种不明显的实在刑罚将无法引起公众的注意。一个伟大的策略是增加刑罚的明显性而不增加其实在性。这一目的或者可以通过选择刑罚本身，或者通过引人注目的庄重的执行方式来实现。

第六，经济性——即刑罚的严厉程度应该只为实现其目标而绝对必需。所有超过于此的刑罚不仅是过分的恶，而且会制造大量阻碍公正目标实现的坎坷。财产刑具有极高的经济性，因为所有由支付金钱者感受到的恶都转化成了对接受者的善。

第七，减轻或免除——必须指出所适用的处罚不应该是绝对不可变易的，因为可能发生某些不幸的情况使所适用之处罚缺乏法律根据。

第八，矫正——不仅由于害怕再次受罚而且由于性格与习惯的改变从而使罪犯得到改善，这是刑罚的一个伟大价值。通过研究犯罪的动机以及适用可弱化这种动机的刑罚取得上述结果。为实现此目的，矫正院应该对罪犯进行分离监禁，以便对不同道德条件之人可以给予不同处理。

第九，剥夺伤害能力——获得这一结果比上一个相对容易。断肢和终身监禁都具有这种属性。但是，这一准则的精神导致了刑罚的过分严厉性，并由此而导致经常适用死刑。

第十，补偿受害人是刑罚另一个有用的属性。它可以同时实现两个目标——处罚罪犯和补偿罪行。既排除了第一层次之恶，又制止了惊恐。财产刑具有这种特殊的好处。

在以上十个方面，前七个是对刑罚本身的要求，是刑罚的基本特征。后三个则是刑罚的补充属性。在边沁看来，这些特质是刑罚保持公正合理的基本因素。刑法典只有和我们所讨论的规则相一致，才能确保其文明与智慧，才能获得大众感情的认可。边沁的功利原则确实为确定一种公正合理的刑罚提供了一个可供选择并具有可操作性的标准，刑法典由此获得了某种确定性。

4

费尔巴哈:崇尚威吓

4.1 缔造实在法

1775年11月4日出生。

1792年12月,进入耶拿(Jena)大学法学院学习。

1799年1月获得法学博士学位,同年夏在耶拿大学担任讲师。1801年晋升为教授。

1802年转任基尔(Kiel)大学教授。

1804年又转任兰茨胡特(Landshut)大学教授。

1806年起担任法典编纂委员会委员,起草刑法典草案。根据这一草案,1813年完成了《巴伐利亚刑法典》。

1814年担任巴姆贝格(Bamberg)上诉法院第二院长。

1817年担任安斯巴赫(Ansbach)上诉法院院长。

1833年5月29日逝世。

这是一份履历表,其主人是保罗·约翰·安塞尔姆·费尔巴哈,德国著名刑法学家。从这份履历表,我们可以看到,费尔巴哈是教授、立法者,又是法官。虽然费尔巴哈主持制定过刑法典,并且曾经担任法院院长,但我们更注重的是作为一个学者的费尔巴哈。作为一个著名的刑法学家,费尔巴哈一生著作等身,其中可以列举出下述作品:

1795年：《反对自然法的存在及妥当性之唯一可能的论据》。

1796年：《作为自然法学确定的预备工作的自然法批判》。

1797年：《反霍布斯论、特别命令、最高权力的界限及关于市民对元首有强制权的论考》。

1798年：《关于大逆罪之哲学的、法学的研究》。

1799年、1800年：《实定刑法原理及基本概念的省察》上下卷。

1801年：《现行德国普通刑法教科书》。

……

从以上列举的费尔巴哈著作目录中可以看出，费尔巴哈是一个职业意义上的刑法学家，或者说实定刑法学家。甚至可以说，费尔巴哈是近代第一个真正的刑法学家。贝卡里亚虽有近代刑法学之父的称誉，但他只是以一本小册子——《论犯罪与刑罚》一鸣惊人。贝卡里亚与其说是一个刑法学家，不如说是一个刑法思想家。只有费尔巴哈才以职业刑法学家的身份，对实定刑法进行了深入研究，建构了实定刑法学的原则与体系。如同贝卡里亚一样，费尔巴哈也被尊称为近代刑法学之父。费尔巴哈出版了大量刑法学著作，以此享誉学界。当然，我们不能忘记，他还有一件更为出色的作品，这就是培养出了一位举世闻名的哲学家：路德维希·费尔巴哈——他的儿子。

俗话说，有其父必有其子。反言之，有其子，亦应有其父。费尔巴哈虽然是一个刑法学家，但其学生时代，曾热心于哲学研究，后来为什么转向刑法学研究，不得而知。但可以肯定的是，费尔巴哈终其一生没有放弃对哲学的兴趣，并贯彻其对刑法学研究的始终。苏联学者认为，康德的哲学思想对费尔巴哈及其编纂的 1813 年《巴伐利亚刑法典》有明显影响。① 这种影响不是指康德道义报应的刑法思想，而是指康德二元论的哲学思想。换言之，费尔巴哈是以康德的二元论哲学为理论基础的，但在刑法思想上却存在其功利主义与康德的报应主义的明显对立。

二元论是康德哲学的特点之一，康德在人的存在问题上区分了感性的现象世界与理智的本体世界。感性的现象世界是一个为机械的因果律所决定的世界。在这个世界中，处于时间链条中的事物，其发生皆为在前的一个事件所决定，也就是说，每一个事件都有一个自然的原因，该原因必然决定其结果，而这一结果又作为原因，决定其结果。这样在自然界里，就形成一个无穷的因果系列，其中一切都是机械必然的，没有自由可言。康德认为，人属于双重的世界，即既属于感性世界，同时又属于超感性的理智（或曰精神的）世界。从属于感性世界的这一面看，人不可避免地受物质欲望、个人爱好的诱惑，因而这时决定他行为的原因是感性的

---

① 参见《外国刑法研究资料》（第一辑），北京政法学院 1982 年印行，第 77 页。

欲望与冲动,是外界事物的影响,而不是自身道德意志的自决。所以这时他的行为是他律的,是被动地决定的。他自己全然不能创造他自己,而只能为一种自然的必然性所决定。理智的本体世界则是一个道德的世界,是人所从属的真正在精神上自觉的世界。在这个世界里,人意识到自己是目的,意识到自身的价值,而且意识到自身的意志是自由的。这种自由既为自己颁布了道德方面所应遵循的法则,而且使自己意识到服从这些法则的责任。因此在理智世界里,行为的因果性是一种自由的因果性,也就是说,行为的原因产生于意志的自觉选择、自主决定,产生于对道德法则的服从。在理智世界里的人的行为并不为感性的欲望与冲动,所以在这里,人是道德上自律的。这二元世界不是对立的,而是互相联系的。康德把本体的世界称为"原型"(urbildlich)世界,把现象世界称为"模型"(nachgebildet)世界。原型世界是本真的世界,模型世界只是它的副本,也就是说,是将它的观念、目的加以实现的结果。之所以说是"模型",因为它本身是不真的,必须以观念的原型世界为范本。康德这一双重世界之说,是典型的柏拉图主义,将现象世界看做是观念的摹本。观念的世界在康德那里之所以是范导的,就在于它为现象世界提供规范,它是建构感性世界的根据。① 康德以

---

① 参见陈嘉明:《建构与范导——康德哲学的方法论》,社会科学文献出版社1992年版,第219—220页。

这种二元关系界定道德和法，把道德看做是本体，法是现象，因而道德决定着法，法只不过是道德的外在显示而已，由此引申出法的伦理意蕴。因此，康德虽然对道德与法加以区分，但从总体上来说，还是把法归结为广义上的道德的一部分，认为法是为了实现最高道德的一个领域。在康德那里，道德与法的区分是不彻底的。费尔巴哈接受了康德的人的二重性的观点，认为人在感性世界是一个自然的存在者，受到客观的因果律支配。人在理智世界是一个理性的存在者，受自由律支配。费尔巴哈认为，法律是以作为自然存在者的人为调整对象的，因而在法律领域中不存在自由问题，应当根据因果律来考察人的行为。道德是以作为理性存在者的人为调整对象的，因而只有在道德领域中才存在自由问题。据此，费尔巴哈对道德与法作了严格区分，认为法不能从道德演绎出来，法的理念与道德的理念完全不同。由此可见，费尔巴哈是从康德的二元论出发的，但其最终结论却迥异于康德。对此，日本学者山口邦夫作过以下比较：

> 费尔巴哈虽然从康德哲学出发，但最终并不是康德的学徒。作为刑法学者，即作为独自的实定法的理论家，将自由从法的领域逐入道德的领域。费尔巴哈的理论毕竟是实定法的理论，不是形而上学的理论……康德一方面区别法与道德，一方面把法作为广义的道德的一部分，认为法是为了实现最高道德的一个领域，是与费

尔巴哈大不相同之处。①

在此，山口邦夫深刻地指出了费尔巴哈的刑法理论是一种实定法理论，这不仅是费尔巴哈区别于康德的特点，而且也是区别于刑事古典学派中其他刑法学家的特点。正是这一点，使费尔巴哈在刑法学史上占据了重要地位，因为他开始并完成了由自然法意义上的刑法理论向实在法意义上的刑法理论的转变，为此后的规范刑法学与注释刑法学的发展奠定了基础，开辟了道路。

4.2 罪刑法定主义

在孟德斯鸠、贝卡里亚的刑法思想中，都包含着罪刑法定主义的内容，但他们都没有明确提出罪刑法定原则。正是费尔巴哈，使罪刑法定主义从思想转化为实定刑法的原则。费尔巴哈在1801年的刑法教科书中，用拉丁文以法谚的形式对罪刑法定主义作了以下表述：

Nulla poena sine lege

（无法律则无刑罚）

Nulla poena sine crime

（无犯罪则无刑罚）

---

① 马克昌主编：《近代西方刑法学说史略》，中国检察出版社1996年版，第82页。

Nullum crimen sine poena legali

（无法律规定的刑罚则无犯罪）

以上内容，较为中国化的表述方法是：

法无明文规定不为罪

法无明文规定不处罚

更为简捷的表达是：

无法无罪

无法无刑

在我们今天，罪刑法定原则已经深入人心，成为刑法的铁则。饮水思源，我们不能不怀念费尔巴哈对罪刑法定原则在刑法中的确立所做出的伟大贡献。

费尔巴哈确立罪刑法定原则，首先是基于他对道德与法的严格区分。在费尔巴哈以前，道德与法的区分问题已经受到高度重视，贝卡里亚对此都有深刻的论述，认为法律只能惩罚人的行为，而不能追究人的主观思想动机。人的善恶是一个道德问题，属于道德责任的范畴，不应由法律来解决，不能承担法律责任，由此努力对道德责任与法律责任做出区分，建立法定责任论。费尔巴哈在此基础上作了进一步的努力，以罪刑法定原则使犯罪认定标准法定化，从而防止了将道德过错与犯罪混为一谈。

费尔巴哈基于罪刑法定原则，将犯罪的违法性提到了一个十分重要的位置，为此后犯罪构成要件理论的发展提供了法理基础。构成要件一词，系通过日本转译德语的 Tatbestand 而来，德语中的这一概念存在一个从诉讼法上的范畴演变为实体法上的范畴的历史过程。据考证，Tatbestand 最早又是译自拉丁文的 Corpus delicti（罪体）这一概念，在此之前更早使用的是 Constare de delicti（犯罪的确证）。Constare de delicti 是中世纪意大利的纠问诉讼制度中的一个概念，在这种纠问诉讼制度中，法院首先必须调查是否存在犯罪，即进行一般审问；在得到存在犯罪的确证以后，才能对特定的嫌疑者进行审问，称为特别审问。后来，从 Constare de delicti 一词又引申为 Corpus delicti，即犯罪事实。意大利刑法学家法利亚斯（Farinacics）于 1581 年首先采用这一概念，用来表示按照刑事诉讼程序被证明的犯罪事实。这个概念后来传入德国，适用于整个普通法时代。作为诉讼法上的概念，Corpus delicti 所表示的是与特定的行为人没有联系的外部的客观实在（罪体），如果不能根据严格的证据法则对这种客观的犯罪事实的存在进行确证，就不能继续进行特别纠问——包括拷问在内。Corpus delicti 这一概念所包含的基本意义，为此后犯罪构成理论的产生奠定了基础。1796 年，德国刑法学家克莱因把 Corpus delicti 译为 Tatbestand，当时它还只具有诉讼法上的意义。直到费尔巴哈之后，Tatbestand 才变成带有实体法意义上的概念。对此，日本学者小野清一郎曾经指出：费尔巴哈从一般预防、客观主义的立场出发，主张犯罪结果也属于构成要件。我们读起斯求贝尔（Stübel）的书来，觉得诉讼法的味道十分浓厚。所以，直到费尔巴哈时，构成要件才明确地被当做实体刑法上的概念来使用。①费尔巴哈从罪刑法定原则出发，要求"把任何行为作为犯罪并对之科以任何刑罚，都必须根据法律的规定来确定"。为此，费尔巴哈把刑法分则上关于犯罪成立的条件称之为犯罪构成，指出：犯罪构成就是违法行为中所包含的各个行为的或事实的诸要件的总和。费尔巴哈强调指出："只有存在客观构成要件的场合，才可以被惩罚。"这一思想在他主持制定的1813年《巴伐利亚刑法典》中得以体现。该刑法典第27条规定："当违法行为包括依法属于某罪概念的全部要件时，就认为它是犯罪。"② 在这一规定中，强调犯罪的违法性，并将这种违法性与构成要件统一起来，对于犯罪构成理论的形成和发展产生了深远的影响。

费尔巴哈确立的罪刑法定原则，更重要的意义在于限制司法权，保障公民的自由和权利，这是罪刑法定主义的主要功能。费尔巴哈指出：

> 刑法，第一，与行使国家司法权的官吏相关联。刑法要求官吏对犯罪应当根据刑法处罚这一完全的拘束，并在这点上分解为如下的两个命题：（1）没有法律上的

---

① 参见〔日〕小野清一郎：《犯罪构成要件理论》，王泰译，中国人民公安大学出版社1991年版，第3页。
② 参见樊凤林主编：《犯罪构成论》，法律出版社1987年版，第370页。

刑罚就不存在犯罪，或者刑罚的害恶是犯罪的前提条件。（2）没有犯罪就不存在法律上的刑罚，或者刑罚的（是必须的概念）前提条件，仅仅是犯罪。因此，第二，刑法与作为就违法行为应予威吓的可能的犯罪者在刑罚权之下的所有的人相关联。而且在这个考虑中，刑法对行为之法的不可能性与刑罚之法的必然性或行为的条件同样地说明。所以同样分为两个命题：（1）各人应当停止这种被规定的行为。（2）实施这种行为的各人应受法律上的刑罚，或者任何人没有实施该种行为，法律上的刑罚作为违法行为的法的必然的效果就不存在。①

在以上论述中，费尔巴哈实际上是从国家和个人两个方面论述了罪刑法定主义的功能。从国家方面来说，罪刑法定原则是一种裁判规范，它意味着对司法权的一种限制。罪刑法定主义是国家对公民个人的一种承诺、一种约定，同时也是对司法权的一种约束；国家只能在法律规定的范围内认定与处罚犯罪，没有触犯刑法，就没有犯罪；没有犯罪，也就没有刑罚。这样，就明确地划清了通过司法机关行使的国家刑罚权与公民个人自由之间的界限。从个人角度来说，刑法是一种行为规范，它对公民的行为起到了引导作用。为公民提供了一张罪刑价目表，使每个公民都面临着法律的威吓，

---

① 马克昌主编：《近代西方刑法学说史略》，中国检察出版社1996年版，第87页。

从而起到一般预防的作用。由此可见，费尔巴哈的罪刑法定主义虽然追求法律的威吓效果，但从根本上来说，是以启蒙主义的法治国思想为基础的，强调法律的绝对权威，并将法律神圣化，从法律中寻找可罚性的根据。

4.3 权利侵害说

在封建中世纪，犯罪是一个含混不清的概念，犯罪行为与民事侵权行为以及违背道德行为混杂在一起。只是随着国家权力的加强，刑法与民法、法律与道德的分离，犯罪才成为一个独立的范畴。英国刑法学家特纳指出：就英国法制史著书立说的人们常言，在古代法中，刑事的和民事的违法行为之间并无明显的区别。两者被称之为"粘合物"。任何损害个人的行为，达到一定程度便是损害社会，因为社会是由个人组成的。因此，说犯罪是一种危害社会的违法行为，这固然不错，但并未把犯罪与侵权行为区别开来。两者的区别仅在于程度不同。普通法的古代史表明了现在意指真正的区别的用语，起初为何不是作为科学的分类术语，而是作为感情的标志。正是如此，"重罪"一词原来是指某种残酷、凶暴、邪恶或卑鄙的东西。特纳还论述了犯罪的原始状态，指出：犯罪一词最早出现于14世纪，从重罪一词原来的含义中，能再精确不过地找到犯罪的含义：它给人们的印象是某种不名誉、邪恶或卑鄙的东西。任何行为，只要任何特定社会的某一具有足够权力的部门感到它有害于其自身的利益，如危及其安全、稳定或舒适，该部门便通常将其视为特别邪恶，并力图以相应严厉的措施加以镇压。而且，只要可能，它便确保将国家主权所能支配的强制力用于防止危害或惩罚造成危害的任何人。这种犯罪行为便被称之为犯罪。① 特纳以上这段话，大体上准确地描述了犯罪概念的形成过程。尽管在历史上犯罪曾经具有浓厚的伦理非难色彩，但之所以将某一种行为确认为犯罪，仍然在于这一行为侵害了社会利益，因而具有社会危害性。在刑法史上，意大利著名刑法学家贝卡里亚最早提出了社会危害性这个概念，并以此揭示犯罪的本质特征。应该说，社会危害性的观点，说明了某一行为何以被立法者规定为犯罪并受到刑罚处罚，因而具有一定的科学性。

　　费尔巴哈不满足于对犯罪的社会危害性这种实质意义的理解，而是从罪刑法定主义出发，提出了权利侵害说，以此揭示犯罪的本质。根据费尔巴哈的观点，犯罪的本质和犯罪的侵害方面在于对主观权利的损害，刑法的任务乃是对主观权利进行保护，并相应保障公民的自由。这种理论认为，犯罪不仅是对个别权利的侵害。国家也可以作为具有权利的一个人格来看待，因而对国家的犯罪也属于权利侵害。权利侵

---

① 参见〔英〕特纳：《肯尼刑法原理》，王国庆等译，华夏出版社1989年版，第1—2页。

害说曾风靡一时，几乎支配了19世纪前半期的刑法学。权利侵害说是以启蒙学派的人权理论以及古典自然法思想为基础，并从罪刑法定主义中引申出来的，它具有限定被扩张的犯罪概念的作用。而且，费尔巴哈的权利侵害说摒弃了中世纪将犯罪视为邪恶，将道德责任与法律责任混为一谈的犯罪观念，从法律上严格限定犯罪的范围，具有一定的历史进步意义。

　　费尔巴哈的权利侵害说引申出犯罪的形式定义，并与犯罪的实质定义相对应，加深了对犯罪现象的认识。日本学者区分了实质意义的犯罪与形式意义的犯罪，指出：所谓实质意义的犯罪，是指广泛的反社会的行为，即是指侵害社会生活利益（法益）的人的行为。在此意义上的犯罪，不论是精神病人所实行的杀人，或是幼童实行的放火，都可以理解为广泛地包含在侵害社会共同生活秩序的人的行为中。作为刑法学（犯罪学）上的研究对象的犯罪概念，是具有这种实质意义的，被称作广义的犯罪概念。所谓形式意义的犯罪，是指在实质意义的犯罪中具有可罚性的，即在法律中被科以刑罚的。这是法律的犯罪概念，也可以称为狭义的犯罪。刑法学上的犯罪，通常是指这种形式意义的犯罪。[①] 实质意义上的犯罪概念有助于我们从犯罪本质上理解犯罪，而形式意义

[①] 参见〔日〕木村龟二主编：《刑法学词典》，顾肖荣等译，上海翻译出版公司1991年版，第98页。

上的犯罪概念则从法律形式上界定犯罪,赋予犯罪以法律特征。这种法律特征就是行为的刑事违法性,刑事违法的本质在于对他人权利的侵害。因此,以权利侵害说为基础的形式意义的犯罪概念具有对犯罪的限定机能,广泛地为各国刑法典所采纳。各国刑法一般都将犯罪定义为违反刑法的,并为刑罚所确然禁止的行为。

当然,权利侵害说也存在一定的缺陷。权利侵害只能涵括侵犯个人利益的犯罪,而难以包括侵犯国家利益与社会利益的犯罪,它所反映的是一种个人本位的犯罪观念。因此,费尔巴哈的权利侵害说后来被毕伦巴姆的法益侵害说所取代。尽管如此,费尔巴哈的权利侵害说在犯罪概念的嬗变史上还是起到了推动作用,代表了人们对犯罪本质认识的一个阶段。

4.4 心理强制说

费尔巴哈的刑罚理论,可以概括为以下这句名言:用法律进行威吓。由此可见,费尔巴哈是一个追求刑罚功利效果的一般预防论者。虽然可以用一般预防,即法律威吓来表达费尔巴哈的刑罚思想,但又决不能将其刑罚思想简单化与庸俗化。实际上,这一命题是建立在费尔巴哈对刑罚的概念、本质和目的等一系列问题的独特见解之上的。

费尔巴哈提出了市民刑罚这一概念。这里的市民刑罚,是指市民社会的刑罚。市民社会（civil society）是19世纪十分流行的一个概念，黑格尔曾经对市民社会作过深入研究，他把市民社会与国家加以区分，认为市民社会只是外部的国家（external state），或是由知性（understanding）所了解到的国家。费尔巴哈并没有对市民社会与国家严格地加以区分，而是在与国家目的的密切联系上考察刑罚的目的。因此，在费尔巴哈那里，市民刑罚实际上就是指国家为实现其目的而设置的刑罚。费尔巴哈对市民刑罚作出了以下界定：

> 所谓市民的刑罚是因为实行了权利侵害由国家所加用刑法予以威吓的感性的害恶。①

根据上述市民刑罚的概念，可以看出费尔巴哈所主张的刑罚具有以下特点：

第一，市民刑罚具有法定性，因而是与自然的刑罚、道德的刑罚以及私刑相区别的。刑罚这个词，具有惩罚性的意蕴。而惩罚是一个含义十分广泛的概念，有自然的惩罚，即由于违反客观规律，受到自然的惩罚。这种自然的惩罚虽然也会给人造成一定的痛苦，但这种痛苦是自然给予的，不具有刑罚的性质。同样，刑罚与道德上的惩罚也是有区别的，道德上的惩罚主要以谴责等形式体现。当然，在中世纪宗教统治时期，曾经以刑罚，甚至是十分严酷的刑罚作为道德惩

---

① 马克昌主编：《近代西方刑法学史略》，中国检察出版社1996年版，第91—92页。

罚手段，例如宗教裁判所以及其他形形色色的道德压迫方式。但在费尔巴哈时代，道德与法已经明确地加以区分，费尔巴哈更是竭力否认道德与法的联系，反对道德责任与法律责任的混淆。因此，费尔巴哈对于道德惩罚与刑罚也是截然区分的。此外，刑罚权是一种公权，与私刑有所不同。私刑是指私人惩罚，在某些时期或某些地区曾经允许私刑，并使之成为公共惩罚即刑罚的一种补充。随着国家权力的扩张，私刑受到越来越严格的限制，乃至于最终被取缔。因此，国家刑罚权也不能等同于私刑。费尔巴哈所主张的市民刑罚，是国家设置的刑罚，具有法定性。

第二，刑罚是一种威吓，这是费尔巴哈对刑罚功能的基本观点，这种刑罚威吓论是费尔巴哈刑罚理论中最具特色的内容之一。应该说，追求刑罚的威吓性并非费尔巴哈的发明。事实上，在古代社会，统治者早已发现刑罚的威吓性，由此而导致严刑苛罚。在专制社会，统治者往往通过血淋淋的行刑场面来威吓其他人，为达到遏制犯罪的效果，不惜使用重刑。例如中国春秋时期法家代表人物韩非曾经指出："重一奸之罪而止境内之邪，此所以为治也。重罚者盗贼也，而悼惧者良民也。"（《韩非子·六反》）毫无疑问，费尔巴哈也主张刑罚的威吓性。对此，挪威学者约翰尼斯·安德聂斯指出：

> 费尔巴哈颇令人信服地揭示了刑法规范及其适用之间的联系。他指出，刑法的目的就是遏制。适用刑罚的

目的应该适应法律的要求，而不使它与法律本身相矛盾。费尔巴哈审查了康德的原理，并接受了它。他证实，这一原理并不与作为法律的效果的刑罚作用相矛盾。①

安德聂斯所说的康德的原理，是指康德关于人本身应当视为目的，而不应成为达到其他目的的手段的观点。安德聂斯在评论康德的这一观点时指出：康德的原理是令人信服的，但不经仔细的研究则难以为人们所公认。他的原理也同其他抽象原理一样，可以作各种各样的解释，而且不在实践中加以检验，就难以对其真实性做出正确的评价。实际上，社会经常是以牺牲某些人的利益来促进全社会的福利的。义务兵役制就是一个典型例子。此外，执行检疫规则，隔离精神病患者，战时拘禁敌国公民等，都可作为例证。照此看来，康德原理就又值得怀疑了。此外，即使我们同意其原理，这也不能成为一种根据，说明以遏制论为基础的刑罚违背了公正性的要求。②显然，安德聂斯是一个一般预防论者，他竭力为一般预防的道德性辩护。但他关于费尔巴哈的威吓论与康德的人是目的的原理并不矛盾的论述却大可诘难。应

---

① 〔挪威〕约翰尼斯·安德聂斯：《刑罚与预防犯罪》，钟大能译，法律出版社1983年版，第117—118页。
② 参见〔挪威〕约翰尼斯·安德聂斯：《刑罚与预防犯罪》，钟大能译，法律出版社1983年版，第115页。

该说,费尔巴哈主张威吓论,具有将犯罪人当做实现一般预防目的的工具之意蕴。当然,以威吓为刑罚目的并不见得都违反公正性。在此,有必要将费尔巴哈的立法威吓论与费兰基里(Filangieri)、格麦林(Gmelin)等人的司法威吓论,或称行刑威吓论加以区别。行刑威吓论主张利用刑罚的执行,使社会上一般人知道刑罚的恐怖而不敢犯罪,即凭借对犯罪人行刑威吓未犯罪的人以预防犯罪。根据我国学者的观点,两种威吓论的主要区别在于以下几点:(1)立法威吓是法律上的威吓,强调在立法上表现出来。行刑威吓是刑罚执行上的威吓,强调在行刑过程中表现出来。(2)立法威吓由于是法律的威吓,使市民能够确信刑罚与犯罪的结合,因为法律是普遍的、必然的,而行刑威吓论的威吓,由于只是刑罚执行的威吓,没有明确揭示威吓的法律依据,使市民难以建立刑罚与犯罪必然结合的确信。(3)立法威吓论主张威吓必须依据法律,因而在有侵害的场合,法律上的威吓变成现实的威吓,也必须依据法律,表示为了心理强制的刑罚预告的严肃性。行刑威吓论主张刑罚执行的威吓,为了达到威吓的效果,不免追求使用残酷的刑罚,而无视法律的规定,影响对个人权利的保障。对于行刑威吓论,费尔巴哈提出了以下批评:

> 第一点,根据"威吓说",市民只是犯罪被处罚,也是再三地、惯常地经历被处罚,为了能确信害恶(刑罚的)与犯罪的必然的结合,还是不够的,从而其他市

民在刑罚的威吓的观念中，不看做为了中止犯罪的足够的根据。第二点，例如关于法律与各个犯罪人的心理的根据，但不能同时有法的根据。①

在此，费尔巴哈强调威吓的心理根据与法律根据，这也正是其立法威吓论的核心。

关于威吓的心理根据，费尔巴哈提出了心理强制说的著名理论。费尔巴哈关于心理强制的观点是以将人作为自然的存在者考察为前提的。由于人是一种自然的存在者，因而人的行为受自然规律的支配，趋利避害作为人的本能就是这种自然规律之一。费尔巴哈认为，所有违法行为的根源都在于趋向犯罪行为的精神动向、动机形成源，它驱使人们违背法律。因此，国家制止犯罪的第一道防线便应该是道德教育。然而，教育远非万能，总会有人不服教育而产生违法的精神动向，这就决定了国家还必须建立以消除违法精神动向为目的的第二道防线，即求助于心理强制。费尔巴哈认为，人之违法精神动向的形成并非无中生有，而是受了潜在于违法行为中的快乐，以及不能得到该快乐所带来的不快所诱惑与驱使。这样，费尔巴哈就来向功利主义的趋利避害原则寻找理论根据了。费尔巴哈指出，使违法行为中蕴含着某种痛苦，已具有违法精神动向的人就不得不在违法行为可能带来的乐

---

① 马克昌主编：《近代西方刑法学说史略》，中国检察出版社1996年版，第84页。

与苦之间进行细致的权衡，当违法行为所蕴含的苦大于其中的乐时，主体便会基于舍小求大的本能，回避大于不违法之苦的苦；而追求大于违法之乐的乐，自我抑制违法的精神动向，使之不发展成为犯罪行为。据此，费尔巴哈认为，刑罚的威吓能够起到心理强制作用，实现一般预防的目的。

关于威吓的法律根据，费尔巴哈提出了罪刑法定主义。在费尔巴哈看来，心理强制是通过法律威吓来实现的，因此，刑法应当具有确定性与必然性，树立刑法的权威性。只有这种基于法律的威吓，才能不使刑罚成为专制的和残暴的。罪刑法定原则也使威吓的对象限于刑法明文规定的范围之内，起到了限制威吓的范围与强度的作用，因而是一种具有正义性的威吓，并使之与历史上作为严刑酷罚代名词的各种威吓论区分开来。

第三，刑罚是一种害恶，即感性害恶，这是费尔巴哈对刑罚本质的看法。费尔巴哈认为，犯罪的原因是感性的冲动，而为了防止、抑制这种感性冲动，必须依据感性本身，刑罚就是在感性上给予害恶，加以威吓，使之抑制犯罪的意念。因而，费尔巴哈注重的是刑罚的感性作用。日本学者山口邦夫曾经对费尔巴哈与康德对刑罚本质的观点作了比较，指出：

> 这种害恶对费尔巴哈来说，是为了抑制、扬弃成为犯罪原因的感性的冲动，使感性发生作用的感性的害恶。这种把握刑罚本质的方法也与康德不同，康德认为

刑罚是物理的害恶。①

这种害恶,实际上是指强制。在康德看来,刑罚只是一种物理强制,因而表现为对犯罪人的一种报应,其作用对象是犯罪人。而费尔巴哈则认为,刑罚是一种感性的强制,即一种威吓的力量,其作用对象是犯罪人以外的人,这些都面临着法律的威吓。

第四,刑罚是以犯罪为前提的。在费尔巴哈看来,刑法虽然能够起到威吓作用,但这种威吓又不是脱离刑法而存在的,更不是脱离犯罪而存在的。费尔巴哈始终认为,犯罪是刑罚的前提,或者说是刑罚的原因,没有犯罪也就无所谓刑罚。这样,费尔巴哈就使刑罚的威吓性依附于刑法而存在、依附于犯罪而存在。

费尔巴哈以其刑法理论独特而著称,例如权利侵害性、心理强制说都在刑法思想史上占据着重要地位,更不用说作为现代刑法精髓的罪刑法定主义了。尽管在费尔巴哈的理论中不无偏颇之处,但他对近代刑法学建立做出的巨大贡献,将会永不磨灭。

---

① 马克昌主编:《近代西方刑法学说史略》,中国检察出版社1996年版,第92页。

康德：弘扬道义

5.1 揭示法伦理

他住在德国东北边境一个古老城市哥尼斯堡一条僻静的小巷里，过着一种机械般有秩序的，几乎是抽象的独身生活。我相信，就连城里教堂的大时钟也不能像它的同乡伊曼努尔·康德那样无动于衷地、按部就班地完成它每日的表面工作。起床，喝咖啡，写作，讲学，吃饭，散步，一切都有规定的时间，邻居们清楚地知道，当伊曼努尔·康德穿着灰色外衣，拿着藤手杖，从家门口出来，漫步走向菩提树小林荫道的时候就是下午3点半钟，由于这种关系人们现在还把这条路叫做哲学家路。一年四季他每天总要在这条路上往返八次，每逢天气阴晦或乌云预示着一场暴雨的时候，他的仆人，老兰培，便挟着一把长柄雨伞作为天意的象征忧心忡忡地跟在后面侍候他……①

---

① 〔德〕海涅：《论德国宗教和哲学的历史》，海安译，商务印书馆1974年版，第102页。

这是德国著名作家海涅对康德的生活史的叙述。尽管海涅认为康德既没有生活，又没有历史，但他还是为我们生动地描绘了哲学家康德的生活场景，使人难以忘怀。

康德对社会、政治与法律问题的思考是从人的本性出发的。康德认为，人具有两重性。即是说，作为万物之中的一种存在，人像物一样既有受知性之自然法则限制的一面，亦有不受限制的一面，有能力自己规定自己的行为，在这个意义上，他又是自由的。正是在这个意义上，康德将人称为"有限的理性存在"。[①] 可以说，理性是康德伦理学赖以建立的基础。在康德看来，人是一个有理性的存在者，只有理性才能决定人之为人和人的道德价值。以前的道德学都是他律的，即从人的本质以外的原因中引申出道德原则，它们或者是从外部经验世界中寻找道德的根据；或者是从上帝的意志中引申出道德原则；或者是从社会法规和权威中找到道德的根据；或者使道德依附于人的自然要求，强调行为的快乐、幸福和利益。康德认为，所有这些他律伦理学说，都没有真正找到道德价值的根据，因而也都没有找到行为的普遍必然性的法则，没有揭示自由的规律。要找到行为普遍必然性的法则，找到道德价值的根据，只有从人的理性本质出发，承认理性存在者作为目的本身的价值。

---

① 参见张志伟：《康德的道德世界观》，中国人民大学出版社1995年版，第39页。

那么，人的自身的价值到底是什么呢？康德的回答是自由。自由与生俱来，根源于我们的人性之中，因而按照这一权利，每个人都是自己的主人，每个人都是存在的目的。但人的本性是一种"非社会的社会性"，即一方面人具有社会性，希望生活在社会中，以利于发展他的自然禀赋；但另一方面人又具有非社会性，因为他有很强的感性倾向，要作为个体而生活，以便能按照自己的意愿来行事。所以这种"非社会的社会性"，不断对社会造成分裂的威胁。为此，要协调个人与社会的关系；个人在社会中应当具有自由。这就要求助于道德和法。

在康德学说中，道德和法都属于人为之事物，可以称之为广义上的道德法则。道德法则与自然法则，作为自在之事物是有区别的。道德法则与自然法则的分野正来自于康德关于自在之物与现象——物的两重性和必然与自由——人之两重性的逻辑前提。康德认为，自然法则是自然界中一切自然存在物的规律，作为知性的法则，它属于理论理性的认识领域。而道德法则乃是一切有理性的存在的规律，作为理性的法则，它属于实践理性的道德领域。因此，前者受必然的自然法则支配是必然的领域，后者则受自由的规律统治是自由的领域。人作为"有限的理性存在"，他同时受两种不同的法则所支配。人不同于其他自然存在物之处就在于，一切自然存在物皆受自然法则所限制，唯独人这种有限的理性存在不仅受自然法则控制，而且有能力按照自身的法则而活动。

换言之，作为实践理性或意志，他能够按照对于规律的观念或原则而自己规定自己的行为，即通过理性使规律见之于行动，使单纯理性的法则成为现实。自然法则与道德法则，一为自然的因果律，一为自由的因果律，两者表述的方式是有所不同的：自然法则作为科学的判断，其判断形式是以"是"（sein）为系词或连接方式的叙述式，它所表述的对象是过去存在、当下存在或将要存在的一切事物的量、质、关系、样式，其意义在于规定存在的必然联系。道德法则的判断形式是以"应该"（sollen）为系词或连接方式的命令式。在康德看来，自然法则与道德法则对人都发生作用，但两者发生作用的形式是不同的：前者表现为他律性，后者表现为自律性。他律性（Heteronomie）是指受外在的必然性决定。在这种情况下，人受因果律的支配。自律性（Autonomie）是指由内在的必然性决定。在这种情况下，人受自由律的支配。康德认为，人是有限的理性存在，他不仅是自然存在而且是理性存在，并且将理性视为其区别于一切自然存在物的本质所在，因而对他来说，唯有理性自身的法则才是具有内在必然性的自律性法则。这种法则就是道德法则，它是理性自己向自己颁布的命令，在这个领域（实践领域）内，有理性者自己立法自己遵守，并且他之所以遵守法则只因为他自己就是立法者。所以，当一个人遵从道德法则而行动时，他的行动并不出于任何外在的条件，而只是出于理性自身，亦即出于自身内在的必然性，这样的法则就是无条件的绝对命令。因此，道德法则要求每一个有理性的人将其行动的主观准则同时能够上升或符合普遍立法原则，即要求每个人都出自理性自身的普遍法则而行动，因而道德法则是自律性法则。

尽管道德和法在康德的思想体系中都属于与自然法则相对应的道德法则的范畴。但康德还是认为，道德和法是有区别的。康德把社会行动的动力基础区分为外在的、实证的和内在的、主观的。前一类是法律的，借助强制而实现；后一类来自对内在义务的意识，来自事情的内在本质；它们是道德的。这种区分在康德生前未发表的材料中明显地表现出来：法仅仅涉及行为，道德仅仅涉及信念，合法性涉及举动。① 既然法律是借助于强制而实现的，那么，是否意味着法律是他律的而不具有自律性呢？答案是否定的。为使法律具有自律性，就必须使法律具有道义基础，将法律责任建立在意志自由之上。

在道义一词中，义是关键。这里的义是指义务。义务在康德的学说中具有特殊意义，以至于有些学者将康德的伦理学称为义务论的伦理学。康德指出：

> 义务是对任何这样一类行为的称呼：这类行为能够使任何人都受到一种责任的约束。因此，义务是一切责

---

① 参见〔苏〕A. 古谢伊诺夫、〔苏〕Г. 伊尔利特茨：《西方伦理学简史》，刘献洲等译，中国人民大学出版社1992年版，第458页。

任的主要内容。义务,从与某一行为有关的角度看来,可能是一回事,但是,我们却可以根据不同的原因受这种义务所约束。

由于绝对命令表明去做某些行为是一种责任,绝对命令便是道德上的实践法则。但是,由于责任在这样一种法则中所表明的,不仅仅包含实践上的必然性,而且还表明确实的强迫性,所以,绝对命令就是法则,或者是命令,或者是禁止;根据要做或不要做一种行为,绝对命令表现为一种义务。①

康德将绝对命令视为绝对的、无条件的命令。根据这种绝对命令,一些行为允许做的或不允许做的,都是决定于它在道德上是可以做的或不可以做的。这些行为中有的行为,或者与它们对立的那些行为,都是道德上必需的或强制性的。因此,关于这样的行为就出现了义务的概念。由此可见,义务是绝对命令的表现。

义务导致责任,而责任又是以人的意志自由为前提的。康德清楚地指明了人的这种意志自由的本性,指出:

> 法则一般地被看做是实践理性产生于意志,准则出现于意志在做出选择过程的活动之中。后者对人来说就构成自由意志。如果意志仅仅指一种单纯的准则,那

---

① 〔德〕康德:《法的形而上学原理——权利的科学》,沈叔平译,商务印书馆1991年版,第29页。

么,这种意志既不能说是自由的,也不能说是不自由的,因为它与行为没有直接的关系,但它为行为的准则提供一种法则,因此,它就是实践理性自身。所以,这种意志作为一种能力,它本身绝对是必然的,它不服从于任何外在的强制。因此,只有在自己有意识的活动过程中,那种选择行为才能被称为自由。①

正因为人具有意志自由,才能对自己的行为承担责任。这种责任,无论是道德责任还是法律责任,都具有价值内容上的内在一致性。因为法律肩负着必然的道德使命,道德规律事实上成为国家实体法立法前已经存在的自然法,因而两者在其价值内容上应是一致的,只有这样,国家所立的实体法才能保持正义的性质。当然,规范人们外部行为的任务必须由实体法来承担,实体法通过外在的强制限制人们做某事,决定着行为的合法性;道德规律则作为伦理法则规范着人们的内心意识,促使人们自觉地去实施应当实施的行为,决定着行为的道德性,基于伦理规则所产生的责任,是一种道德责任,而当这一伦理规则被纳入法律规范之中时,这种责任也就成了法律义务。违反这种义务时,不但要受到道德

---

① 〔德〕康德:《法的形而上学原理——权利的科学》,沈叔平译,商务印书馆1991年版,第23页。

的责难，还要承担法律责任。① 由此可见，法律义务与道德义务具有同一性，前者是以后者为基础的。犯罪是一种违反法律义务的行为，同样也是违反道德义务的行为。由犯罪产生的责任，不仅是法律上的，也是道义上的，这就为刑事责任提供了道义上的根据。这种基于意志自由而实施危害社会的行为，对此种行为应当承担法律上与道德上责任的理论，就是道义责任论。道义责任论揭示了刑事责任的道德基础，揭示了刑法的伦理意蕴，成为康德刑法思想的重要特色。为此，德国哲学家文德尔班曾经指出：自由是康德全部实践哲学的中心概念，他又把自由当做他的法学基础。法律的任务就是制定一些条例，用这些条例让一个人的意志按照自由的普遍规律同另外一个人的意志结合起来，并通过强制执行这些条例以保证人格自由。令人感到有兴趣的是，我们观察到在这个思想结构中，康德的道德学原则是怎样在各处都起着决定性的作用。因此，国家刑法之建立并不基于要维护国家的权力，而是基于伦理的报应的必然性。② 这种伦理报应，就是指道义报应。由此出发，康德的刑法思想昭然若揭。

---

① 参见马克昌主编：《近代西方刑法学说史略》，中国检察出版社1996年版，第99—100页。

② 参见〔德〕文德尔班：《哲学史教程》（下卷），罗达仁译，商务印书馆1993年版，第765页。

5.2 犯罪不义论

对于犯罪问题,康德所论不多,但从康德的法哲学体系出发,可以发现他关注的是犯罪对伦理的违反性,因而将犯罪视为一种不义的行为,即予以否定的伦理评价。康德指出:

> 对法律的每一次违犯,只能并且必须解释为这是产生于犯法者的行为准则,即他把这种错误的做法作为他自己行为的规则。因为,如果不是把他看做是一个自由的生灵的话,就不能把违法行为加在他身上。可是,人们绝对无法说明,为什么任何有理性的个人,会制定这样的准则去反对那些由立法的理性所发出的那种明显的禁令。因为,只有那些仅仅根据自然的机械法则而发生的事件,人们才能够对它们做出解释。①

康德把犯罪看做是一个有理性的人之所为,只有这样才能加刑于他。因此,犯罪人首先应当是一个具有责任能力的人。康德指出:

> 一个受责任法则管辖的行为称为责任行为(cleed)。

---

① 〔德〕康德:《法的形而上学原理——权利的科学》,沈叔平译,商务印书馆1991年版,第150页。

在责任行为当中，行为主体是依照择别意志的自由而行事的，行为者据此而被视为行为结果的"作者"/主宰（author）。这一性质以及该行为本身，都可归因于：他事先对某法则已有所了解，正是法则使得他负有某种责任。

人是有责任能力（be capable of imputation）的行为主体，道德人格不外乎是理性存在物在道德法则之下的自由（而心理人格则只是在各种不同的环境中认识到自身存在的同一性的能力）。由此可见，人只遵从他自己（单独或同他人一起）替自己设立的法则，而不遵从其他任何法则。①

康德把刑法看做是立法的理性所发出的禁令，犯罪就是触犯这种禁令的行为。康德对犯罪违反法律的情况作了分析，指出：

现在，一个违法者或一个罪犯，可能违犯了假定是客观的或普遍有效的，对他自己说来也是规定什么是错误的行为规则或准则；或者，他的违法行为仅仅是对这种规则的一次例外，偶然忘记了自己的责任所致。在后一种情况下，他只是离开了法律，虽然他是有意这样做的。他可以同时既厌恶他自己的违法行为，又没有正式

---

① 〔德〕康德：《道德形而上学导论》，刘汉译，载郑保华主编：《康德文集》，改革出版社1997年版，第334—335页。

拒绝服从法律，而仅仅是想回避法律。在前一种情况下，他抵制了法律的权威，他无论如何都无法在他自己的理性面前否认法律的有效性，即使他把这种反对法律的做法作为他自己的行为准则，所以，他的这种准则不仅是有缺陷的，消极地与法律抵触的，甚至还是有意违法的，直接与法律抵触，与法律是处于敌对地位的。我们对这种违法行为的认识与理解，从表面上看来，似乎人们不可能干出那些完全邪恶无用的错误和罪行的，可是，在一个道德哲学体系中，对这种极端邪恶的想法是不能忽视的。①

在此，康德实际上是将犯罪分为两种：第一种是行为人回避法律，第二种是行为人抵制法律。在康德看来，这两种犯罪是有所不同的。虽然康德从法律角度对犯罪作了分析，但康德还是极为关注犯罪的伦理意蕴，把犯罪看做是一种极端邪恶的行为。

康德将法定义为个人自由并与他人共享自由的一种秩序，并以此作为判断行为是否正确的标准。康德指出：

> 任何一个行为，如果它本身是正确的，或者它依据的准则是正确的，那么，这个行为根据一条普遍法则，

---

① 〔德〕康德：《法的形而上学原理——权利的科学》，沈叔平译，商务印书馆1991年版，第150—151页。

能够在行为上和每一个人的意志自由同时并存。①

这就是康德提出的权利的普遍原则,这种普遍原则是一种公设,它要求人们限制自己的自由,不去侵犯他人的自由。从权利的普遍原则中产生出了法律上的义务,这种义务可以分为内在的义务、外在的义务,以及那些联合的义务。这种义务不仅是法律上的,也是道德上的,正如康德指出:"一种行为与义务法则相一致构成此行为的合法性;这种行为的准则与义务法则相一致构成行为的道德性。"② 因此,义务是法律义务与道德义务的统一,是客观义务与主观主务的统一。犯罪就是这种违反义务的行为,义务违反性就成为康德对于犯罪本质的界定。

5.3 道义报应论

报应,是指基于某一事物本身的性质决定对该事物的反应。回报、应答等,都反映了这种对等性的反应。报应的观念最早可以追溯到原始社会的复仇。在原始社会,没有国家,没有法律,因而对于侵害行为的惩罚之责归于被害人,

---

① 〔德〕康德:《法的形而上学原理——权利的科学》,沈叔平译,商务印书馆1991年版,第40、150—151页。
② 〔德〕康德:《法的形而上学原理——权利的科学》,沈叔平译,商务印书馆1991年版,第29页。

即由被害人向加害人实行复仇。这种复仇在开始的时候是没有节制的,随着社会文明程度的发展,复仇逐步向报应转化。我国学者田文昌论述了这一转化过程,指出:原始人在经过长期的权衡之后,找到了对于各种损害赔偿的公认的比价标准,这个标准使他们形成人与人之间或人与物之间关系的新概念。于是,粗暴的平等——以命抵命,终于为经济的平等所代替;复仇的性质发生了根本的变化——报应代替了复仇,成为人们对待一切侵害行为的普遍观念。由原始社会的血族复仇、血亲复仇、同态复仇,直至后来的赎罪和赔偿的演变,明显地反映了复仇向报应的演化过程。血族复仇与血亲复仇都是一种毫无限制的任意报复行为,它曾使原始人为任何冲突都付出了巨大的牺牲。同态复仇是一种以行为事实为标准的等量报复,它"在规定和限制流血复仇时,证明折磨和迷住原始人的激情已平息而开始服从于量度的感情"(拉法格语),使复仇有了"量"的节制,但它仅仅改变了复仇的方式,并没有改变复仇的性质。而赎罪和赔偿则以交换意义上的等价作为复仇的标准,这种由"量"到"价"的转化,正是复仇向报应演化的转折点。所以,同态复仇是原始社会中最后的,也是最合理的一种复仇方式,又是复仇向报应演化的前奏,而赎罪和赔偿已经实现了这种演化。[①] 报应

[①] 参见田文昌:《刑罚目的论》,中国政法大学出版社1987年版,第22页。

从复仇蜕变而来，但在一定意义上保留了复仇所具有的侵害与惩罚之间的对应性，这也正是朴素的平等与公正观念的反映。

报应观念一经出现，具有强大的生命力，在一个时期曾经主宰着人们行为的一种基本思维定势，并为古代思想家所推崇。中国古代思想家荀况指出："凡爵列官职，庆赏刑罚，皆报也，以类相从者也。一物失称，乱之端也。夫德不称位，能不称官，赏不当功，罚不当罪，不祥莫大焉。"（《荀子·正论》）因此，在荀况看来，刑罚是对犯罪的一种恶的报应，正与庆赏是对功绩的一种善的报答相同。因此，刑罚的轻重应该取决于犯罪的大小，正所谓"杀人者死，伤人者刑"。古希腊哲学家亚里士多德也对刑罚的报应性作了论述，指出："以刑罚惩治罪恶，就某一意义（如给人痛苦）而言，仍旧只是一件可以采取的坏事，相反，人就惩恶的目的在于消除罪恶而言，善施恰恰是可以开创某些善业而成为善德的基础。"[①] 亚里士多德之所以把刑罚视为一件"可以采取的坏事"，一是指它具有被动性，取决于犯罪的发生；二是它具有消极性，是以恶报恶。

报应观念形成以后，很快被神学化，因而神意报应就成为报应主义的第一种形态。神意报应主义以神的旨意作为报

---

① 〔古希腊〕亚里士多德：《政治学》，吴寿彭译，商务印书馆1961年版，第383页。

应的理由，认为犯罪是违反了神的命令或上天的旨意，国家对罪犯适用刑罚是秉承神意给予报应。所以，以神意报应为基础，"替天行罚"便成了刑罚权的唯一根据。中国自古就有"天罚"之说，例如《尚书》记载，夏启在讨伐有扈氏时宣称："今予惟恭行天之罚。"成汤在攻打夏桀时也称："有夏多罪，天命殛之……夏氏有罪，余畏上帝，不敢不正……尔尚辅予一人致天之罚。"古罗马著名基督教思想家圣·奥古斯丁指出："罪是奴役制度之母，是人服从人的最初原因，它的出现不是超过最高的上帝的指导，而是依照最高的上帝的指导，在最高的上帝那里是没有不公正的事的。只有最高的上帝才最明白怎样对人的犯罪施行适当的惩罚。"[①] 神意报应主义用虚无飘渺的神的旨意来诠释世俗社会的刑罚目的，其荒诞性不言而喻。更为重要的是，神意报应的观点将刑罚权之来源与行使归之于神意，掩盖了刑罚权的真实来源及其根据，显然缺乏科学性。

康德是否定这种神权法观念的，因而也不赞同神意报应主义。康德从个人自由出发解释国家与法的起源，认为法是那些使任何人的选择意志按照普遍的自由法则能够与其他人的选择意志相协调的条件全体。由此可见，根据康德的观点，法不是上天的旨意，也不是神的命令，而是为最大限度

[①] 北京大学法学教材编辑部、西方法律思想史编写组编：《西方法律思想史资料选编》，北京大学出版社1983年版，第93页。

地保障个人自由而形成的社会秩序。康德认为,在法治的社会状态下个人权利的表现方式,是对他人的选择意志的占有。这种占有作为一种能力,能够以我的选择意志,按照自由的法则来规定他人的意志做出某种行为。这样,个人权利之间发生关系的方式,就被规定为自由意志之间的决定方式。康德进一步指出,这种个人权利的获得,决不能是原有的或任意的,因为未经明确规定的权利只会导致冲突,而这是不符合各个自由意志所希望达到的和谐的。此外,由于这种通过规定他人的意志而产生的行为所获得的,总是他人原来占有的东西,因此这种获得就不可能仅仅是他人单方面的让与或放弃,因为这种行为不过是一方让渡他的权利而已,然而在获得的情况下还有另一方所得到的权利。所以,康德认为,只有通过转让,才能得到个人权利。在这种转让行为中涉及的是 A 与 B 两个当事人的自由意志,所以,我们可以看到,在这种简单的行为中已有一种"共同意志"。康德通过这一分析指明,在这种转让行为中个人权利的获得只有通过"共同意志"才可能;并且这种行为是契约性的。在康德看来,通过两人的联合意志,把属于某人的东西转给另一个人的这种行为,就是契约。正是通过这种契约,人们从自然状态进入文明状态。在他看来,形成国家的社会组织基础,是一种契约性的行为。由此可见,康德承认社会契约,但不是作为一种历史事实,而是作为一种理性假定。康德的法权学说是建立在他自己的先验逻辑之上的,也就是说,它以先天理念的普遍必然性作为对象的逻辑根据。这种逻辑体现在国家组成的契约性基础方面，就是把契约看做是一种纯粹的理性的"理念"。这种理念的必然有效性在于它能够约束每一个立法者，从而形成一种共同意志，使之不但成为法律产生的根源，而且成为判断法律的正义性的根据。① 由于国家和法都是公民个人通过契约而形成的，因而法权的根源在于公民个人权利，这种权利不是神授的，这就从根本上否定了神权法的思想以及由此产生的神意报应主义。

在否定神意报应主义的基础上，康德创立了道义报应主义的刑罚哲学，将报应刑的思想推向了一个极端。康德认为人是现实上创造的最终目的。从尊重人作为目的的价值出发，对人的行为的反应便只能以其行为的性质为根据，而不能另立根据或另有所求，否则便是否定了人作为目的的价值。康德指出：

> 人的行动，要把你自己人身中的人性，和其他人身中的人性，在任何时候都同样看做是目的，永远不能只看做是手段。②

基于这种人是目的不是手段的原则，康德坚决地反对那

---

① 参见陈嘉明：《建构与范导——康德哲学的方法论》，社会科学文献出版社1992年版，第286页。
② 〔德〕康德：《道德形而上学原理》，苗力田译，上海人民出版社1986年版，第81页。

种功利主义的刑法理论，指出：

> 法院的惩罚绝对不能仅仅作为促进另一种善的手段，不论是对犯罪者本人或者对公民社会。①

这里所谓把惩罚作为促进另一种善的手段，就是指追求刑罚的预防犯罪的目的。促进犯罪者本人的善，是指以矫正为蕴含的个别预防；促进公民社会的善，是指以威吓为内容的一般预防。因此，在康德看来，惩罚的根据不在于预防犯罪。那么，惩罚的根据到底是什么呢？康德指出：

> 惩罚在任何情况下，必须只是由于一个人已经犯了一种罪行才加刑于他。因为一个人绝对不应该仅仅作为一种手段去达到他人的目的，也不能与物权的对象混淆。一个人生来就有人格权，它保护自己反对这种对待，哪怕他可能被判决失去他的公民的人格。他们必须首先被发现是有罪的和可能受到惩罚的，然后才能考虑为他本人或者为他的公民伙伴们，从他的惩罚中取得什么教训。刑法是一种绝对命令。不能根据法利赛人的格言："一个人的死总比整个民族被毁灭来得好，于是要求犯罪者爬过功利主义的毒蛇般弯弯曲曲的道路，去发现有些什么有利于他的事，可以使他免受公正的惩罚，

---

① 〔德〕康德：《法的形而上学原理——权利的科学》，沈叔平译，商务印书馆1991年版，第164页。

甚至免受应得的处分。"①

康德把人当做目的，因而反对把人与物权的对象相混淆。因此，只有在一个人犯了罪的情况下才能加刑于他，这是报应刑理论的首要之义。对此，英国学者哈特曾经指出：将刑罚限于罪犯是构成刑罚之正当目的的任何原理（报应或功利）的无条件的结果。② 如果刑罚不以犯罪人为对象，就是刑及无辜，即使是为追求某种功利目的也是不容许的，哈特将这种情况称为是一种恶上加恶的特殊的邪恶。

康德并不反对使犯罪人本人或者其他人从刑罚惩罚中汲取教训。但在康德看来，这仅是附带的效果，而不能成为刑罚的根据。由于犯罪是一种道德过错，是一种邪恶，因而对犯罪的刑罚处罚具有恢复道德平衡之功能。刑法是一种绝对命令，其性质是正义。只有从正义这一根本原则出发，才能正确地揭示刑罚的根据。康德认为，正义是十分崇高的，是不可替代与交换的。如果正义沉沦，那么人类就再也不值得在这个世界上生活了。如果正义竟然可以和某种代价交换，那么正义就不成为正义了。这种以正义——实际上也就是道义作为刑罚根据的观点，就是道义报应论。康德的道义报应

---

① 〔德〕康德：《法的形而上学原理——权利的科学》，沈叔平译，商务印书馆1991年版，第164—165页。

② 参见〔英〕哈特：《惩罚与责任》，王勇等译，华夏出版社1989年版，第11页。

论剔除了报应论中的神学内容，使之世俗化，并以此论证刑罚的根据，使报应刑主义完成了从蒙昧到理性的转换。

5.4 等量报应论

在刑罚理论上，存在相对主义与绝对主义之争。康德坚持一种绝对主义的报应刑论，美国学者戈尔丁又称为最大限度的报应论。戈尔丁指出：康德坚持最大限度论的观点，即对那些犯有某种罪行而应受处罚的人施加刑罚是一种责任；他也坚持刑罚应当等同于侵害行为的严重性这一观点。① 康德不仅追求刑罚与犯罪在严重性上的等同性，甚至追求同态报应——一种等量的报应。康德指出：

> 公共的正义可以作为它的原则和标准的惩罚方式与尺度是什么？这只能是平等的原则。根据这个原则，在公正的天平上，指针就不会偏向一边的，换句话说，任何一个人对人民当中的某个个别人所作的恶行，可以看做是他对自己作恶。因此，也可以这样说："如果你诽谤别人，你就是诽谤了你自己；如果你偷了别人的东西，你就是偷了你自己的东西；如果你打了别人，你就是打了你自己；如果你杀了别人，你就杀了你自己。"

---

① 参见〔美〕戈尔丁：《法律哲学》，齐海滨译，三联书店1987年版，第175页。

这是报复的权利。①

康德把这种等量报应称为支配公共法庭的唯一原则。根据此原则可以明确地决定在质和量两方面都公正的刑罚。由此可见，康德是主张以牙还牙式的报应的。当然，以牙还牙虽然确切地表达了康德绝对主义的等量报应思想，但康德还不至于回复到同态复仇的原始习俗中去，而是表示犯罪与刑罚的一种对等性。对此，康德作了以下解释：

> 我们如何理解"如果你偷了别人的，你就偷了你自己"这种说法呢？这种说法表明了，无论谁偷了什么东西，便使得所有人的财产都变得不安全，这样，根据报复的权利，他也就剥夺了自己财产的安全。这样的一个人是一无所有的，也不能获得什么东西，但是，他还想生活下去，这只可能由别人来养活他。可是，国家却不能无缘无故地这样做，为了生活下去的目的，他必须放弃他的权力而把他交给国家，由国家处予刑罚性的劳役。②

由此可见，康德的等量报应之量，是在对比的意义上使用的，他主要是对平等性的一种强调。在封建专制社会，刑法是不平等的。这种不平等首先表现为一种等级的法与特权

---

① 〔德〕康德：《法的形而上学原理——权利的科学》，沈叔平译，商务印书馆1991年版，第165页。
② 〔德〕康德：《法的形而上学原理——权利的科学》，沈叔平译，商务印书馆1991年版，第165页。

的法，由于人出身的贵贱或者财富的多寡，受到的刑罚也会有轻重之分。其次，这种不平等还表现为罪刑具有擅断性，定罪量刑都没有客观标准。为此，康德鼓吹刑法平等性，这里的平等性具有客观性、确定性与公正性之意蕴。康德甚至将平等视为正义的基本要求，因而刑法平等导致对等量性的追求。为此，戈尔丁作了以下论述：

> 根据康德式古典报应论观点，这（指刑罚的量的问题——引者注）完全是个正义问题，而不是什么威慑效果问题。公正的量刑就是由于侵害行为的性质而应当的、值得的量，在康德看来公正的刑罚手段是相等：刑罚的严重性应当相等于侵害行为的道德严重性（表面上它是非法行为和侵害人当罚性程度两者的作用），这符合于 Lex tationis（"以牙还牙"）的"精神"。重要的是要注意到，尽管刑罚的正确性问题和刑罚的公正量刑问题是不同的，但是许多学者并没有分别给予论述。康德看来就是其中之一。大致看来，如果有一种对所有罪犯都施以与其行为等量的刑罚的责任，那么也就有一种惩罚所有罪犯的责任了。这种等量化观点的一个权威性论据，是诉诸关于普遍正义和世界的道德统治的古老观念。[①]

戈尔丁在此论及侵害行为的道德严重性与刑罚的严重性

[①] 〔美〕戈尔丁：《法律哲学》，齐海滨译，三联书店1987年版，第189页。

之间的对等性，在一定程度上触及了康德道义报应论的实质。考虑到这种道德严重性，很容易引申出主观主义的观点。但在康德看来，道德的严重性恰恰是通过外在的客观危害性表现出来的，因而不失其刑事古典学派的客观主义立场。正如戈尔丁指出：

> 他（指康德——引者注）在支持一种平等的标准时的论据是，此即我们所能用的唯一客观的、非武断的标尺。它为作恶者提供了一致而公平处理，因为每个从事了某种一定程度的侵害行为的人都能得到平等的（即使不是等同的）对待。所有其他方法都必然是摇摆不定和任意武断的。平等化标准的客观公正性也是即刻可以得到承认的。当某个人受到这一程度的惩罚时他没有理由抱怨，而如果严厉性超出了犯罪的严重程度的话，他就会发生抱怨了。如果严厉性低于他的侵害行为的严重程度，那么社会中其他人也会有理由抱怨。当刑罚和侵害是平等的时候，正义就得到了维护。①

康德将平等与正义相等同，因而等量报应也就是正义的报应。尽管康德并不追求犯罪与刑罚之间字面上的平等。例如，康德主张对强奸罪处以宫刑，在宫刑与强奸罪之间就不存在这种字面上的平等。但在杀人者死这一点上，表现了康

---

① 〔美〕戈尔丁：《法律哲学》，齐海滨译，三联书店1987年版，第190—191页。

德的绝对对等的立场。康德指出:

> 谋杀人者必须处死,在这种情况下,没有什么法律的替换品或代替物能够用它们的增或减来满足正义的原则。没有类似生命的东西,也不能在生命之间进行比较,不管如何痛苦,只有死。因此,在谋杀罪与谋杀的报复之间没有平等问题,只有依法对犯人执行死刑。处死他,但绝对不能对他有任何虐待,使得别人看了恶心和可厌,有损于人性。甚至假定有一个公民社会,经过它所有成员的同意,决定解散这个社会,并假定这些人是住在一个海岛上,决定彼此分开散居到世界各地,可是,如果监狱里还有最后一个谋杀犯,也应该处死他以后,才执行他们解散的决定。应该这样做的原因是让每一个人都可以认识到自己言行有应得的报应,也认识到不应该把有血债的人留给人民。如果不这样做,他们将被认为是参与了这次谋杀,是对正义的公开违犯。①

由此可见,康德是一个坚定的死刑存置论者,其主张死刑的理由不是功利的而是为实现正义。康德还批驳了贝卡里亚主张的死刑废除论,指出:

> 贝卡里亚侯爵反对这些理论,他提出了不同的观点。

---

① 〔德〕康德:《法的形而上学原理——权利的科学》,沈叔平译,商务印书馆1991年版,第166—167页。

他出于人类感情的同情心,坚持所有的极刑本身都是不对的和不公正的。他提出了自己的看法:死刑不可能包括在最早的公民契约中,如果有此规定,人民中每一个人就必须同意,当他谋杀任何一个他的公民伙伴时,他就得偿命。可是,贝卡里亚认为这种同意是不可能的,因为没有人会这样来处理自己的生命。他的说法完全是诡辩的和对权利的颠倒。没有人忍受刑罚是由于他愿意受刑罚,而是由于他曾经决心肯定一种应受刑罚的行为,因为事实上,任何人愿意去体验的东西绝对不是刑罚,也不可能有什么人愿意去受刑。①

贝卡里亚提出了一种刑罚承诺论,认为只有在得到这种承诺的情况下,一种刑罚才是具有合理性与正当性的,由此否定国家有死刑权,因为公民不可能同意当自己杀人时就应当被处死。尽管贝卡里亚的死刑废除论是具有重大意义的,但作为根据的刑罚承诺论确实存在缺陷。康德对此的反驳是有一定道理的,因为一个人受到刑罚处罚,是因为他实施了犯罪行为,而不是因为他愿意受到刑罚处罚。没有一个人愿意忍受惩罚,但难道犯罪行为可以不受惩罚吗?答案是否定的,道义与正义要求给予犯罪的人与其道德过错相对等的刑罚处罚,这就是康德的结论,也是等量报应的真谛。

---

① 〔德〕康德:《法的形而上学原理——权利的科学》,沈叔平译,商务印书馆1991年版,第169页。

6

黑格尔:诉诸理性

6.1 构筑法理念

Iδoi Pòδos，iδoù Xaì Tò Ϋ6nua.

hic Rhodus，hic saltus.

〔这里是罗陀斯，就在这里跳罢。〕

哲学的任务在于理解存在的东西就是理性。就个人来说，每个人都是他那时代的产儿。哲学也是这样，它是被把握在思想中的它的时代。妄想一种哲学可以超出它那时代，这与妄想个人可以跳出他的时代，跳出罗陀斯岛，是同样愚蠢的。如果它的理论确实超越时代，而建设一个如其所应然的世界，那么这种世界诚然是存在的，但只存在于他的私见中，私见是一种不结实的要素，在其中人们可以随意想象任何东西。上述成语略微变更一下就成为：

Hier ist die Rose，hier tanze.

〔这里有蔷薇，就在这里跳舞罢了。〕①

---

① 〔德〕黑格尔：《法哲学原理》，范扬、张企泰译，商务印书馆1961年版，第12页。

这是黑格尔在《法哲学原理》序言中所说的一段话，其中的思想是将哲学界定为对存在的东西的理性把握，并且哲学不能超越其时代。在一定意义上说，这也是对黑格尔本人哲学的最恰当的概括。因为黑格尔的以理性为特征的哲学，就是他那个时代的产物。黑格尔所处的年代是欧洲中世纪封建制度面临最后崩溃和资产阶级政治力量逐渐上升的前资本主义时期，资产阶级启蒙运动的影响日益扩大，黑格尔的思想观点当然也免不了打上这一时代的烙印。黑格尔对封建国家的一些野蛮、残酷的专制制度进行了激烈的抨击，因而在其所主张的观点中就有不少革命的内容，例如强调人人都有平等的自由和权利，强调私有财产神圣不可侵犯，主张废除残酷的刑罚制度，等等，这些观点都具有明显的进步意义。德国学者约希姆·利特尔在其名著《黑格尔和法国大革命》一书中指出：

  在黑格尔那里，哲学在对时代的关系上，在从攻守两方面筹划问题时，其所有规定集中围绕的事件是法国革命，而且没有第二种哲学在如此程度上，和直至其最内在的动因深处，像黑格尔的哲学那样是革命的哲学。……黑格尔讨论法国大革命在法哲学中达到完结，其完结在于法哲学的国家学说接受革命的自由原则，并把这一原则理解为未来一切法权的和政治程序的前提。①

---

① 薛华：《自由意志的发展》，中国社会科学出版社1983年版，第50页。

尽管利特尔的说法不无夸张之处,但他还是生动地揭示了黑格尔哲学,尤其是其法哲学和法国大革命之间的血肉联系。

黑格尔的全部哲学都是以"理念"及其发展为对象的。所谓理念,就是主观性和客观性达到了真实统一的具体真理。黑格尔认为,自然界和人类社会的一切事物均来源于一种抽象的理念,都是这种理念的表现和外化。世界的存在、发展、变化都要受理念变化的制约和主宰。理念在其内部是矛盾的,并且处于运动、变化状态,通过否定之否定的方式,经由量变到质变的过程,向自己的对立面转化。这种运动过程包括逻辑、自然和精神三个阶段。逻辑阶段就是在自然界出现前,理念作为自在的纯思维的原素而活动着的阶段,它只存在于人们一般的抽象思维中。以逻辑为研究对象的逻辑学,作为哲学的组成部分之一,就是研究自在自为的理念的科学,即是说,它是研究纯粹理念的科学。自然阶段,是理念外化和到客观世界中,表现为世间中的各种具体事物,它是理念的异在。以自然为研究对象的自然哲学,就是研究理念的外化的自然理念的科学。精神阶段是理念本身对自然再次进行否定,从而由客观而重新还原为自身,重新开始在思维领域中进行运动。但这种思维已变成为人类的思维,因而成为更高一级层次上的思维阶段。以精神为研究对象的精神哲学,是研究理念由它的异在返回到它自身的科学。黑格尔把精神的发展又分为三个阶段:第一阶段是主观精神,指处在自在的、直接的阶段的精神,即是没有区分和展开的、尚未与自身以外的别物发生关系的那种内在的精神,所以是主观精神。第二阶段是客观精神,指主观精神由内表现于外的精神,从而形成了社会意识、社会制度。第三阶段是绝对精神,指主观精神和客观精神的统一,就是精神认识到了自己就是万事万物的本质、真理,万事万物就是自己的表现的、主客体绝对同一的精神。

黑格尔的法哲学是以客观精神为研究对象的,其法哲学体系主要内容包括三个方面:抽象化、道德、伦理。这三个环节是人的自由意志在不同形式和不同阶段上的表现。因此,自由意志是黑格尔法哲学的出发点和归宿。黑格尔区分两类规律:自然规律和法律。在黑格尔看来,自然规律是客观存在的,具有必然性。但法律是被设定的东西,源出于人类。因此,黑格尔指出:自然规律是自在自为地存在的法,法律则是任性所认为的法。因此:

> 在自在自为地存在的法和任性所认为的法的对立中,包含着一种需要,对法加以彻底的认识。在法中人必然会碰到他的理性,所以他也必然要考察法的合理性。这就是我们这门科学的事业,它与仅仅处理矛盾的实定法学殊属不同。①

---

① 〔德〕黑格尔:《法哲学原理》,范扬、张企泰译,商务印书馆1961年版,第15页。

在此，黑格尔不仅涉及自然规律与法律的区分，而且还论及自然法与实定法的区分。实定法，按照黑格尔的观点，具有以下三个特征：

> 法一般说来是实定的，（一）因为它必须采取在某个国家有效的形式；这种法律权威，也就是实定法知识即实定法学的指导原理。（二）从内容上说，这种法由于下列三端而取得了实定要素：（1）一国人民的特殊民族性，它的历史发展阶段，以及属于自然必然性的一切情况的联系；（2）一个法律体系在适用上的必然性，即它必然要把普遍概念适用于各种对象和事件的特殊的、外部所给予的性状——这种适用已不再是思辨的思维和概念的发展，而是理智的包摄；（3）实际裁判所需要的各种最后规定。①

不同于实定法，自然法是以法之应然为特征的，是法的理念。因此，法哲学与实定法学的研究对象也是不同的：实定法学是以实定法为研究对象的，而法哲学是以法的理念，即法的概念及其现实化为对象。作为理念的法，是自我存在的精神和它通过人的意志所体现出来的精神世界之间的统一。黑格尔指出：

---

① 〔德〕黑格尔：《法哲学原理》，范扬、张企泰译，商务印书馆1961年版，第4页。

法的基地一般说来是精神的东西，它的确定的地位和出发点是意志。意志是自由的，所以自由就构成法的实体和规定性。至于法的体系是实现了的自由的王国，是从精神自身产生出来的、作为第二天性的那精神的世界。①

黑格尔从人的自由出发界定法，以自由意志为线索，勾划出法发展的三个阶段：第一阶段是抽象法。意志或自由首先通过单一性表现出来，这就是人格。人格，是知道自己是某种无限的、普遍的、自由的人。否则就没有人格，例如奴隶。人格所包含的东西，首先是他的权利能力即权利的可能性。所谓抽象法，就是一般地表现这种权利可能性的东西。可是，可能性本身就包含着不可能性，所以抽象法仅仅是一种"形式的法"（一般法）。第二阶段是道德。道德，是主观意志的法。在抽象法的领域，意志表现为"自在的无限性"，它仅仅是外在地同普遍意志的法相一致。也就是说，表面地看，人们的行为与法相符合。而在道德的领域，意志则表现为"自为的无限性"。这就是说，意志在向着自身的内在来实现，使主体自己评价自己的这种意志是否符合意志本身（客观意志）的规定性或概念。所以，道德同客观的普遍意志的符合是间接的，是通过主观的法这个中介实现的。在道

---

① 〔德〕黑格尔：《法哲学原理》，范扬、张企泰译，商务印书馆1961年版，第10页。

德领域中，才真正表现出单一人格的能动性（人格能够进行自我规定），从而才真正使人格成为主体。这样一来，别人也可以评价他为人的价值，评价他的行为是什么性质的行为。道德属于别人只能评价而无法干涉的内心信念。第三阶段是伦理。伦理是法与善的统一，它是一个完美无瑕的精神世界。因为在抽象法中，仅具有外在性、客观性，缺乏内在性、主观性；自由在道德中，则只具有内在性、主观性，缺乏外在性、客观性。它们各自都是无对立面的、片面的东西，因而都缺乏真理性和现实性。只有伦理才是把两者统一于一身的真正的自由。所以，黑格尔所说的伦理，就是指把主观与客观、普遍与特殊、个体与整体有机地统一起来的，精神性的社会整体的自由。由此可见，黑格尔的法哲学体系是一个包含法学、伦理学、社会学、政治学的庞大体系。由于黑格尔是从应然的意义上研究与界定法，以自然法为研究对象的，因而黑格尔建构了法理念，刑法只是这种法理念的内容之一。

6.2 犯罪不法论

黑格尔关于刑法的论述集中在抽象法中。黑格尔的抽象法又分为三个环节：第一是所有权，指主体的抽象权利转化为现实权利、实现自由意志的定在、使人格具有客观性的基本形式。第二是契约。按照黑格尔的观点，人使自己区分出来而与另一人发生关系，并且一方对他只作为所有人而具有定在。他们之间自在地存在的同一性，由于依据共同意志并在保持双方权利的条件下将所有权由一方转移于他方而获得实存，这就是契约。第三是不法。黑格尔认为，特殊意志既然自为地与普遍意志不同，所以它表现为任意而偶然的见解和希求，而与法本身背道而驰——这就是不法。① 由此可见，不法是对法的否定，即特殊意志（行为人的意志）对普遍意志（法的意志）的违背。黑格尔对法与不法作了以下说明：

> 自在的法即普遍的意志，作为本质上被特殊意志所规定的东西，是与某些非本质的东西相关的。这就是本质对它的现象的关系。纵然现象符合本质，但是从另一方面看，它并不符合本质，因为现象是偶然性的阶段，是与非本质的东西相关的本质。不过在不法中现象进而成为假象。假象是不符合本质的定在，是本质的空虚的分离和设定，从而两者间的差别是一种截然的不同。所以假象是虚妄的东西，在要求自为地存在时，便消失了。在假象消失的过程中本质作为本质，即作为假象的力而显示出来。本质把否定它的东西又否定了，因而成了坚固的东西。不法就是这样一种假象，通过它的消失，法乃获得某种巩固而有效的东西的规定。我们所称

---

① 参见〔德〕黑格尔：《法哲学原理》，范扬、张企泰译，商务印书馆1961年版，第90页。

为本质的东西就是自在的法,违反它的特殊意志是作为不真的东西而被扬弃的。先前法不过具有直接的存在,如今经过自我否定而返回到自身,并成为现实的,因为现实就是要发生实效的东西,并在它的他在中保持自身的,反之直接的东西还是容易遭受否定的。①

在此,黑格尔从相互关系上对法与不法作了辩证的界定。法与不法是一对矛盾,不法是对法的否定,是法的假象,法通过不法的否定而获得自身的肯定。如果没有不法,法也就失去了其存在的意义,正是在匡正不法中,法才获得存在的价值。对此,我国学者吕世伦解释说:作为特殊意志的个人与作为自在的、普遍意志的法并不总是一致,相反,它们常常是不一致的。假如个人的见解和要求同法的精神背道而驰的情况见诸行为,就叫做不法。黑格尔进一步指出,法是本质的东西,因此违反它的特殊意志所表现出来的东西就是将被扬弃、被否定的东西,即"不真的东西"或"假象"。从这个意义上说,不法就是法的假象。② 无疑,黑格尔的这一思想具有相当的深刻性。

根据不法是法的假象的原理,黑格尔将不法分为以下三

---

① 〔德〕黑格尔:《法哲学原理》,范扬、张企泰译,商务印书馆1961年版,第91—92页。

② 参见吕世伦:《黑格尔法律思想研究》,中国人民公安大学出版社1989年版,第71页。

种：第一是无犯意的不法。当假象只是潜在的而非自觉的，即在我以不法为法时，这就是无犯意的不法。这时对法说来是假象，而对我说来却不是假象。在这种情况下，是一种单纯否定的判断。黑格尔指出：在这里法是被承认的，每个人都希求法的东西，都盼望得到法的东西。他的不法只在于他以他所意愿的为法。① 因此，无犯意的不法是一种最轻微的不法，只要是指民事不法行为。第二是诈欺。这时它对法自身说来不是什么假象，实际情形是我对他人造成了假象。由于我进行了诈欺，对我说来法是一种假象。在这种情况下，是一种肯定表达或同义反复的无限判断。从无限判断这一意义上说，诈欺已经不同于无犯意的不法。黑格尔指出：对无犯意的民事上的不法，不规定任何刑罚，因为在这里并无违法的意志存在。反之，对诈欺就得处以刑罚，因为这里的问题是法遭到了破坏。② 第三是犯罪。黑格尔指出：真正的不法是犯罪，在犯罪中不论是法本身或我所认为的法都没有被尊重，法的主观方面和客观方面都遭到了破坏。黑格尔还认为，自由人所实施的作为暴力行为的第一种强制，侵犯了具体意义上的自由的定在，侵犯了作为法的法，这就是犯罪，也就是十足意义上的否定的无限判断，因而不但特殊物（使

---

① 参见吕世伦：《黑格尔法律思想研究》，中国人民公安大学出版社1989年版，第92—94页。
② 参见〔德〕黑格尔：《法哲学原理》，范扬、张企泰译，商务印书馆1961年版，第95页。

物从属于我的意志）被否定了，而且同时，在"我的东西"这一谓语中的普遍的东西和无限的东西即权利能力，也不经过我的意见的中介（如在诈欺的情形），甚至蔑视这种中介，而被否定了。这就是刑法的领域。①

黑格尔将犯罪说成是一种否定的无限判断。那么，什么是无限判断呢？黑格尔指出：无限判断即否定之否定，其肯定的东西就是个别性的自身反思，个别透过自身反思才被建立为被规定了的规定性。黑格尔指出：

> 无限判断较实在的例子，就是恶的行为。在民事诉讼中，某物只有作为另一方的财产时才被否定；假如另一方对此物有权利，便必须承认此物是另一方的，但此物也只是在法的名义下才被提出要求的；所以普遍的范围，即法，在上述的否定判断里也是得到承认和保持的。但犯罪却是无限判断，它不仅否定了特殊的法律，而且同时否定了普遍的范围，即否定了作为法那样的法。②

犯罪不同于民事不法，它不仅在于侵犯了"主观的无限性的东西"，即个人的人格或自由意志，而且侵犯了普遍事

---

① 参见〔德〕黑格尔：《法哲学原理》，范扬、张企泰译，商务印书馆1961年版，第98页。
② 〔德〕黑格尔：《逻辑学》（下卷），杨一之译，商务印书馆1976年版，第315页。

物，这一普遍事物自身具有固定而坚强的实在性。因此产生了一种观点，即把行为看成具有社会危险性。根据黑格尔的观点，对社会成员一人的侵害，就是对全体的侵害；侵害行为不只是影响直接受害人的定在，而是牵涉到整个市民社会的观念和意识。因此，侵害行为必然遭到社会全体人的反对。① 实际上，黑格尔是以极其隐晦的语言触及了犯罪的社会危害性这一本质问题。

更为重要的是，黑格尔以明确的语言揭示了犯罪的这种社会危害性，使对犯罪的认识达到了相当的理论深度。黑格尔指出：

> 在市民社会中所有权和人格都得到法律上承认，并具有法律上效力，所以犯罪不再只是侵犯了主观的无限的东西，而且侵犯了普遍事物，这一普遍事物自身是具有固定而坚强的实存的。因此产生了一种观点，把行为看成具有社会危险性。②

这里的社会危险性，就是我们现在通常所说的社会危害性。虽然黑格尔称社会危害性是由此产生的一种观点，但十分明显，他是赞同这种观点的。黑格尔还进一步考察了犯罪

---

① 参见吕世伦：《黑格尔法律思想研究》，中国人民公安大学出版社1989年版，第85页。
② 〔德〕黑格尔：《法哲学原理》，范扬、张企泰译，商务印书馆1961年版，第228页。

的这种社会危害性，指出：

> 由于对社会成员中一人的侵害就是对全体的侵害，所以犯罪的本性也起了变化，但这不是从犯罪的概念来说，而是从它的外部实存即侵害的方面来看的。现在，侵害行为不只是影响直接受害人的定在，而是牵涉到整个市民社会的观念和意识。
>
> 犯罪自在地是一种无限的侵害行为，但作为定在，它必须根据质和量的差别予以衡量。因为这种定在现在本质上被规定为对法律效力的观念和意识，所以对市民社会的危险性就成为它的严重性的一个规定，或者也是它的质的规定之一。
>
> 但是，这个质或严重性因市民社会情况不同有异，于是有时对偷窃几分钱或一颗甜菜的人处以死刑，而有时对偷窃百倍此数甚或价值更贵的东西的人处以轻刑，都同样是正当的。对市民社会具有危险性这一观点，看来会使犯罪更加严重，其实，这倒是减轻刑罚的主要原因。[①]

以上对犯罪的社会危害性的论述，可以看出黑格尔是从与市民社会的联系上界定的，因而看到了同一种行为在不同情况下，社会危险性是存在差别的。这种观点，看到了市民

---

① 〔德〕黑格尔：《法哲学原理》，范扬、张企泰译，商务印书馆1961年版，第228页。

社会对于犯罪的决定意义，包含着对犯罪的真理性认识，较之抽象的否定的无限判断之类的犯罪概念，不知高明多少倍。

还应当指出，黑格尔关于犯罪的社会危险性观点，坚持的是一种客观主义的立场，强调行为的客观危险性。黑格尔曾经对犯罪之间的社会危险性作过以下的分析比较，可以明显地发现其客观主义的立场：

> 强盗和窃盗的区别是属于质的区别，在前一种情形，就是作为现在的意识，从而作为这个主体的无限性而遭到侵害，而且我的人身遭受了暴力的袭击。

> 有关犯罪的许多质的规定，例如危害公共安全，在被进一步规定了的各种情况中有其根据，但也往往通过结果的弯路而不是从事物的概念而被理解的，例如，单从其直接性状上看来是更其危险的犯罪，从它的范围和性质上说来也是更其严重的侵害。①

通过犯罪之间的比较，黑格尔认为犯罪的轻重主要是由其客观上的危险性所决定的，因而作为犯罪的本质特征的社会危险性，主要是指客观上的危害。黑格尔强调犯罪的客观危险性，但并非否定主观因素在犯罪及其责任中的意义。黑格尔认为，主观因素主要在以下两个意义上被讨论：一是某

---

① 〔德〕黑格尔：《法哲学原理》，范扬、张企泰译，商务印书馆1961年版，第99页。

一事件和事实终究达到了何种程度才是一种行为，即犯罪与思想的界限。二是行为人在什么样的主观条件下对其行为后果承担刑事责任。

关于犯罪和思想的界限，黑格尔认为犯罪是一种行为，不能对思想实行惩罚。黑格尔指出：

> 我们还可以反对把表达作为侵害行为来处理，因为它不是一种行为，而只是一种意见和思维，或者是清谈罢了。因此在主张内容和形式都是赤裸裸的主观性这同一口气中，我们一方面要求单纯的意见和清谈不受处罚，因为它们是不重要的和无意义的，另一方面则要求对这种意见——由于它是个人的、特别是精神财产，——和对这种清谈——由于它是这种个人财产的表达和使用，——予以高度尊敬和重视。①

由此可见，黑格尔坚持言论自由与思想自由，反对主观归罪。在这一点上，黑格尔的观点至今仍是具有借鉴价值的。

关于归责的条件，黑格尔提出了凡是出于我的故意的事情，都可归责于我的观点。在故意的情况下，之所以可以归责于我，主要是因为行为人具有主观上的意志过错。黑格尔指出：

---

① 〔德〕黑格尔：《法哲学原理》，范扬、张企泰译，商务印书馆1961年版，第336页。

在意志面前摆着其行为所指向定在。它必须具有对定在的表象，才能做出行为；而且仅仅以摆在我面前的定在为我所认知者为限，我才负真实的责任。因为意志是如此假定的，所以它是有限的；或者不如倒过来说，因为它是有限的，所以它是如此假定的。只要我是合乎理性地思考和希求，我就处于这种有限的地位，因为这时我的行为所指向的对象已不是与我对立的他物了。但是有限性意识着固定的限度和限制。在我的面前一个他物，它仅仅是偶然的东西，单纯外在的必然的东西，它可能与我相一致也可能与我不同。毕竟我只是与我的自由相关，而我的意志仅以我知道自己所作的事为限，才对所为负责。①

黑格尔将这种根据意志过错进行归责，称为认识的法，也就是在认识的范围内承担故意犯罪的责任。黑格尔不仅论述了故意责任，而且也没有忽视过失责任。黑格尔指出：

原来它（指过失——引者注）是这样一种东西；被认识了的与没被认识的、自己的与外来的在它那里联结一起；原来它是一种分为两面的东西。②

---

① 〔德〕黑格尔：《法哲学原理》，范扬、张企泰译，商务印书馆1961年版，第119页。
② 〔德〕黑格尔：《精神现象学》（下卷），贺麟、王玖兴译，商务印书馆1983年版，第26页。

由此可见，黑格尔是从主观认识与客观事实的差异上来界定过失的。我国学者吕世伦认为，黑格尔这里所说的"被认识了的与没被认识的"之间的差异是指过于自信的过失，就是他本来认识到一定危险后果可能发生，但却出于轻率的心理，认为它能够避免，犯了过于自信的错误。"自己的与外来的"差异是指疏忽大意的过失，是他应该认识到一定后果可能发生，但却因玩忽松懈而没有认识到，犯了疏忽大意的错误。① 我认为，这种理解是正确的。由此可见，黑格尔对过失的论述是十分深入的。那么，过失为什么要负刑事责任呢？黑格尔根据事物对立统一的矛盾法则，认为任何事物在其伦理本质上都是两种相反规律的统一体，从而就构成了两种自在的伦理势力。它们互相排斥，互相敌对，承认一个规律，也就同时意味着否定、损害了另一规律，而被损害的规律必然要对这种损害进行报复。人们对这相互对立的两种规律的存在也会缺乏清楚的认识，即只认识到了其中一个规律，而没有认识到另一规律的存在，并会把这种片面的认识当做是对事物本质的全部认识。② 在这种情况下，人的意志行为违背客观规律，从而导致过失的发生。黑格尔指出：

---

① 参见吕世伦：《黑格尔法律思想研究》，中国人民公安大学出版社1989年版，第77页。
② 参见马克昌主编：《近代西方刑法学说史略》，中国检察出版社1996年版，第120—121页。

那背后埋伏着的正义始终不将其自己独特的形态暴露于行动的意识之前,而只自在地存在于(行为者的)决意与行为所包含的过失之中。①

正因为违反正义的过失的根本原因在于行为人的自我意识,并通过其行为而在客观上造成了危害后果。因此,过失也就获得了罪行的意义。

黑格尔对犯罪的论述,从抽象的不法到具体的社会危险性;从客观上的危害到主观上的归责条件,可以说是极为丰富的。黑格尔对犯罪的分析,不仅内容丰富而且方法独特。这种独特的方法,就是辩证法。黑格尔将犯罪归之于不法这个更大的范畴,把民事上的不法同刑事上的不法,都看做是同一不法的不同的发展阶段,力求从不法本身找出它们之间的内在联系,力求把它看做是一个过程。但同时又看到了它们的区别,这种区别又不是绝对的,而是存在着从量变到质变的转化。黑格尔指出:只要量多些或少些,轻率行为会超过尺度,于是就会出现完全不同的东西,即犯罪,并且,正义会过渡为不义,德行会过渡为恶行。② 由此可见,黑格尔对犯罪的界定坚持了质和量相统一的观点。

---

① 〔德〕黑格尔:《精神现象学》(下卷),贺麟、王玖兴译,商务印书馆1983年版,第26页。
② 参见〔德〕黑格尔:《逻辑学》(上卷),杨一之译,商务印书馆1982年版,第405页。

6.3 法律报应论

如果说，黑格尔关于犯罪的界定还失之泛泛，没有更多的新意；那么，黑格尔的刑罚理论，尤其是以法律报应著称，则在刑法思想史上具有独特的意义。

破字当头，黑格尔对当时流行的刑罚理论进行了深刻的批判。黑格尔直言不讳地指出：刑罚理论是现代实定法学研究得最失败的各种论题之一。黑格尔重点批判了两种理论：一是克莱因的刑罚祸害论。克莱因是德国著名刑法学家，他提出了刑罚祸害论。根据克莱因的观点，刑罚只不过是一种祸害。这种祸害之所以存在，是为了清除另一种先前存在的祸害——犯罪。对于克莱因的这种观点，黑格尔作出了以下批判，指出：

> 如果把犯罪及其扬弃（随后被规定为刑罚）视为仅仅是一般祸害，于是单单因为已有另一个祸害存在，所以要采用这一祸害，这种说法当然不能认为是合理的（克莱因：《刑法原理》，第9节以下）。关于祸害这种浅近性格，在有关刑罚的各种不同理论中，如预防说、儆戒说、威吓说、矫正说等，都被假定为首要的东西；而刑罚所产生的东西，也同样肤浅地被规定为善。但是问题既不仅仅在于恶，也不在于这个或那个善，而肯定地

在于不法和正义。如果采取了上述肤浅的观点，就会把对正义的客观考察搁置一边，然而这正是在考察犯罪时首要和实体性的观点。这就自然而然地产生下面的结果：道德观点即犯罪的主观方面变成了本质的东西，而这种犯罪的主观方面是跟一些庸俗的心理学上观念相混杂的，认为刺激和感性冲动与理性相对比是太强烈了，此外，又是跟一些强制和影响人们观念的心理上因素相混杂的（似乎自由没有同样的可能把人们这种观念贬低为某种单纯偶然的东西）。关于作为现象的刑罚、刑罚与特种意识的关系，以及刑罚对人的表象所产生的结果（儆戒、矫正等）的种种考虑，固然应当在适当场合，尤其是在考虑到刑罚方式时，作为本质问题来考察，但是所有这些考虑，都假定以刑罚是自在自为地正义的这一点为其基础。在讨论这一问题时，唯一至关重要的是：首先犯罪应予扬弃，不是因为犯罪制造了一种祸害，而是因为它侵害作为法的法；其次一个问题是犯罪所具有而应予扬弃的是怎样一种实存；这种实存才是真实的祸害而应予铲除的，它究竟在哪里，这一点很重要。如果对这里成为问题的各个概念没有明确的认识，关于刑罚的见解必将依然混淆不清。①

---

① 〔德〕黑格尔：《法哲学原理》，范扬、张企泰译，商务印书馆1961年版，第101—102页。

在以上对刑罚祸害论的批判中，黑格尔主要是强调道德与法律的区分。祸害论把犯罪说成是恶，而刑罚则看做是善。黑格尔认为这是一种十分肤浅的观点，因为克莱因把刑法与道德混为一谈了。黑格尔指出，必须特别注意法的东西和道德的东西的区别。在道德的东西中，即当我在自身中反思时，也有着两重性，善是我的目的，我应该按照这个理念来规定自己。善在我的决定中达到定在，我使善在我自身中发现。但是这种定在完全是内心的东西，人们对它不能加以任何强制。所以，国家的法律不可能想要及到人的心意，因为在道德的领域中，我是对我本身存在的，在这里暴力是没有什么意义的。① 正因为刑法不同于道德，因此不能将刑法中的犯罪与刑罚和道德中的恶与善加以简单的类比。黑格尔认为犯罪并不是一种恶，尤其不能把犯罪的主观方面——罪过看做是本质的东西，满足于对犯罪的否定的道德评价。黑格尔认为犯罪是一种不法，强调的是犯罪在客观上对法律秩序的破坏。而且刑罚也不能浅近地看做是一种善，刑罚是对犯罪的扬弃，是一种自为的正义。只有这样，才能达到对犯罪与刑罚的科学认识。由此可见，黑格尔是从法律报应的角度批判刑罚祸害论的。黑格尔还批判了费尔巴哈的刑罚威吓论，指出：

---

① 参见〔德〕黑格尔：《法哲学原理》，范扬、张企泰译，商务印书馆1961年版，第98页。

费尔巴哈的刑罚理论以威吓为刑罚的根据,他认为,不顾威吓而仍然犯罪,必须对罪犯科以刑罚,因为他事先已经知道要受罚的。但是怎样说明威吓的合法性呢?威吓的前提是人不是自由的,因而要用祸害这种观念来强制人们。然而法和正义必须在自由和意志中,而不是在威吓所指向的不自由中去寻找它们的根据。如果以威吓为刑罚的根据,就好像对着狗举起杖来,这不是对人的尊严和自由予以应有的重视,而是像狗一样对待他。威吓固然终于会激发人们,表明他们的自由以对抗威吓,然而威吓毕竟把正义摔在一旁。心理的强制仅仅跟犯罪在质和量上的差别有关,而与犯罪本身的本性无关,所以根据这种学说所制定的法典,就缺乏真正的基础。①

在以上对刑罚威吓论的批判中,黑格尔强调的是人的尊严和自由。黑格尔认为犯罪人也是理性的存在物,同样具有人的尊严和自由。犯罪人不仅是司法的客体,也是司法的主体。而刑罚威吓论把一切人都看做是刑罚威吓的对象,是缺乏对人的应有的尊重。尤其是黑格尔认为威吓与正义无关,因为威吓仅仅考虑人的主观感受能力,而犯罪的本性是不法。因此,刑罚不能以威吓为根据,而应当以正义为基础。黑格尔还

---

① 〔德〕黑格尔:《法哲学原理》,范扬、张企泰译,商务印书馆1961年版,第102页。

批判了贝卡里亚的刑罚起源论。贝卡里亚从社会契约论出发，认为刑罚权起源于公民自然权利的转让。在论述废除死刑的理由的时候，贝卡里亚提出，公民在通过签订社会契约转让权利的时候，不可能将生命处置权转让给国家，因而国家没有处死刑的权利。黑格尔认为这种观点是完全错误的，因为国家根本不是一个契约。黑格尔否定社会契约论，因为：

> 人生来就已是国家的公民，任何人不得任意脱离国家。生活于国家中，乃为人的理性所规定，纵使国家尚未存在，然而建立国家的理性要求却已存在。入境或出国都要得到国家许可，而不系于个人的任性，所以国家决非建立在契约之上，因为契约是以任性为前提的。如果说国家是本于一切人的任性而建立起来的，那是错误的。毋宁说，生存于国家中，对每个人说来是绝对必要的。①

既然国家不是社会契约的产物，因而也就不存在刑罚权，包括死刑权来自于公民自然权利转让的问题。不仅如此，黑格尔还从犯罪中寻求刑罚存在的正当根据，指出：

> 犯人行动中所包含的不仅是犯罪的概念，即犯罪自在自为的理性方面——这一方面国家应主张其有效，不

---

① 〔德〕黑格尔：《法哲学原理》，范扬、张企泰译，商务印书馆1961年版，第83页。

问个人有没有表示同意，——而且是形式的合理性，即单个人的希求。认为刑罚既被包含着犯人自己的法，所以处罚他，正是尊敬他是理性的存在。如果不从犯人行为中去寻求刑罚的概念和尺度，他就得不到这种尊重。①

刑罚包含着犯人自己的法，这是黑格尔的一句至理名言。在黑格尔看来，刑罚之所以是正义的，主要是因为刑罚是从犯罪行为中引申出来的，因此它不仅是自在地正义的，而且也体现了犯人的自在地存在的意志，是他的自由的定在，是他的法，所以是正义的。黑格尔进一步分析了贝卡里亚关于刑罚权来自公民自然权利的转让，因而对犯人处刑应得到犯人同意的观点，指出：

> 贝卡里亚要求，对人处刑必须得到他的同意，这是完全正确的。但是犯人早已通过他的行为给予了这种同意。不仅犯罪的本性，而且犯人自己的意志都要求自己所实施的侵害应予扬弃。②

从以上黑格尔对各种刑罚理论，主要是功利主义刑罚理论的批判中，已经灼然可见黑格尔以理性为基础的刑罚理论的真谛。那么，黑格尔是如何分析刑罚的起源与性质的呢？

---

① 〔德〕黑格尔：《法哲学原理》，范扬、张企泰译，商务印书馆1961年版，第103页。
② 〔德〕黑格尔：《法哲学原理》，范扬、张企泰译，商务印书馆1961年版，第104页。

黑格尔将刑罚的起源追溯到原始社会的复仇，指出：

> 在无法官和无法律的社会状态中，刑罚经常具有复仇的形式，但由于它是主观意志的行为，从而与内容不相符合，所以始终是有缺点的。固然法官也是人，但是法官的意志是法律的普遍意志，他们不愿意把事物本性中不存在的东西加入刑罚之内。反之，被害人看不到不法所具有的质和量的界限，而只把它看做一般的不法，因之复仇难免过分，重又导致新的不法。在未开化民族，复仇永不止息，例如在阿拉伯人中间，只有采用更强大的暴力或者实行复仇已不可能，才能把复仇压制下去。①

黑格尔指出了原始社会的复仇是一种个人任性的主观意志，这种主观意志没有质与量的限制，在每一次侵害中都可体现它的无限性，因而是一种新的侵害。由此形成世仇，陷于无限进程，世代相传以至无穷。为使复仇转化为刑罚，根据黑格尔的观点，就要求解决在这里扬弃不法的方式和方法中所存在的这种矛盾；就是要求从主观利益和主观形态下，以及从威力的偶然性下解放出来的正义，这就是说，不是要

---

① 〔德〕黑格尔：《法哲学原理》，范扬、张企泰译，商务印书馆1961年版，第104页，第107页。

求复仇的而是刑罚的正义。① 因此，黑格尔认为，要使复仇转化为刑罚，就要克服复仇的主观性与偶然性，使刑罚成为一种客观的扬弃犯罪的形式。

黑格尔虽然认为刑罚不同于复仇，但又肯定刑罚是一种报复。这里的报复，实际上就是报应。黑格尔指出：

> 报复就是具有不同现象和互不相同的外在实存的两个规定之间的内在联系和同一性。对犯罪进行报复时，这一报复具有原有不属他的、异己的规定的外观。可是如我们已经看到的，刑罚毕竟只是犯罪的显示，这就是说，它是必然以前一半为其前提的后一半。报复首先会遭到这种非难，即它显得是某种不道德的东西，是复仇，因而它可能被看做某种个人的东西。但是实行报复的不是某种个人的东西，而是概念。在圣经中常说："复仇在我"。如果我们从报复这个词中得出主观意志的特殊偏好那种观念，那就不能不指出，报复只是指犯罪所采取的形态回头来反对它自己。欧美尼德斯们睡着，但是犯罪把她们唤醒了，所以犯罪行为是自食其果。②

---

① 参见〔德〕黑格尔：《法哲学原理》，范扬、张企泰译，商务印书馆1961年版，第108页。
② 〔德〕黑格尔：《法哲学原理》，范扬、张企泰译，商务印书馆1961年版，第106页。

在此，黑格尔强调了犯罪与刑罚之间的因果报应性。这种因果报应性表明，犯罪对于刑罚具有决定性，即对犯罪处以刑罚，是以其人之道还治其人之身。由于犯罪与刑罚之间具有这种报应关系，因而黑格尔指出了两者之间的等同性问题。黑格尔指出：

> 等同这一规定，给报复的观念带来一个重大难题。刑罚在质和量的性状方面的规定是合乎正义的这一问题，诚然比起事物本身实体性的东西来是发生在后的。即使为了对这后来发生的问题作进一步的规定，我们必须探求规定刑罚的普遍物的一些原理以外的其他原理，但是这个普遍物仍然会依它的本来面貌而存在。一般说来，只有概念本身才必然含有对特殊物说来也是基本的原理。但是概念所给与刑罚的这个规定正是上述犯罪和刑罚的必然联系，即犯罪，作为自在地虚无的意志，当然包含着自我否定在其自身中，而这种否定就表现为刑罚。正是这一种内在同一性在外界的反映，对理智说来显得是等同的。然而犯罪的质和量的性状以及犯罪的扬弃是属于外在性的领域，在这一领域中当然不可能有什么绝对规定；在无限性的天地中，绝对规定不过是一种要求，必须由理智经常对它设定更多的界限，这一点是非常重要的；而且这种要求继续前进，毫无止境，但只

是永远接近满足而已。①

由此可见,黑格尔虽然追求犯罪与刑罚之间的等同,这是报应之必然要求。但这种等同又是相对的而不是绝对的,是有限的而不是无限的。在此,黑格尔表现出一种相对主义的观点,不同于康德的绝对主义。黑格尔从质与量两个方面对犯罪与刑罚的等同性作了分析,从而得出了法律报应论与等价报应的结论。

法律报应是相对于康德的道义报应而言的。如果说,康德关注的是刑罚对犯罪的道义上的否定评价;那么,黑格尔主张的是刑罚对犯罪的法律上的否定评价。如前所述,黑格尔把犯罪归之于不法,认为犯罪是第一种强制,而刑罚是对这种强制实行强制,是第二种强制,因而刑罚是附条件地合法的。黑格尔指出:

> 犯罪总要引起某种变化,事物便在这种变化中获得实存,但是这种实存是它本身的对立物,因而在本身中乃是虚无的。其虚无性在于作为法的法被扬弃了,但是作为绝对的东西是不可能被扬弃的,所以实施犯罪其本身是虚无的,而这种虚无性便是犯罪所起作用的本质。虚无的东西必然要作为虚无的东西而显现出来,即显现自己是易遭破坏的。犯罪行为不是最初的东西、肯定的

---

① 〔德〕黑格尔:《法哲学原理》,范扬、张企泰译,商务印书馆1961年版,第104—105页。

东西，刑罚是作为否定加于它的，相反地，它是否定的东西，所以刑罚不过是否定的否定。现在现实的法就是对那种侵害的扬弃，正是通过这一扬弃，法显示出其有效性，并且证明了自己是一个必然的被中介的定在。①

以上这段话集中体现了黑格尔的法律报应观点。根据这种观点，犯罪是对法的否定，而刑罚是对犯罪的否定，这是一个否定之否定的辩证过程。刑罚通过否定犯罪，使法获得肯定。黑格尔认为，对刑罚不应该停止在形式上、表面上，而应该从本质上予以理解。因为如果不法仅仅是对某种形式的所有财产这种外在的定在或占有所加的侵害，那么对它的扬弃便可以民事上的损害赔偿来处理，或者是恢复原状，或者是采取价值的形式。但是，如果是对自在地存在的意志（法：一切人的意）的侵害则不同，因为它们自身并不是外在的实存的东西，因而对它们的侵害不具有肯定的实存，即使对被害人的特殊意志来说，侵害也只不过是某种否定的东西，所以，自在地存在的意志事实上是不可被侵害的。侵害、犯罪对于它说来，只是一种虚无（非实存的）东西，因此，也不可用如赔偿等办法来扬弃对它的侵害。而侵害惟有作为犯人的特殊意志才具有肯定的实存，是一种定在。所以，对这种侵害的扬弃就是扬弃犯罪，并且也只有通过扬弃

---

① 〔德〕黑格尔：《法哲学原理》，范扬、张企泰译，商务印书馆1961年版，第100页。

犯罪本身，才能达到恢复法的原状的目的。① 由此可见，黑格尔主要是从法的辩证运动论述了刑罚的报应性。正是这种报应性，体现了刑罚的正义性。黑格尔虽然没有论及康德的道义报应主义，但从其理论来看，显然是扬弃了道义报应的。应该说黑格尔的法律报应论是对康德道义报应论的发展，更具科学性。

黑格尔的法律报应论，立足于法的神圣性，尤其是他将对犯人的惩罚看做是犯人自己的法，是对犯人的理性的尊重等说法，体现了一种理性法的思想。在这一点上，是与康德一脉相承的，都抽象地承认人的尊严。对此，马克思做出了以下评价：

> 毫无疑问，这种说法有些地方好像是正确的，因为黑格尔不是把罪犯看成是单纯的客体，即司法的奴隶，而是把罪犯提高到一个自由的、自我决定的人的地位。②

由此可见，黑格尔的这一理论与不把人当做人的专制制度下的野蛮法相比较，是具有历史进步意义的。当然，黑格尔哲学中的人是抽象的具有意志自由的人，这种意志自由代替了生活在社会中的特定人的行为的现实动机

---

① 参见武步云：《黑格尔法哲学：法与主体性原则的理论》，法律出版社1995年版，第195—196页。
② 《马克思恩格斯全集》（第8卷），中共中央马克思、恩格斯、列宁、斯大林著作编译局编译，人民出版社1995年版，第579页。

和受着各种社会条件影响而形成的全部特性，因而具有一定的荒谬性。更为重要的是，黑格尔的法律报应论是以赞同现存的法律为前提的。黑格尔的法哲学思想中，具有将现行法神圣化的意蕴，被认为是为当时的普鲁士法涂脂抹粉。法律神圣化以后，被视为一种圣物，然后把犯罪看做是对圣物的亵渎，应予扬弃。这种观点实际上是抹杀了犯罪的深刻而丰富的社会内容，表面上的深刻掩盖不住实质上的肤浅。

6.4 等价报应论

等价报应是相对于康德的等量报应而言的。康德的等量报应是追求犯罪与刑罚在外在性状上的等同性，是原始社会同态复仇观念的复活。黑格尔不同意这种观点，指出：

> 如果我们不仅忽略有限性的本性，而且完全停留在抽象的种的等同性上，那么，当规定刑罚的时候，不仅会遇到不可克服的困难（尤其心理学还要援引感性冲动的强度以及与之相联系的、或者是恶的意志在比例上的更大强度，或者是一般意志的自由在比例上的更小强度——看你喜欢哪一种），而且根据这种观点，很容易指出刑罚上同态报复的荒诞不经（例如以窃还窃，以盗还盗，以眼还眼，以牙还牙；同时我们还可以想到行为

人是个独眼龙或者全口牙齿都已脱落等情况)。但是概念与这种荒诞不经根本无关,它应完全归咎于上述那种犯罪和刑罚之间种的等同性的主张。①

黑格尔这里所说的犯罪和刑罚之间种的等同性的观点就是指康德的等量报应论。黑格尔认为,这种性状上的完全等同和数量上的绝对等同,事实上是不可能的。这里涉及黑格尔关于平等与差别的理解。黑格尔指出:

> 如果这里我们还没有做出这种差别而就能谈到多数人的话,那么在人格上多数人是一律平等的。但这样说是空洞的同语反复,因为人作为抽象的东西,尚未特殊化,也还没有被设定在把他区分出来的规定中。
>
> 平等是理智的抽象同一性,反思着的思维从而一般平庸的理智在遭遇到统一对某种差别的关系时,首先就想到这一点。在这里,平等只能是抽象的人本身的平等,正因为如此,所以关于占有的一切——它是不平等的基地——是属于抽象的人的平等之外的。②

由此可见,黑格尔是否认绝对平等,即同一性的,认为只有抽象的东西才是平等的。具体的东西必然存在差别,不

---

① 〔德〕黑格尔:《法哲学原理》,范扬、张企泰译,商务印书馆1961年版,第105页。
② 〔德〕黑格尔:《法哲学原理》,范扬、张企泰译,商务印书馆1961年版,第57—58页。

可能完全的或者绝对的平等。在犯罪与刑罚的等同性上，黑格尔也认为绝对的等同，即种的等同是不存在的。唯一的例外是"杀人者死"的原则中，必须坚持这种种的等同。因为生命是人的定在的范围，所以刑罚不能仅仅存在于一种价值中——生命是无价之宝，——而只能在于剥夺杀人者的生命。① 虽然黑格尔不主张犯罪与刑罚之间量上的等同，但他追求一种价值上的等同，指出：

> 犯罪的扬弃是报复，因为从概念说，报复是对侵害的侵害，又按定在说，犯罪具有在质和量上的一定范围，从而犯罪的否定，作为定在，也是同样具有在质和量上的一定范围。但是这一基于概念的同一性，不是侵害行为特种性状的等同，而是侵害行为自在地存在的性状的等同，即价值的等同。②

以价值的等同替代性状的等同，是黑格尔报应主义的一大特色。那么，什么是价值呢？黑格尔认为，价值是物的普遍性。物的这种普遍性——它的简单规定性，来自物的特异性，因之它同时是从这一特种的质中抽象出来的——就是物的价值。黑格尔还对价值作了以下解说：

---

① 参见〔德〕黑格尔：《法哲学原理》，范扬、张企泰译，商务印书馆1961年版，第106—107页。
② 〔德〕黑格尔：《法哲学原理》，范扬、张企泰译，商务印书馆1961年版，第104页。

这里，质是在量的形式中消失了。也就是说，当我谈到需要的时候，我所用的名称可以概括各种各样不同的事物；这些事物的共通性使我能对它们进行测量。于是思想的进展就从物的特殊的质进到对于质这种规定性无足轻重的范畴，即量。在数学中也可看到同样情形。例如，当我给圆、椭圆和抛物线下定义时，我们看到它们在特种方面是不同的。尽管如此，这些不同曲线的区别仅仅规定在量的方面，就是说，这样地规定，以至于唯一重要的东西是量的差别，它仅仅与系数、与纯粹经验上的大小有关。在财产方面，由质的规定性所产生的量的规定性，便是价值。在这里质的东西对量给以定量，而且在量中既被废弃同时又被保存。当我们考察价值的概念时，就应把物本身单单看做符号，即不把物作为它本身，而作为它所值的来看。例如，票据并不代表它的纸质，它只是其他一种普遍物的符号，即价值的符号。物的价值对需要说来可以多种多样。但如果我们所欲表达的不是特种物而是抽象物的价值，那么我们用来表达的就是货币。货币代表一切东西，但是因为它不表示需要本身，而只是需要的符号，所以它本身重又被特种价值所支配；货币作为抽象的东西仅仅表达这种价值。①

---

① 〔德〕黑格尔：《法哲学原理》，范扬、张企泰译，商务印书馆1961年版，第71页。

黑格尔对价值的论述具有一定的科学性。他从物的使用价值出发，推演出物的交换价值，即一般意义上的价值。根据黑格尔的观点，价值是事物之间的内在等同性，不同于性状上的外在等同物。用这种价值的观点来分析犯罪，黑格尔扬弃了犯罪的外在性状，揭示出犯罪的内在价值，并要求刑罚与犯罪的这种内在价值等同，从而形成了等价报应的理论。黑格尔指出：

> 犯罪的基本规定在于行为的无限性，所以单纯外在的种的性状消失得更为明显，而等同性则依然是唯一的根本规则，以调整本质的东西，即罪犯应该受到什么刑罚，但并不规定这种刑罚的外在的种的形态。单从这种外在的种的形态看来，一方面窃盗和强盗，他方面罚金和徒刑等等之间存在着显著的不等同，可是从它们的价值即侵害这种它们普遍的性质看来，彼此之间是可以比较的。寻求刑罚和犯罪接近于这种价值上的等同，是属于理智范围内的事，业如上述。①

在我看来，以上这段话是黑格尔关于刑法所发的议论中最为精彩与精辟的，令人回味无穷。犯罪的基本规定在于行为的无限性，是指犯罪的表现形式是纷繁复杂的，可以归之于无限。中国古代就有"法有限，情无穷"之说。这里的法

---

① 〔德〕黑格尔：《法哲学原理》，范扬、张企泰译，商务印书馆1961年版，第106页。

是指法律规定,情指犯罪表现。由此可见,对于犯罪表现形式的无限性这一点上的看法,中外人士心同此理。单纯外在的性状,是指犯罪的具体特征。因为犯罪总是具体的,我们没有见过抽象的杀人,见到的是在特定的时空范围内对特定人的生命剥夺。因此,为了界定犯罪,必须舍弃犯罪的外在特征,保留犯罪的本质特征。在这种情况下,外在种的性状就消失了,只留下反映事物本质的东西。这种事物的本质的东西是具有等同性的,这种等同性是指质上的同一性。正是这种犯罪的质的同一性决定了罪犯应该受到什么刑罚。因此,犯罪与刑罚的等同不是外在的种的性状上的等同,而是质的等同。按照黑格尔的说法,犯罪与刑罚在其外在的种的形态上是不等同的。例如对盗窃罪判处罚金,对抢劫罪判处徒刑,在盗窃与罚金、抢劫与徒刑之间,哪有什么等同的。更为广泛地说,这种等同也是不可能的。因为在一个国家的刑法典中,犯罪少则上百种,多则上千种,表现形态各异,危害性质殊别。但与之相应的刑种却总是有限的,少则几种,多则几十种,不可能做到一一对应。在这种情况下,就应当抛弃追究犯罪与刑罚的外在的种的形态的等同性之幻想,转而考察犯罪与刑罚之间内在价值上的等同性。黑格尔认为,犯罪与刑罚在价值上是可以比较的。但即使是犯罪与刑罚的内在价值上也只能做到接近于等同,而不存在绝对的等同。

  黑格尔反对抹杀犯罪之间价值上的差别,对各种犯罪处

以相同之刑。黑格尔指出:

> 斯多葛派的见解只知有一种德行和一种罪恶,德拉科的立法规定对一切犯罪都处以死刑,野蛮的形式的荣誉法典把任何侵犯都看做对无限人格的损害;——总之他们有一个共同点,即他们都停留在自由意志和人格的抽象思维上,而不在其具体而明确的定在中,来理解自由意志和人格,作为理念,它必须具有这种定在的。①

尽管黑格尔在一定程度上也是从抽象的意志自由上来理解犯罪行为的,但他毕竟承认犯罪之间的差别。这是一种价值上的差别,由此决定了刑罚也是有差别的,并应当力图使刑罚接近于犯罪的价值上的等同。更为可贵的是,黑格尔还看到了刑罚轻重不是绝对的,不赞同绝对的同罪同罚,而是从社会意义上揭示了"刑罚世轻世重"的道理。例如,黑格尔在论述刑罚的尺度时指出:

> 在社会中犯下的罪行显得比较严重,可是刑罚则较轻,这种情况初看是自相矛盾的。但是社会不可能放纵犯罪而不罚,因为那样会使它被肯定为合法的;可是社会既然对自己具有信心,犯罪就始终是对抗社会的个别

---

① 〔德〕黑格尔:《法哲学原理》,范扬、张企泰译,商务印书馆1961年版,第99页。

情况，它是不稳定的和孤立的。由于社会本身的稳定性，犯罪就获得了一种纯粹主观的东西的地位，这种主观的东西看来不是熟虑意志的产物，而是自然冲动的产物。本着这种观点，罪行就获得了较轻微的地位，而刑罚也就成为较轻微了。如果社会自身还是动荡不安，那就必须通过刑罚树立榜样，因为刑罚本身是反对犯罪的榜样的榜样。但是在本身已经是稳定的社会，犯罪的勾当是很微弱的，因此犯罪的处罚也必须按照这种微弱程度来衡定。所以严厉的刑罚不是自在自为地不公正的，而是与时代的情况相联系的。一部刑法典不可能在任何时代都合用。罪行是假象的实存，它们会在更大或更小程度上得到否认。①

读完这段话，使我们对不是刑法学家而是哲学家的黑格尔对于刑法的深邃理解而感到由衷的赞叹，一切解释都成为多余。

---

① 〔德〕黑格尔：《法哲学原理》，范扬、张企泰译，商务印书馆1961年版，第229页。

7

龙勃罗梭:遭遇基因

7.1 方法论革命

1870年,我正在帕维亚的监狱和收容所里从事为期几个月的研究工作,研究尸体和活人,以便确定在精神病人和作案不很成功的罪犯之间的实质不同。12月一个阴沉的上午,我突然在一个强盗的颅骨上发现了一串返祖现象的畸形物,首先是枕骨上有个大凹,而且小脑蚓部肥大,这些很类似于在低等无脊椎动物头部发现的情况。望着这些奇怪的畸形物,我好像一个茫茫黑夜的迷津者,猛然间看到了一条光芒灿烂的道路。在我看来,犯罪者与犯罪真相的神秘帷幕终于被揭开了,原因就在于原始人和低等动物的特征必然要在我们当代重新繁衍。①

以上是1906年龙勃罗梭在都灵犯罪人类学大会上讲演的片断,距离1870年12月那个阴沉上午的不寻常的发现已经

---

① 〔美〕里查德·昆尼等:《新犯罪学》,陈兴良等译,中国国际广播出版社1988年版,第49页。

36年过去了，但龙勃罗梭对于灵感触发的瞬间情景仍然历历在目，记忆犹新。

1870年，时近岁末，意大利北部城市帕维亚的冬天似乎比往年来得格外早一些。市中心的圆顶大教堂还没有竣工，而圣米凯莱、圣彼得罗等著名教堂虽然开放，但光顾者寥寥，只有蒂基诺河与波河相汇合的巨浪拍岸，使这个伦巴第六区帕维亚省的省会城市显示出一丝生机。

古老的帕维亚监狱人满为患，然而囚犯们并不喧嚣，监狱和城市一样死寂。这是一个阴沉的上午，监狱的大钟又凄凉地敲响了，囚犯们都知道这是丧钟，准是哪个倒霉的囚犯命归西天了。这已经司空见惯，囚犯们侧起耳朵听了听钟声，又倒在冷冰冰的地上，只有个别新来的囚犯还显得有几分好奇，趴在囚牢的窗口向外窥视。走廊上的脚步声由远而近，几个狱卒抬着一具尸体走了过来。死者衣衫褴褛，乱发遮脸，但还是使人一眼就能辨认出来：这是全意大利著名的土匪头子维莱拉（Villella）。此人特别敏捷、灵活，曾因背着一只绵羊爬上一座陡峭的山峰而闻名。维莱拉玩世不恭，厚颜无耻，公开吹嘘自己的罪行。在长期关押以后，维莱拉终于走到了生命的尽头。不同寻常的是，今天维莱拉的尸体并没有直接拉到乱坟堆里一葬了事，而是抬进了监狱的医院，等候在这里的是当时名不见经传、以后却大名鼎鼎的切萨雷·龙勃罗梭——一个以研究犯罪为己任的精神病学教授。龙勃罗梭当时34岁，鼻梁上架着一副精致的金丝框眼镜，脸色有些疲惫。几个月的研究工作毫无进展，已经解剖了不知多少具囚犯的尸体，眼下这具尸体又能带来什么呢？龙勃罗梭像往常一样打开了维莱拉的头颅。

突然，龙勃罗梭的眼睛一亮，发现了维莱拉的颅骨上的枕骨所在的部位，有一个明显的凹陷处，龙勃罗梭称为枕骨中窝，它的位置如同低等动物中的一样，恰恰在枕骨的正中间，与鸟类中所谓小脑蚓部肥大相当。在《犯罪人论》一书中，龙勃罗梭对维莱拉的头骨解剖情况作了以下描述：

> 他的枕骨窝尺寸非常特别，长34毫米，宽23毫米，深11毫米，与此相伴随的是两侧枕骨窝萎缩，完全缺乏内枕骨销；枕骨窝的两边受限于骨凸，骨凸先是平行的，表现出不规则的四边形，在靠近枕骨孔的地方，与一小块三角型骨岬联系起来；根据这样的表面情形，比较解剖学和胚胎学有可靠的理由得出这样的结论：这种情况属于真正的蚯突（Vermis）肥大，可以说是真正的正中小脑。这个器官从高层次的灵长目传给啮齿动物、狐猴科或受孕3—4个月胎儿……①

返祖遗传，这个念头像一道闪电划过龙勃罗梭的脑海，这一瞬间宣告了刑事人类学派的诞生！龙勃罗梭毫不迟疑地断定，维莱拉的身上再现了原始人类和低等动物的残忍本

---

① 〔意〕切萨雷·龙勃罗梭：《犯罪人论》，黄风译，中国法制出版社2000年版，第8页。

能。龙勃罗梭从解剖学的观点解释了维莱拉巨大的颌骨、高耸的颊骨、突出的眉骨、单线的掌纹、极大的眼窝、在野蛮人和类人猿身上才能见到的那种呈柄形的或无柄的耳朵、无痛感能力、极锐敏的视力、文身、极度懒惰、酷爱狂欢,以及为了自己而做坏事的不可遏止的欲望,不仅夺取被害者生命,而且还有寝皮食肉的欲望。

正是维莱拉这个特殊的个案,支持了龙勃罗梭的刑事人类学的观点。这个观点的基本点在于:确信犯罪是由基因决定的,这些基因通过遗传而获取,因而犯罪人是天生的。龙勃罗梭有一个信念,认为有些基因即使在当时看来是无足轻重的,而后则可能发展成为一个普遍适用的理论。龙勃罗梭自称是基因的奴隶,无非是说,基因这种生物现象,为他解释犯罪原因提供了科学根据,由此引入了自然科学的研究方法,引发了刑法学领域的一场方法论的革命。

将自然科学的研究成果引入社会科学的研究领域,这是启蒙运动洗礼之后的18、19世纪欧洲学术界流行的一种风尚。人们力图用自然科学的最新发现去解释与说明各种社会现象,使社会科学深深地打上了自然科学的烙印。在某种意义上我们可以说,任何一种新思想的产生都是自然科学与社会科学互相作用、互相渗透的结果。在这种情况下,社会科学的发展就不能不受自然科学的限制。在19世纪以前,各门科学中发展最成熟的是力学,而牛顿是当时科学革命的顶峰人物。18世纪的启蒙学家们普遍接受了牛顿力学的思想,例如生活在 18 世纪的意大利著名刑事古典学派的代表人物贝卡里亚，就深受牛顿力学的影响，无论是对事物本质的认识还是在思想观点的表述上，都可以看到牛顿力学思想的影响。过了一个世纪，龙勃罗梭生活的 19 世纪中叶，是自然科学得到长足发展的时代。恩格斯曾经对 19 世纪自然科学的发展作过十分精辟的论述，指出：

> 直到上一世纪末（引者注：指 18 世纪）自然科学主要是搜集材料的科学，关于既成事物的科学，但是在本世纪（引者注：指 19 世纪），自然科学本质上是整理材料的科学，关于过程、关于这些事物的发生和发展以及关于把这些自然过程结合为一个伟大整体的联系的科学。研究植物机体和动物机体中的过程的生理学，研究单个机体从胚胎到成熟的发育过程的胚胎学，研究地壳逐渐形成过程的地质学，——所有这些科学都是我们这个世纪的产儿。
>
> 但是，首先是三大发现使我们对自然过程的相互相系的认识大踏步地前进了：——第一是发现了细胞，发现细胞是这样一种单位，整个植物体和动物体都是从它的繁殖和分化中发育起来的。由于这一发现，我们不仅知道一切高等有机体都是按照一个共同规律发育和生长的，而且通过细胞的变异能力指出了使有机体能改变自己的物种并从而能实现一个比个体发育更高的发育的道路。——第二是能的转化，它向我们表明了一切首先在

无机自然界中起作用的所谓力,即机械力及其补充,所谓位能、热、放射(光或辐射热)、电、磁、化学能,都是普遍运动的各种表现形式,这些运动形式按照一定的度量关系由一种转变为另一种,因此,当一种形式的量消失时,就有另一种形式的一定的量代之出现,因此,自然界中的一切运动都可以归结为一种形式向另一形式不断转化的过程。——最后,达尔文第一次从联系中证明了,今天存在于我们周围的有机自然物,包括人在内,都是少数原始单细胞胚胎的长期发育过程的产物,而这些胚胎又是由那些通过化学途径产生的原生质或蛋白质形成的。①

无疑,自然科学的发展,为社会科学的变革创造了条件。作为一个思想敏锐的科学家,龙勃罗梭直接与间接地从自然科学的最新研究成果中吸取营养。而龙勃罗梭自然科学家出身的这种优越条件,使他在处理自然科学的材料方面得心应手。如果我们不带有任何偏见,客观地将龙勃罗梭放到19世纪中叶去考察他的犯罪学理论,那么,我们可以说,在运用自然科学研究犯罪这一点上,龙勃罗梭领一代风骚。

实证方法之引入犯罪学研究,始于龙勃罗梭。实证主义哲学,为法国哲学家孔德所首创。孔德的实证主义,以实证

---

① 《马克思恩格斯选集》(第4卷),中共中央马克思、恩格斯、列宁、斯大林著作编译局编译,人民出版社1995年版,第241页。

方法相标榜。孔德指出：实证方法停止去探求宇宙的起源和目的，拒绝认识诸现象的原因，只专心致志地去发现这些现象的规律，换言之，去发现各种现象的承续与类似的关系。这样，实证哲学的方法就从根本上使纯粹的想象丧失它在以往的知识中的最高权威性，而使知识从属于观察，从而使之产生完全正常的逻辑状态。孔德论述了"实证的"（Positive）一词的基本蕴含，指出：

> 首先，考虑到其最古老、最通常的词义里，实证一词指的是真实，与虚幻相反；就这方面来说，它完全符合新的哲学精神；新哲学特征是一贯注重研究我们智慧真正能及的事物，而总是撇开其童稚时期主要关心的无法渗透的神秘。在第二个含义上，与前面的含义相近，但并不相同，它表示有用与无用的对比；它在哲学上提示着，一切健全思辨的必然使命都是为了不断改善我们个人和集体的现实境况，而不是徒然满足那不结果实的好奇心。按第三个常用的含义，这个巧妙的词经常用于表示肯定与犹疑的对立。它也表明，这么一种哲学有着别具特色的能力，善于自发地在个体中建立合乎逻辑的和谐，在整个群体中促成精神的一致，而不像古老的精神状态，必然引起无穷的疑惑和无尽的争论。第四个通常的含义主要在于精确对照模糊，它常常跟前一含义相混。精确的含义使人想起真正哲学精神的恒久倾向，即处处都要赢得与现象的性质相协调并符合我们真正需要

所要求的精确度；而旧的推论方式则必然导致模糊的主张，那只能凭借基于超自然权威的经常强制才构成一个不可缺的科目。最后，应当特别注意此词的第五种用法，它虽然具有同样的普遍性，但不如其他含义常用；这时，人们把实证一词作为否定的反义词来用。……实证一词尚未直接表示的新哲学精神的唯一特性，它包括了到处由相对代替绝对的必然倾向。①

早在1822年，孔德就提出一个重要命题："观察优于想象。"在观察与想象的关系上，孔德主张观察是第一位的，想象是第二位的，只有在观察的支配下，想象才能起着完全从属的作用。正是从这里出发，孔德把自己的实证哲学的建立，视为一场革命，这场革命的根本特征在于：把以往想象所占据的优势转移给观察，从而把人从自然界的中心地位移置到人在自然界中实际所应占有的地位，以便使科学从臆测状态中解脱出来，而达到实证状态。于是，把强调观察的作用看成是实证精神的核心，把被观察到的事物看做是科学知识赖以建立的基础，这成为孔德实证哲学的根本见解之一。

龙勃罗梭建立的犯罪学，被称为实证主义犯罪学。龙勃罗梭虽然没有以此称呼本人的犯罪学，但其得意弟子菲利将龙勃罗梭开创的犯罪学称为实证派犯罪学。菲利指出：

---

① 〔法〕孔德：《论实证精神》，黄建华译，商务印书馆1996年版，第29页以下。

  1872年,切萨雷·龙勃罗梭的著作诞生,标志着实证派犯罪学的建立。自1872年至1876年,龙勃罗梭首先通过示范开辟了一条研究犯罪行为的新途径,在研究和理解犯罪之前,必须首先了解犯罪人。龙勃罗梭用人类学的观点,研究了意大利各种监狱中的囚犯。他汇集了他在伦巴第科学和文学院的研究报告,后来出版了其名著《犯罪人》。①

  龙勃罗梭的犯罪学理论深深地打上了实证主义的烙印。在龙勃罗梭以前,古典学派主要关注犯罪行为,对犯罪行为的研究又大多局限于法律规范。在研究方法上,古典学派追求思辨,脱离个案,使犯罪的研究陷于空洞的哲理之中。而龙勃罗梭认为犯罪是人的行为,如欲揭示犯罪的本质,必先研究实施犯罪的人。从犯罪到罪犯,从行为到行为人,龙勃罗梭完成了这一转变。龙勃罗梭在运用实证主义作为方法论对犯罪进行研究的时候,以观察作为研究犯罪的重要方法,将结论建立在严格的科学数据之上,从而结束了对犯罪的抽象臆想的形而上学时代,开创了犯罪学的新时代。然而,同样不可忽视的是,龙勃罗梭对犯罪学的研究也不可避免地带来了实证主义方法论的弊端。龙勃罗梭接受犯罪这一现实,满足于对犯罪的因果解释,而没有进一步揭示犯罪产生的内在根源。同时,龙勃罗梭

---

① 〔意〕菲利:《实证派犯罪学》,郭建安译,中国政法大学出版社1987年版,第6页。

无视实证方法的局限性，以为一切犯罪问题都可以通过观察与实验的方法得以解释，将复杂的犯罪问题予以简单化处理。因此，龙勃罗梭的犯罪学理论是历史的产物，也必然带有历史的局限。美国犯罪学家昆尼、威尔德曼对实证主义犯罪学理论作了以下评价，可谓一针见血：

> 实证主义思想方法确信存在一种独立于观察者的程序而假定客体；依靠系统地积累的一定的足够知识，科学家就能预见未来事态并能控制事态的发生。……实证主义认为现存秩序都是好的，正如实证主义对其科学假定不加检验一样。官方的现实是实证主义赖以活动的基础，他们接受并且支持这一基础。所以，实证主义犯罪学家支持已经建立的制度。实证主义传统的注意集中在刑法的违反者而不是法律制度本身。消灭犯罪通常是通过改造违法者而不是改变法律制度来实现。①

如果说，实证主义是作为龙勃罗梭研究犯罪的方法论而存在的，那么，进化论则对龙勃罗梭犯罪学的产生具有直接的影响。在达尔文以前，人是上帝所创造的宗教信条在欧洲学术界仍占支配地位，但已经有人宣传进化论。例如法国生物学家拉马克认为，所有生物均由原始的小体进化而来，首先使用"生物学"一词。孔德从实证主义出发，得出了人是

---

① 参见〔美〕里查德·昆尼等：《新犯罪学》，陈兴良等译，中国国际广播出版社1988年版，第112—113页。

动物进化的普通系列的一部分,人类社会是生物界进化的产物的结论,并提出了著名的社会有机体的观点,风靡学术界。达尔文的《物种起源》一书,运用大量的事实证明了人起源于动物的不可辩驳的事实,使生物学在自然科学中的地位越来越高,由此出现了一种用生物学的观点研究人类社会,解释社会现象的倾向,由此深刻地影响了龙勃罗梭。龙勃罗梭正是运用达尔文的进化论解释犯罪现象的第一人。在我们看来,达尔文的进化论对龙勃罗梭的影响,至少可以从以下两个方面得以说明:从宏观上说,达尔文关于人起源于动物的观点是继哥白尼以后,对人自身认识的又一次重大革命。在哥白尼以前,地心说占统治地位,认为地球是宇宙中心,而人又是地球的主人,由此形成人类中心论,而人又是上帝创造的,就此论证上帝的存在。哥白尼推翻了地心说,认为是地球围绕太阳旋转,而不是太阳围绕地球旋转,因而提出了日心说。哥白尼的日心说使人类中心论受到一次沉重打击,也是对上帝存在的严峻挑战。但哥白尼的日心说并没有彻底摧毁人类中心论,上帝创造人的观念还大有市场。达尔文用大量事实说明,人起源于动物,人类共同的祖先是猿,这就从根本上动摇了上帝创造人的宗教观念,使人在自然界中的位置有了正确的认识。正是在这种学术氛围下,龙勃罗梭的将犯罪归因于遗传的天生犯罪人的观点才得以出笼。因为在人类中心论的统治之下,认为人是上帝创造的,是十全十美的、具有意志自由的、是能够凭借理性生活的政治动物（亚里士多德语）。在这种情况下，人之所以犯罪，或者是恶魔的作祟，或者是偶尔的堕落，法律的任务是要唤起人的理性，使之幡然悔过。而根据龙勃罗梭的观点，犯罪是遗传的产物，是返祖现象，是由生物特征决定的，存在一种天生犯罪人。这种将人的理性与尊严在生物学的手术刀下剥夺殆尽的论点，对于人类中心论的挑战不亚于达尔文的人兽同源说，也正是基于达尔文的进化论的思路在犯罪问题上得出的一个合乎逻辑的结论。从微观上说，达尔文进化论的具体内容对龙勃罗梭也具有不可低估的影响。达尔文的进化论有两个核心命题：物种起源于适应起源。根据物种起源的命题，物种是变的，进化通过物种的演变而进行，地球上现今生存的物种，都是曾经生存的物种的后代，渊源于共同的祖先。物种起源的思想强调物种之间的历史延续性，从这一命题可以引申出遗传的概念，遗传是指导致亲子间性状相似的种种生物过程的总称。遗传的核心是双亲把自己的生物特征通过基因转移给下一代，由此形成物种之间的连续性。根据适应起源的命题，形形色色的物种，通过共同起源和分歧发展，各自适应于一定的生活条件，呈现为形形色色的适应现象。适应起源的思想强调物种之间的非连续性，从这一命题可以引申出变异的概念，即在遗传的前提下，亲子间存在情状相异处。在适应起源命题中，达尔文提出了生存斗争和适者生存的选择学说。龙勃罗梭在早期著作中，主要是接受了达尔文的第一个概念——遗传，认为犯罪也可以通过基因转移给下一代，因此存在天生犯罪人。天生犯罪人论从一开始就遭到许多犯罪学家的抨击，在其弟子菲利等人的影响下，在晚期著作中，龙勃罗梭降低了天生犯罪人在犯罪人总数中的比例，强调堕落对犯罪产生的原因力，这实际上是接受了达尔文的第二个概念——变异，即双亲并无犯罪基因，之所以走上犯罪道路，不是基于遗传，因而不是先天性的，而是由于堕落，这也是一种变异。由此可见，达尔文的进化论对龙勃罗梭的影响终其一生。

在达尔文进化论的影响下，19世纪中叶，科学的人类学开始形成。从语源学上说，人类学是研究人的科学，这门学科试图依据人类的生物特征和文化特征，综合地研究人，并且特别强调人类的差异性以及种族和文化的概念。龙勃罗梭将人类学的最新研究成果，直接运用于犯罪学的研究。因此，龙勃罗梭的理论又称为刑事人类学。菲利的以下这段话，生动地说明了人类学在龙勃罗梭犯罪学创立中的作用：

> 实证派犯罪社会学的原始名称源于人类学研究，今天人们依然认为它与"犯罪人类学派"差不多。尽管这个名称已经不适应这一学派（它也重视和调查心理学、统计学和社会学资料）的发展，但推动这一新学科发展的最主要的动力仍然应当归功于人类学的研究。事实上，显然是龙勃罗梭赋予各种对罪犯进行的分散而零碎的研究一种科学的方式，通过研究积累（由于其独特的观点，这种研究不但有独到见解，而且有很大影响）给

上述分散而零碎的研究增加了生气，并建立了新型的犯罪人类学。①

从龙勃罗梭的著作来看，充塞着大量的数据、图表，与刑事古典学派贝卡里亚的代表作《论犯罪与刑罚》具有完全不同的风格。如果说，贝卡里亚的著作充满了理性的光芒与智慧的火花，逻辑与推理构成了严谨的体系。那么，龙勃罗梭的著作体现了实证主义的精神，更多的是用数据与图表作为佐证。因此，龙勃罗梭是将自然科学，尤其是生物学引入犯罪学研究的先驱。他与其说是一个犯罪学家，不如说是一名称职的医生与精神病学家。易言之，龙勃罗梭首先是一个医生与精神病学家，其次才是一个犯罪学家。龙勃罗梭走过了从狱医到犯罪学家这样一条道路，其犯罪学论著中不可避免地带有其职业的痕迹。美国犯罪学家昆尼、威尔德曼在论及龙勃罗梭的观点之所以终于得到承认时，列举了以下原因②：

（1）自然科学、尤其是生物学的威信。生物学是龙勃罗梭理论的核心。

（2）"新"和"实证主义"术语的使用给犯罪学的探讨

---

① 〔意〕菲利：《犯罪社会学》，郭建安译，中国人民公安大学出版社1990年版，第5页。
② 参见〔美〕里查德·昆尼等：《新犯罪学》，陈兴良等译，中国国际广播出版社1988年版，第52—53页。

带来了威望和刺激剂，从而使龙氏犯罪学赢得了19世纪后期的潮流。

（3）用体貌特征来表示品性的观点和方法，长期以来被医生、心理学家、法学家和地方法官接受并予以很高声望。

（4）对个人劣等的强调支持了国家的政治建筑。

（5）实证主义和生物学的倾向有利于国家找到加强对社会控制的借口。

在上述五条原因中，昆尼、威尔德曼将自然科学，尤其是生物学在犯罪学理论中的应用，列为首要原因，是不无道理的。

在犯罪学理论中，能不能运用自然科学，尤其是生物学的方法论进行研究，这在我国犯罪学界还是一个似无定论的问题。长期以来，我们对龙勃罗梭及其方法论持完全否定的态度，运用自然科学研究犯罪被认为是大逆不道，而犯罪生物学也被斥之为伪科学。我们认为，罪犯是人，具有人的一切社会的与自然的属性，自然属性又可以分为生物（或曰生理）属性与心理属性，上述社会属性、生物属性与心理属性，构成人的本质。对于犯罪人的研究，也应同时并重上述三种属性。在这三种属性中，我们无疑应把社会属性放在首位，它制约着其他两种自然属性，但又不能以社会属性完全取代自然属性，更何况生物属性还是人的社会属性的基础呢？人的属性的这种多重性，决定了对犯罪人的研究方法的多元性。尤其需要引入自然科学的研究方法，使犯罪学真正成为自然科学与社会科学联姻的产儿。无疑,在这方面龙勃罗梭得风气之先,其方法论革命席卷刑法学界。

7.2 犯罪天生论

犯罪,是自从人类进入文明社会以后就一直困扰着人们的一种社会现象。自从犯罪产生之日起,就出现了对犯罪本质的各种解释。在此,我们可以归纳为对犯罪本质的自然与超自然两种解释。

将犯罪视为人本身的一种行为,是由人的意志或者特性所决定的,这是对犯罪本质的自然解释。这种解释,始于古希腊哲学家。柏拉图将犯罪归结为贪图金钱的结果,这是以经济解释犯罪本质的肇始。亚里士多德则把贫困、情欲和放肆列为犯罪的三大原因。由此可见,古希腊哲学家从朴素的哲学观念出发,将犯罪与社会经济、政治、人性等因素联系起来,力图从社会与人性本身寻找犯罪的原因。

将犯罪视为超自然的外力所强加于人的一种行为,是恶魔作用的结果,这是对犯罪本质的超自然的解释。对犯罪本质的超自然的解释,盛行于中世纪。在中世纪,神学统治了欧洲,人们的思想无不戴上神学的桎梏。因此,在这个时代,犯罪本质由古希腊时期立论于人类自身的某种生理与心理的欲求而导致个人与社会发生冲突的结果,转化为现实世界之外的超人类的力量影响的结果。一言以蔽之,由对犯罪本质的自然的解释转化为超自然的解释。对此，美国犯罪学家昆尼、威尔德曼作了以下叙述：

> 尽管大部分早期社会哲学家的著述都把注意力放在犯罪与精神世界各种因素的关系上，但把犯罪归咎为现实世界之外的神怪影响的结果，也是极为普遍的。乔治·B. 沃尔德把这种对犯罪的解释称为"对恶魔的研究"。可以发现，这种恶魔研究式的解释有各种各样的表现形式。在原始的、尚无文字的泛灵论那里，认为是邪恶的幽灵引起了犯罪。在中世纪，把犯罪和其他异常行为归咎为恶魔鬼怪。托马斯·索扎斯用了很大的注意力来研究这个问题，他主要论述了犯罪的社会原因和精神异常问题，把它们归因为人中了邪魔的结果。"罪恶"和"道德欠缺"的观念普遍为人们所接受，并充斥了16世纪到19世纪初期的大部分著作。罪犯被认为是在某一方面和世界外部的魔怪有着不正常关系的人。[①]

在逐渐地破除中世纪对犯罪本质的超自然的解释以后，颅相学之类的伪科学得以发展，它窒息了人们对犯罪本质及其原因的探索与思考。颅相学（phrenology）是通过分析人的头颅形状来测定实质、特性和才能的一种研究领域，是由德国解剖学家朗茨·约瑟夫·加尔受观相术的影响而发展起

[①] 〔美〕里查德·昆尼等：《新犯罪学》，陈兴良等译，中国国际广播出版社1988年版，第34页。

来的。颅相学是以三个命题为基础的：（1）颅骨的外部形状与其内部及大脑的形状一致；（2）所谓心理（mind）或大脑是由几个官能或机能组成的；（3）这些官能与大脑和颅骨的特定部位有关。这种颅相学被用来对犯罪的研究，形成所谓颅相学的犯罪学说。随着颅相学的流行，引起了科学界对它的批评。许多科学家认为颅相学的基本假设完全是推测性的。由于颅相学家不能用可以验证的资料来反驳这些批判，因此，它不久就被抛弃，不再当做研究犯罪的可行的手段。但正如我国学者恰当地评价的那样：颅相学家对犯罪人生理特征的重视，对实际观察方法的应用，对实证主义犯罪学学派的产生起了启发和推动作用。①

从18世纪开始，启蒙思想家冲破了中世纪神学的束缚，重新对犯罪本质进行思考。启蒙思想家一反中世纪用超自然的力量解释犯罪的观点，对犯罪进行哲理的探讨。例如卢梭把犯罪视为破坏社会契约，从而违反了社会公意的行为。洛克则把犯罪视为触犯自然法、违反正当理性规则的行为。启蒙学家不是用超自然的力量，而是用人类本身的因素来解释人的行为，在研究犯罪时，把犯罪与法律联系起来，这对于中世纪对犯罪本质的超自然的解释来说，是一种否定；对于古希腊哲学家对犯罪本质的自然的解释来说，则是一种肯定。

---

① 参见吴宗宪：《西方犯罪学史》，警官教育出版社1997年版，第172页。

正是在这种文化氛围之下,龙勃罗梭才能从临床的意义上,对犯罪进行病理学的研究。龙勃罗梭把犯罪看做是一种自然现象,力图运用生物学理论对犯罪本质做出科学的说明。龙勃罗梭指出:

> 无论从统计学的角度看,还是从人类学的角度看,犯罪都是一种自然现象;用某些哲学家的话说,同出生、死亡、妊娠一样,是一种必然的现象。①

当龙勃罗梭在1876年《犯罪人论》一书推出天生犯罪人论的时候,龙氏自以为是有实证根据,这就是他通过对成千上万个罪犯进行观察所得到的大量的第一手资料。龙勃罗梭是一个严肃的学者,他自称是"基因的奴隶"。这是所谓基因,是指导致行为人实施犯罪的生物学的遗传基因。龙勃罗梭认为,应该让基因来说话。龙勃罗梭有一个信念,认为有些基因即使在当时看起来是无足轻重的,而以后也可能发展成为一个普遍适用的理论。果然,龙勃罗梭终于用这些基因建立起了他的天生犯罪人的理论。

天生犯罪人成为龙勃罗梭早期著作中的一个核心命题,龙氏相信自己在罪犯身上看到了某些与野蛮人相同的特征。龙勃罗梭对天生犯罪人作了如下的描述:

---

① 〔意〕切萨雷·龙勃罗梭:《犯罪人论》,黄风译,中国法制出版社2000年版,第319页。

就像野蛮人和有色种族具有许多独特之处一样，惯常性犯罪人也经常表现出许多特点。这样些特点可以归纳为：毛发稀少，缺乏力量，体重轻，头骨容积小，前额后缩，额窦发展明显，经常出现中前额骨缝和沃姆氏骨，早熟性骨结（特别是在前额），颞颧弓突出，骨缝简单，颅骨较厚，下颌骨和颧骨突出，突颌，眼眶歪斜，皮肤颜色较暗，毛发茂密，长着把柄状耳或者大耳，具有两种性别的特点，女性表现得不易矫正，对痛苦麻木不仁，在道德上完全麻木，懒散，缺乏任何负疚感，爱虚荣，喜欢赌博，嗜酒或者酒的替代物，情感强烈、但稍纵即逝，特别讲迷信，对自我极端敏感，有着自己的关于神和道德的观念。①

龙勃罗梭天生犯罪人的理论一经传播，马上受到来自各方面的抨击。对龙勃罗梭做出最绝妙批评的要算是提出犯罪学名称的法国人类学家保罗·托皮纳德（1830—1911年）。当看到龙勃罗梭搜集的那些相貌不对称和有特征的罪犯画像时，保罗·托皮纳德尖刻地挖苦说："这些肖像看起来与龙氏朋友们的肖像一模一样。"② 而对龙勃罗梭的毁灭性打击据

---

① 〔意〕切萨雷·龙勃罗梭：《犯罪人论》，黄风译，中国法制出版社2000年版，第316页。
② 〔美〕里查德·昆尼等：《新犯罪学》，陈兴良等译，中国国际广播出版社1988年版，第52页。

说是英国犯罪学家查尔斯·巴克曼·格林（1870—1919年）所取得的证据。当格林在英国的一些监狱中担任狱医的时候，曾经领导了一项研究计划，根据96种特征考察了3000名以上的罪犯。格林个人进行了1500次观察，并作了300次其他补充观察。工作了12年以后，格林出版了一本书，名为《英国犯罪人》。格林根据他在帕克斯特监狱所搜集的材料，试图从根本上消除以事情的巧合、成见以及令人怀疑的观察结论为根据的旧犯罪学的余毒，并且使对罪犯的新的认识建立在经科学验证的事实之上；这些事实和推断由于其自身固有的精确性，会产生无可怀疑的结论。格林断言，不存在天生犯罪类型，犯罪不是由遗传而来的，否认存在天生的犯罪人。格林指出：

> 我们详细地比较了不同类型的犯罪人、犯罪人与守法公民的许多身体特征……我们的结果都没有确认［有关犯罪人身体类型］的证据，也没有证实犯罪人类学家的主张。我们的结果几乎在各个方面都向他们的证据提出了挑战。事实上，无论是在测量方面，还是在犯罪人中是否存在身体异常方面，我们的统计都表现出与那些对守法者的类似统计有惊人的一致。我们的必然结论肯定是，不存在犯罪人身体类型这种事情。①

---

① 吴宗宪：《西方犯罪学史》，警官教育出版社1997年版，第289页。

意味深长的是，格林一方面认为龙勃罗梭的犯罪学体系一望而知是由混乱思想组成的一个体系，它只能可以与中世纪的星相学、炼金术以及其他骗人的东西相比；另一方面则不自觉地接受了龙勃罗梭倡导的生物学研究方法，提出要注意对犯罪人的生理与心理因素的研究。

将龙勃罗梭的犯罪学只归结为天生犯罪人这样一个命题，并不公正。在早期著作中，龙勃罗梭确实将自己的全部犯罪学理论归结为天生犯罪人论，但由于受到多方的责难，在后期著作中，龙勃罗梭修改了自己的观点，从只注意遗传等先天因素对犯罪的影响，到把犯罪原因扩大到堕落等后天因素的影响，并从生理、心理、环境、气候等多方面对犯罪原因进行了探讨，天生犯罪人在罪犯总数中的比例也一再降低。在1893年出版的《犯罪：原因和救治》一书中，龙勃罗梭认为，在所有罪犯中，天生犯罪人占33％。天生犯罪人在所有罪犯中比例的降低，说明了龙勃罗梭对自己的假设所作的修正。如果说，龙勃罗梭早期只满足于对人脑以至整个躯体组织的观察，在此基础上进行生物学的研究，得出了天生犯罪人的结论。那么，在此后20年的研究中，龙勃罗梭逐步由侧重生理因素发展到兼顾心理以及其他因素，在注意对罪犯的人类学研究的同时，越来越重视对罪犯的智力、情感、本能、习惯、下意识反应、语言、模仿力等心理现象的研究，并旁及政治、经济、人口、文化、教育、宗教、环境等社会因素与自然因素，由此形成综合的犯罪原因论。龙勃罗梭在《犯罪：原因和救治》一书中开宗明义地指出：

> 导致犯罪发生的原因是很多的，并且往往缠结纠纷。如果不逐一加以研究，就不能对犯罪原因遽下断语。犯罪原因的这种复杂状况，是人类社会所常有的，决不能认为原因与原因之间毫无关系，更不能以其中的一个原因代替所有原因。

那么，什么是犯罪的真正原因呢？龙勃罗梭不无感叹地说：

> 实言之，每一现象中的真正特殊原因何在，即使是善于观察的人，亦不能下一断语。①

由此可见，龙勃罗梭对犯罪原因的复杂性在其晚年有了较为深刻的认识，改变了他早期把犯罪原因单纯归结为遗传的简单化认识，摆脱了犯罪是天性还是教养这样一种非此即彼的思想模式，同时肯定犯罪的先天因素与后天因素。从这个意义上说，龙勃罗梭不愧为一个严肃的科学家。无疑，我们应该把龙勃罗梭的前期与后期联系起来看，而不能把龙勃罗梭的早期思想作为其全部犯罪学理论。无视这一点，就不能对龙勃罗梭的犯罪学理论做出公正的评价。下面，我们从先天因素与后天因素两个方面论述龙勃罗梭

---

① 刘麒生：《郎伯罗梭氏犯罪学》，商务印书馆1938年版。

关于犯罪原因的理论。

作为犯罪原因之一的先天因素,龙勃罗梭从种族与遗传这两个方面展开。关于种族对犯罪的影响,龙勃罗梭是从人类进化的角度进行阐述的。龙氏指出:

> 野蛮人的心理中,没有清晰的犯罪观念。因此,怀疑太古民族,不存在犯罪观念。然而各民族中多有其相对的道德,以规范人民的行为,违反道德规范的行为逐渐演变为犯罪。例如美国玉理司族,尊重法律之风甚盛,分界之物可以一绳代之,不发生争攘纠纷。而科雅克和姆巴雅族,对于伤害外族人的性命,不认为是犯罪,而对于伤害本族人的性命,必加以惩罚。然而,有些种族,即使这种最低限度的道德也没有。非洲有巴兰资族,专门从事抢劫打猎活动,如果抢劫本族人则杀之无赦。至于抢劫他族的人,公然行之无讳,而且善窃的人为人所尊重,拥为首领。①

龙勃罗梭关于种族与犯罪之间的关系的论述,是建立在对一些犯罪现象的直观的认识基础上的,没有直接的科学证据。当然,这一课题研究本身还是具有一定意义的,因为种族之间的生物特征上的差异,也必然表现为与犯罪关系上的差别。除了种族这一先天因素对于犯罪具有影响以外,龙勃

---

① 刘麒生:《郎伯罗梭氏犯罪学》,商务印书馆1938年版。

罗梭还侧重研究了遗传因素对于犯罪的影响，这部分内容构成龙勃罗梭犯罪学理论的核心，也是最有特色的内容之一。关于遗传对犯罪的影响，龙勃罗梭是从个案调查入手的。龙氏通过对裘克家族的研究，肯定了隔世遗传理论。龙勃罗梭还曾经调查104名罪犯的遗传性，在此基础上，龙氏提出了天然类聚说，认为两个犯罪的家庭联姻以后，犯罪遗传的影响更甚。因此，一个家族中犯罪人数也逐渐增加。这种类聚，是一种自然的趋向。在龙勃罗梭的早期著作中，龙氏十分强调遗传对犯罪的影响，将遗传视为犯罪的重要原因，遗传与犯罪的关系，是最容易引起争议的敏感问题。那么，应该如何评价龙勃罗梭的这一观点呢？美国犯罪学家劳伦斯·泰勒的下述论断也许是公正的：

> 令人遗憾，许多行为"天性"学说的早期支持者们因缺乏遗传学知识而受到理论上的局限。遗传学的发展在近代已有了它的地位；实际上，有人按1982年的情况计算，我们每两年都在使遗传学的总知识量增加一倍。所以我们主张遗传是犯罪行为首要决定因素的早期学者们，受到他们提供答案的能力的极大限制。他们只能依靠自己的观察做出结论，只能根据当时的科学知识状况提出理论。按现代标准衡量，那时的知识是原始的，所以那时的理论当然也只能是原始的。因此，那时许多理

论虽然反映了朴素的真理，但在今天看来也不乏荒谬之处。①

确实，龙勃罗梭关于遗传决定犯罪的理论是原始的。虽然龙氏是一个实证主义者，但我们仍然不能不惊叹其非凡的想象力。然而，龙勃罗梭第一次以科学的态度提出这个问题，却具有划时代意义。

作为犯罪原因之二的后天因素，在龙勃罗梭那里主要是指堕落。而这种堕落是与一定的地理环境与社会环境分不开的，因此，龙勃罗梭分别研究了地理与社会的因素对于犯罪的影响。根据唯物辩证法，犯罪是在一定的时空内发生的，犯罪与地理环境因素有一定关系，对于某些犯罪现象来说，两者之间的关系是有规律可循的。认识这一点，对于预防犯罪是有益的。龙勃罗梭肯定地理因素对犯罪的影响，这是正确的。但两者之间的关系到底如何，龙勃罗梭虽然列举了一些统计数据，但其科学性还是值得怀疑的。龙勃罗梭在犯罪的后天因素中，除阐述了地理因素对犯罪的影响以外，还以较大的篇幅强调了社会因素，包括经济状况、文明程度、教育、宗教等对犯罪的影响。

---

① 〔美〕劳伦斯·泰勒：《遗传与犯罪》，孙力、贾宇译，群众出版社1986年版，第13页。

7.3 刑罚救治论

刑罚是作为犯罪的对应物而产生的,是社会对于犯罪的一种反响。在相当长的历史时期内,刑罚被视为是对付犯罪的唯一手段。在西方刑法史上,对于刑罚的本质,历来存在报应与功利两种解释。

对刑罚本质的报应解释,其思想渊源可以追溯到原始社会的复仇观念。在原始社会,复仇的习俗极为盛行。复仇观念正是基于这种复仇习惯而产生的。到了原始社会末期,随着氏族制度的崩溃,基于地缘关系的国家组织取代了基于血缘关系的氏族组织,血族复仇的习惯也就不再盛行,刑罚终于取代复仇的习惯。由此可见,刑罚与复仇习惯有着直接的渊源关系,而报应观念则与复仇观念有着不解之缘。根据报应观念,刑罚是对犯罪的反应。因此,刑罚存在的根据只能到已然的犯罪中去寻找。建立在报应观念基础之上的刑罚理论,立足于已然的犯罪,由此解释犯罪的本质。

对刑罚本质的功利解释,完全不同于上述报应解释,它立足于未然的犯罪,认为刑罚存在的根据不应到已然的犯罪中去寻找。一言以蔽之,刑罚不是为报应而存在,刑罚的存在另有其功利意义——这就是遏制未然的犯罪。在对刑罚本质的功利解释中,又可以分为以贝卡里亚为代表的威慑论与以龙勃罗梭为代表的矫正论。龙勃罗梭从犯罪人出发,以预防再犯之可能、剥夺再犯之能力的角度论证刑罚的功利性。龙勃罗梭不仅彻底地与报应主义相决裂，而且完全摒弃了以一般预防为核心的恐吓与心理强制的理论，代之以对犯罪人行为的矫治，从而使刑罚的意义发生了质的变化，为现代教育刑的提出廓清了道路。

刑事古典学派把刑事责任建立在犯罪人的意志自由的基础之上，康德、黑格尔的报应理论与贝卡里亚、边沁的功利学说虽然在刑罚本质问题上观点迥异，但在把意志自由作为归责的基础这一点上，却可谓殊途同归。因此，可以把刑事古典学派称为道义责任论。根据道义责任论，具有自由意志的人，根据自己的意志自由所实行的行为及其结果，应当归属于行为人，行为人对其行为和结果，应受道义上的责难。

龙勃罗梭作为决定论者，推翻了意志自由的神话，认为按照刑事古典学派的观点来制止犯罪实际上已经失败了。龙氏指出：

> 犯罪是必然的，社会根治犯罪亦为必要，而惩治犯罪不再对社会作恶亦为必要。只有这样，刑罚才有功利可言。除自然的必要与自卫的权利以外，刑罚再无别的根据。野兽食人，不必问其是否生性使然。所以，只要看见野兽吃人，就可以将其毙之。禁锢疯人，亦同此自卫原始。刑罚必从自卫立论，方无可反对之余地。[①]

[①] 刘麒生：《郎伯罗梭氏犯罪学》，商务印书馆1938年版，第367页。

因此，在龙勃罗梭看来，报应与威慑都是一句空话，刑罚存在的唯一根据就是防卫社会，由此构造了截然有别于道义责任论的社会责任论。

龙勃罗梭首先对报应刑论进行了批判，认为这种报应刑论只是原始复仇观念的复活，对于预防犯罪来说，都没有任何实际意义的。龙勃罗梭指出：

> 刑罚报应论不是对早期报复观念和同态复仇观念的镀金，又是什么呢？根据阿尔托米德的观点，罪犯对他人做多少恶，国家就应当对该罪犯做多少恶。这是同态复仇的旧公式。但是，按照这种观点，国家不用操心以后的事情；它把罪犯关起来，加以惩罚，然后再把他释放，让社会不断地重新陷入危险，更糟糕的是，这是一种越来越严重的危险，因为罪犯在与囚犯们的接触中变得越来越坏；服完刑后，他更有本事、更穷凶极恶地侵害我们。人们无法根据这种理论加重对累犯的刑罚，也无法为预防措施的实施提供依据。①

其次，龙勃罗梭对威慑刑论也进行了抨击，指出：

> 威吓的理论或者竖榜样的理论也表现出许多矛盾。我们的前人曾经竖过耻辱柱，割去犯人的鼻子和耳朵，

---

① 〔意〕切萨雷·龙勃罗梭：《犯罪人论》，黄风译，中国法制出版社2000年版，第324页。

搞四马分尸,把人扔进油里或滚水中,把灼热的铅液滴在罪犯的脖子上,从活人身上割去腰肌。但是,结果怎么样呢?出现了更多、更残酷的犯罪。因为,刑罚的频繁和严峻使人变得麻木。①

在龙勃罗梭看来,刑罚只能以防卫为其正当性根据。龙勃罗梭指出:

> 存在着犯罪的必然性,但是,也存在着防卫和处罚的必要性。因此,刑罚将获得一种不那么凶狠,也不那么矛盾的特点,当然也会变得更为有效。惩罚权应当以自然必要性和自我防卫权为基础,脱离了这样的基础,我不相信有哪种关于刑罚权的理论能够稳固地站住脚。②

这就是龙勃罗梭关于刑罚权的理论,这种理论是建立在社会防卫论的基础之上的,由此形成的是一种不同于古典学派的道义责任的观点,即社会责任论。根据社会责任论,刑罚不再是与犯罪行为的社会危害性相适应,而是应与犯罪的危险状态相适应,或者说,以需要给予何种程度的处罚才能使之重返社会而不再犯罪作为衡量的尺度。根据社会责任论,刑罚不再是对付犯罪的唯一手段。因为,以龙勃罗梭所

---

① 〔意〕切萨雷·龙勃罗梭:《犯罪人论》,黄风译,中国法制出版社2000年版,第325页。
② 〔意〕切萨雷·龙勃罗梭:《犯罪人论》,黄风译,中国法制出版社2000年版,第321页。

言，犯罪是体质上遗传的结果，而具有先天的倾向，几乎是不可救药的。教育与监狱，皆不足以救之，因此产生了治罪的新方法。龙勃罗梭之所谓治罪新方法，就是在废除传统的镇压性刑罚体系并代之以纯粹预防性质的刑罚体系的同时，寻找出种种刑罚之代替物，并力主对传统的刑罚制度进行根本性变革。

作为救治措施的基础，龙勃罗梭首先根据犯罪人的特征，尤其是犯罪人的生物特征，对犯罪人进行了分类。龙勃罗梭将犯罪人分为以下四种[①]：

（1）生而有犯罪性的人。龙勃罗梭认为，生而有犯罪性的人，虽与生而为恶者有别，亦与癫痫遗传二者有关系，故此种人中的癫痫者，较常人为多。龙氏相信自己在这类罪犯身上看到了某些与野蛮人相同的特征，例如脑容量小、前额低平、额骨突起、颅门闭合早、头发曲卷、耳朵大等。龙勃罗梭把这种现象称为退化或返祖的原始人。龙氏在晚期的思想发展中曾经说过，他发现病人、野蛮人和罪犯之间有类似之处。龙氏将癫痫等病症和退化结合起来运用于对天生犯罪人的解释，他相信这种病症可以在身体上造成他在天生犯罪人身上所发生的那种变化。

（2）疯狂的犯罪人。龙勃罗梭认为，凡生而为恶者的体

[①] 参见刘麒生：《郎伯罗梭氏犯罪学》，商务印书馆1938年版，第362页以下。

质上、机能上特质及作恶的状态，无不在真正疯狂犯罪人身上再现。疯狂的犯罪人，本有隐晦之癫痫症，这种狂易的疾患，造成心灵上的混乱，所以易受冲动，淫暴成性。其他患神经昏乱病、酗酒狂、放火狂、偷窃狂的人，以及间歇性疯狂者，无不具有癫痫人的特质。因此，龙勃罗梭得出结论：癫痫乃一切犯罪的中心点。

（3）情欲的犯罪人。龙勃罗梭认为，这一类罪犯，体质匀称，精神美满，神经及情绪均灵敏，其犯罪人自成一种犯罪，与生而犯罪者迥然不同。但这种犯罪人倾向于过度的动作、易受冲动、发作过于迅速及常健忘等性质，接近于癫痫。

（4）偶然的犯罪人。龙勃罗梭认为，偶然犯罪者，非真罪犯。这种人不觅犯罪机会，而是因小事故而落入犯罪的陷阱之中。龙氏指出，罪犯中惟此种人与癫痫遗传毫无关系。龙勃罗梭引述加罗法洛的话：这种人实在不应称为犯罪人。

在犯罪人分类基础上，龙勃罗梭提出了相应的救治措施，尤其是主张对生来犯罪人，应该根据不同的情形，分别采取如下措施：

（1）对尚未犯罪但有犯罪倾向的人实行保安处分，即预先使之与社会相隔离。

（2）对于具有犯罪生理特征者予以生理矫治，即通过医疗措施如切除前额、剥夺生殖机能等来消除犯罪的动因。

（3）将危险性很大的人流放荒岛、终身监禁乃至处死。

基于刑事人类学派的立场，龙勃罗梭提出了刑罚改革的见解，并对刑法上的成见进行了抨击。首先是罪疑从轻不足取。龙勃罗梭指出：司法行政有种种成见，例如对于犯罪人之恶意，疑而不信时，则假定其恶意不如此之甚。如果存在两个重罪案，不知其所欲犯者为何，则姑且定其为欲犯较轻之罪。不知遇生而作恶之人，适与此情形相反。而据此施法，不合于事实而有害于社会。其次是注重犯行，忽视犯意。龙勃罗梭指出：对于犯罪未遂之人，用法过宽。有时已着手犯法，而法律谓其无犯罪意向。例如向他人提供毒药，其自身相信有毒，而实际无毒。从常识观念来说，该人构成犯罪，与供给真毒药者无异。而古典法学家则不谓然，爱慕抽象的理论，遂失去实际上的自卫方法。第三，有许多法学家，对于罪犯问题，具有科学知识，且能顺从科学潮流。但因缺乏生理学上的知识及未能直接接触罪犯，不能对罪犯知之极准确。这些人认为罪犯中多狂懦愚钝之人，不能对于所犯之罪完全负刑事责任。因此，有减轻刑罚之必要。而不知从人类学的观点论之，我们虽可以减轻其刑罚，实际上是延长其刑罚。因为这种犯罪不负责之人甚为可畏，非甄别隔离，毋以消其内部遗传之犯罪倾向。而此种犯罪倾向，有如汹涌洪涛，遇巨坝犹可折回。如果无物遏止，则奔腾而不可御。这些大法学家不学荷兰人筑堤拦海，而以为削堤可以止恶。于是罪犯有防卫之法、赦宥之机会；而社会之安宁及止恶之保障，则无进步可言。

最后，龙勃罗梭指出：刑罚上之最重要批评，莫如刑罚之应用问题。首宜改变者，即施罚之性质。根据龙勃罗梭的观点，用法宜注重社会之安宁，而不在于罪犯之归责可能性；宜注重罪犯，而不注重罪恶。

在对传统的刑罚模式的批评的基础上，龙勃罗梭对各种刑罚方法进行了具体考察，并提出了改革方案①：

（1）死刑。龙勃罗梭认为，犯罪人若犯法至三四次以上，公民的生命受其危险，而又非监禁等其他刑罚所能制止，则不得不用最后之方法——斩首之罚。龙氏指出：死刑废除论者认为执行死刑，徒增加模仿之罪恶，而引起恶人对死者的崇拜，其意虽可嘉，但并未想到屡犯罪恶之人，在监狱中也对同牢囚犯造成生命危险，如欲合乎人道主义，则应终身束缚其手足。厉行杀戮，当然与近世思想不合。但保存死刑与厉行杀戮有别。对于那些虽终身监禁而仍屡次危及他人生命的人，不得不高悬死刑以恐吓之。因此，在龙勃罗梭看来，死刑是无可挽救之刑，即对付犯罪的最后方法。

（2）监禁。龙勃罗梭认为，短期监禁不可屡施之于人。因为监狱为共同犯罪之学校，而共同犯罪又为犯罪中最危险的犯罪。荷兰、意大利常定人以一、二月之监禁罪，实际上并不足以恐吓人，且人既失其廉耻，与恶人相处，将有新罪

---

① 参见刘麒生：《郎伯罗梭氏犯罪学》，商务印书馆1938年版。

恶发生，尤为不妥善。因此，龙勃罗梭主张犯小罪而需监禁者，宜易以他种刑罚。例如家庭中之拘留、品行优良之担保法、司法界之告诫、罚金、强迫劳动、本地之流放、体刑及有条件之定罪等。对于怙恶不悛者，龙勃罗梭主张实行不定期刑，继续幽闭，非有改罪的证据，或失其作恶的能力，不可释放。因此，对这种人应当设立特别刑罚制度，由董事医生及法官组织陪审制，看管屡犯罪恶及生而有犯罪者体质与心灵特质之人。为了做到令此种人有用，而又省钱，且能防止其逃跑，龙勃罗梭认为最佳之地点，莫如海岛与幽谷。来自农村的狱囚，则令其在田间劳动；来自城市的狱囚，则令其入商店服役。

（3）体刑。龙勃罗梭认为，如果不与今日文化相违背，对小罪施以体刑，是代替监禁的最佳方法。例如英国重用笞刑，十分有效。

（4）缓刑。龙勃罗梭认为，防止小罪及偶尔犯罪的最善方法，莫如缓刑。美国盛行此法，尤其是对于青少年犯罪者。凡青年犯罪而非怙恶不悛者，不先监禁，法官加以斥责，告以再犯必罚，然后令一官吏看管。

（5）罚金。龙勃罗梭认为，罚金是一种行之有效，亦易施行的刑罚方法。如果罚金的多寡，视犯罪人的财富为比例，尤其可减少司法界的开销。富人犯法，易于躲避，重罚以金，亦未为过。龙勃罗梭引述朋赖维尔所言，认为罚金是一种最自由、最易分析、最合经济、最易减轻的方法。罚金施之于犯小罪者，能减少监禁之人。根据荷兰刑事诉讼法，犯小罪者，若重罚以金，而犯罪人又愿付，则诉讼手续可免。如不愿付，则令其工作；不愿工作，则施以合乎威慑之严厉监禁。

（6）赔款。龙勃罗梭认为，赔款方法，是根据以本治罪的方法。多数因贪婪而犯罪的人，都有正当职业，家中也较为富裕。司法官须从速确定赔款的数额，当被告有财产的时候，法官须给以特别索抵之权。

（7）训斥与担保。龙勃罗梭认为，对于小罪，以法官的训斥代罚，已正式列入意大利、俄罗斯、西班牙、葡萄牙等国的刑法典中。古时罗马法，亦有"法律警戒，应先于置罚"一语。小罪遭斥责，可以收效。然而，对于生而有犯罪性之人，则此罚嫌轻。因此，龙勃罗梭主张非有担保不可，担保即缓期之罚金。担保之法，就是令犯法者贮若干金钱，以担保其不再犯罪。如果超过一定时期后，仍无犯罪发生，即将担保的金钱归还原人。龙勃罗梭认为，在担保的情况下，人不欲失其金钱，故不敢犯法，较之数月监禁，功效稍大。

（8）感化院与疯人犯罪院。龙勃罗梭认为，青年人自16岁至30岁因小事第一次犯罪者，皆可入感化院。如有确切之改过证据，则董事会得缩短其定罪的期限，或予以释放。龙勃罗梭认为，疯人犯罪院是调和人道主义与社会安宁之间冲突的一种制度，因此，龙氏主张设立疯人犯罪院,既可防止疯人危及社会安宁,又可予疯人以人道的待遇与处置。

从上述论述可以看出,龙勃罗梭对刑罚的理解与认识在很大程度上超越了传统的刑罚观念,将对犯罪人的报应与对一般人的恐吓的刑罚观念,改造成为对犯罪人的矫正救治的刑罚观念。龙勃罗梭认为,对犯罪人适用刑罚不是基于报应,而是基于个人性格的危险性,是为了防卫社会。应该说,龙勃罗梭的这些观点,为后来的保安处分制度的建立提供了理论基础。

龙勃罗梭不仅注重刑罚改革,而且提出了监狱改革的问题。监狱是关押罪犯的场所,这是无人不知的常识。一般人都认为,罪犯一经监禁,即使不能使其改过迁善,也可防其危害社会。但龙勃罗梭指出,监狱亦有其弊端,对于监狱的功能不能过于迷信。龙勃罗梭指出:

> 如果说存在着一种犯罪的必然性,如果说犯罪在很大程度上取决于某种机制、教育或者外部环境,如果说犯罪一旦发展起来就难以医治,就难以遏止,那么,那种认为监狱和教育是救治犯罪的灵丹妙药的观点就的确属于幻想。相反,我们所更接近的现实告诉我们:不管采用怎样的监狱制度,累犯现象都是恒常不变的;更重要的是,所有的监狱制度都在为新的犯

罪提供窝点。①

从以上论述看来,龙勃罗梭似乎对监狱之于犯罪人的改造作用是持一种十分悲观的态度的,但实际上龙勃罗梭还是十分重视监狱的。在龙勃罗梭以前,刑事古典学派把监狱简单地视为刑罚执行的场所,监狱问题没有引起足够的重视。龙勃罗梭作为一个实证主义犯罪学家,注重对监狱的实际考察,在此基础上提出了监狱改革的构想。龙勃罗梭对当时盛行的独居式监狱进行了考察,指出:

> 如果由于特别严重的罪行而必须将犯罪人送进监狱,我们应当尽量避免他们之间可能发生的任何交往;因此,有必要建立独居制监狱。当然,这种监狱本身并不能改造犯罪人,但可以不使他们在犯罪中越陷越深,至少部分地消除结伙犯罪的可能性。但是,独居制监狱的优点被巨额开支所冲淡,这种巨额开支使得大范围推广这一制度成为幻想。②

通过对独居制监狱的利弊分析,为改革监狱,龙勃罗梭认为应在监狱管理中引入心理学,尤其强调通过劳动对犯人进行改造。龙勃罗梭在论及监狱劳动时指出:

---

① 〔意〕切萨雷·龙勃罗梭:《犯罪人论》,黄风译,中国法制出版社2000年版,第327页。
② 〔意〕切萨雷·龙勃罗梭:《犯罪人论》,黄风译,中国法制出版社2000年版,第350页。

> 劳动应当被用来重新激发委顿的精力,被作为对生活的调剂,它是一切监狱机构的目的,以便帮助囚犯在获释后能够适应谋生的职业;它作为一种管理的手段,同时也是对国家为囚犯开支的费用的补偿。①

龙勃罗梭还对爱尔兰监狱中的累进制进行了介绍,指出:

> 这种制度就是:先让罪犯度过一段独居隔离的生活,只给他们素食、很少的食物,让他们干一些很单调的拆线活,这一时期不超过9个月,可缩短为8个月;第二阶段是参加集体劳动,夜间严加看管,监管分为四级,一级比一级放松和受到优待,在根据劳动的表现、学习的努力程度、善良行为和克服坏毛病的情况获得一定数量的记功证后,即可向上晋级。这种改革使得经济学与犯罪心理学相结合,因为它允许逐渐过渡到完全自由,并且把这种永恒的梦想变成管理和改造的手段,有助于消除公众对被释放者的不信任并且增强后者的自信心。②

在龙勃罗梭看来,监狱不单纯是对罪犯进行报应与行刑

---

① 〔意〕切萨雷·龙勃罗梭:《犯罪人论》,黄风译,中国法制出版社2000年版,第354页。
② 〔意〕切萨雷·龙勃罗梭:《犯罪人论》,黄风译,中国法制出版社2000年版,第355、356页。

的场所，而且更重要的是对罪犯进行救治的地方。因此，龙勃罗梭反对将罪犯一关了事的旧式监狱，而提倡与主张在监狱中对囚犯进行教育感化，使监狱从原来的封闭式逐渐转向开放式或者半开放式，由此使监狱真正成为救治犯罪人的医院。

从某种意义上说，如果犯罪行为产生前，由于遗传上的原因某个人已被"注入程序"，那么，我们对犯罪与刑罚的传统态度必须重新评价。①

这是美国犯罪学家劳伦斯·泰勒在论及犯罪的遗传原因时所说的一段话。泰勒在现代遗传学知识的基础上回应了龙勃罗梭的天生犯罪人论。泰勒指出：

假定最终科学上有能力"解释"DNA，并能准确地预见遗传缺陷的后果，那么，在法律上将会提出许多难以回答的问题。例如，刑事审判机关如何处置其行为由遗传缺陷决定的犯罪人？当这些人实施危害行为之前，社会有权利对其进行诊断和隔离吗？社会能够从这些人一出生就对其进行预防吗？②

显然，泰勒提出的问题是严肃的，但这毕竟还只是一种

---

① 〔美〕劳伦斯·泰勒：《遗传与犯罪》，孙力、贾宇译，群众出版社1986年版，第63页。
② 〔美〕劳伦斯·泰勒：《遗传与犯罪》，孙力、贾宇译，群众出版社1986年版，第138页。

假定。尽管如此，这些问题仍然值得我们深思。这种科学意义上的问题可以追溯到龙勃罗梭，龙氏是第一个在遗传学上思考犯罪原因的人。虽然现代科学还没有最后解决这个问题，而且龙氏的学说大部分也已经丧失其实际功用。但只要想到龙勃罗梭在刑法上的非凡创新精神，我们就不能不肃然起敬。

8

菲利：防卫社会

8.1 颠覆古典学派

8年以前,当我在比萨大学任教时,我和过去一样,常常带着我的学生去蒙特鲁普参观教养院和司法精神病院。精神病院院长阿尔基里博士告诉我们其中有一个非常有趣的病例。有一个大约45岁的男人,其简历如下:他住在托斯卡纳城区,是一个泥瓦匠。他一直是一个正常而诚实的人,还是一个好父亲。但后来有一天很不幸,从工厂厂房上落下的一块砖砸在了他头上。他头部受伤,便倒在地上昏了过去。后来他被送进医院,治好了外伤,但从此失去了生理及心理健康,成了一个癫痫病人。

于是,他因受伤失去了神经系统的正常功能,由温良沉静的性格变得好争吵且易激动,以至在工作中没有规律,在家庭生活中缺乏道德和诚实,最后因为在一个沙龙中争吵时重伤他人而被定罪。法院把他当做正常人判刑。我不知道其监禁期限多长,但在狱中,隔离的特殊条件使其生理及心理健康趋于恶化,癫痫病经常发作,性格更加糟糕。监狱长把他送到了蒙特鲁普的司法精神病院,凡被怀疑有精神病的罪犯及精神病罪犯都要送到那里。

阿尔基里博士在研究这一有趣的案例之后得出结论,此人的大脑中有一小片碎骨,是其癫痫病及神经错乱的原因,医院在治疗过程中,未曾发现这一点。于是,阿尔基里博士在其旧伤周围的一部分颅骨上进行了手术,果然在其脑中发现了一片碎骨。博士取出碎骨片,用一块铂片盖上伤口以保护其脑。那个人有所改变,其癫痫病停止了,其道德情况和以前一样了……①

菲利津津有味地给我们讲了这么一个有趣的故事,无非证明犯罪具有某种病理上的原因,因而生理治疗就是最好的矫正。菲利不愧是龙勃罗梭的弟子,他承认某种天生犯罪人或者精神病犯罪人的存在,十分重视犯罪的生理原因。但菲利又突破了刑事人类学派的理论樊篱,更为关注犯罪的社会原因,由此向刑事社会学派转向。但无论如何,在反对刑事古典学派这一点上,菲利和龙勃罗梭可以说是一条战壕里的战友。

如果说,龙勃罗梭以其所确立的刑事人类学派宣告与刑事古典学派分道扬镳,那么,作为弟子的菲利在刑事人类学

---

① 〔意〕菲利:《实证派犯罪学》,郭建安译,中国政法大学出版社1987年版,第52—53页。

派的基础上转向刑事社会学派，并以实证派犯罪学的名义彻底与刑事古典学派决裂。菲利在以下几个方面，向刑事古典学派进行发难：

第一，意志自由问题。

人的意志是否自由，这是一个争论了几千年的经典问题。意志自由论的历史可以追溯到古希腊。古希腊哲学家柏拉图认为，自由就其最高形式而言是天赋的，因而人们对真正目的的追求并服从个人的选择。同时，人在自己的行动中，自始至终又都是自由的，因为他是自己行为的主人。及至中世纪，自由意志论被神学化。基督教的神学家们说，至高无上、尽善尽美的上帝以其意志创造了人类，所以人的本性也是善良的。但为什么人却又能干出坏事，产生罪孽呢？这就是因为神不但创造了人，也创造了人的自由意志，给人以选择善恶的自由。亚当和夏娃吃了智慧之果，正是他们自由选择的结果。基督教的神学家们认为，正因为神给了人以自由意志，给了人以选择善恶的权力，所以人们才能对自己的道德行为负责。例如，托马斯·阿奎那认为人具有理智的灵魂和自由的意志。因此，人们能够自己选择自己的行为并对自己的行为负责。人们能够得出有关善和恶的正确观念，能够自觉地进行选择并做到操行善良。阿奎那承认人的自由和人选择行为的自由，这是非常重要的，这样才能解释人为什么要对自己的行为负责，为什么要对犯罪行为实行惩罚。阿奎那的意志自由学说仍然具有宗教色彩，认为人虽然能够自己进行选择,但意志的完全自由,只有在得到上帝支持时才会存在。

刑事古典学派接受了意志自由的命题,在此基础上阐述犯罪的本质,即人为什么犯罪以及是否应对犯罪承担责任等问题。正如古典学派代表人物毕克迈尔指出:

> 所谓行为,是由意志支配的动作,是基于因果关系作用于外界引起结果的动作。行为人的意思,不管是已经认识到行为的违法性(故意),还是应该认识而且可以认识行为的违法性(过失),都是决意实行违法行为的意思。所以,对于错误的意思也应承担责任。没有意志自由就没有责任,而错误的意思决定也是自由支配的,因此,这种责任就是法律的责任概念。法律的责任概念是以伦理的责任概念为基础的。换言之,古典学派的特点在于其以因果性行为概念为基础,采取个别行为意志责任的观点,这种责任以意志自由为前提,并在伦理责任概念基础上构成法律责任概念。①

龙勃罗梭的天生犯罪人论,采用了行为决定论的思想方法,对古典学派的意志自由论形成冲击。菲利则进一步从理论上对古典学派的意志自由论进行了指责,指出:

---

① 〔日〕木村龟二主编:《刑法学词典》,顾肖荣等译,上海翻译出版公司1992年版,第15页。

古典派犯罪学和一般公民均认为犯罪含有道德上的罪过，因为犯罪者背弃道德正轨而走上犯罪歧途均为个人自由意志所选择，因此，应该以相应的刑罚对其进行制裁，这是迄今为止最流行的犯罪观念。人的自由意志的观念（因果关系是其中唯一不可思议的因素）引出一个假定，即一个人可以在善恶之间自由选择。但是，当用现代实证研究方法武装起来的近代心理学否认了自由意志的存在，并证明人的任何行为均系人格与人所处的环境相互作用的结果时，你还怎么相信自由意志的存在呢？①

这里的近代心理学到底是什么，菲利没有加以具体说明，但根据现有的心理学史的材料分析，我们认为菲利所说的近代心理学主要是指行为主义心理学。巴甫洛夫的条件反应学说是行为主义心理学的雏形。俄国生理学家巴甫洛夫在20世纪初对狗作了大量的实验，提出了条件作用理论。巴甫洛夫研究了刺激与强化物之间的时间间距的影响，考察了刺激的多种属性能够获得控制的程度，也探讨了条件刺激不被强化时，其引起反应系力逐渐丧失的过程——他们把这一过程叫做"消退"。② 真正使行为研究发展成为一个富有影响的

---

① 〔意〕菲利：《实证派犯罪学》，郭建安译，中国政法大学出版社1987年版，第9页。
② 参见〔美〕斯金纳：《科学与人类行为》，谭力海等译，华夏出版社1989年版，第51页。

心理学派的是美国心理学家华生。华生推广了巴甫洛夫的刺激、反应原理，认为人的一切行为都是条件作用的结果，都是后天学习而来的。并且，他提出人的学习行为表现出了两条主要规律：频因律与近因律。前者是指一反应对某一刺激发生的次数越多，该反应就越可能对该刺激再次发生；后者是指某一反应对某一刺激在时间上发生得越近，该反应就越可能对该刺激再次发生。华生强调行为主义者有权认为"心理"过程是行为的内在形式，语言和思维的关系特别受到重视。华生最重要的理论贡献之一是他的以下提示：即认为一切"内部"生活现象实际上都是像肉眼可见的肌肉收缩同样客观的——虽然不是同样可以观察到的——机制的作用。①由此可见，行为主义心理学的特点是心理生理化，即着力从客观意义上揭示心理现象的生理机制，使心理现象获得客观的解释，由此取代以观念联想的经典心理学。而这种观念联想心理学恰恰正是意志自由论的心理学理论基础之一，行为主义心理学消除了意志自由的心理基础。

正是从行为主义心理学理论出发，菲利对古典学派主张的意志自由论予以断然否定，指出：

> 现代自然科学（不仅生理学，还有心理学）的趋势已经否定了那些坚持观察自己的心理现象，以为不借助

---

① 参见〔美〕墨菲、〔美〕柯瓦奇：《近代心理学历史导引》，林方、王景和译，商务印书馆1980年版，第337页。

任何其他手段就能了解这些现象的人的错误观念。实证派科学则相反,它依靠人类学以及对环境的研究取得的证据,得出如下结论:我们不能承认自由意志。因为如果自由意志仅为我们内心中存在的幻想,则并非人类心理上存在的实际功能。自由意志应该是指:人类意志在需要自愿做出某种决定时,在促使他做出或者不做出这种决定的环境压力下,拥有最后决定取舍的力量;而且也意味着:按因果关系的规律,在对抉择有影响的内部和外部的环境中,人类意志可以独立自由地做出或者不做出某种抉择。①

在菲利看来,自由意志只是一种幻想而已,人实际上是不存这种意志自由的。自由意志的幻想来自我们的内在意识,它的产生完全是由于我们不认识在做出决定时反应在我们心理上的各种动机以及各种内部和外部的条件。随着科学的发展,这种原因逐渐地被揭示,意志自由的幻想社会随之消失。在推翻刑事古典学派的意志自由论的基础上,菲利以行为决定论为根据的社会责任论取代以意志自由论为根据的道义责任论。

第二,刑罚威慑力问题。

在刑事古典学派中,功利主义理论大都迷信刑罚的威慑

---

① 〔意〕菲利:《实证派犯罪学》,郭建安译,中国政法大学出版社1987年版,第15页。

力,尤其是费尔巴哈明确提出心理强制说,主张用法律威吓。但菲利则从根本上否认刑罚的威慑力,指出:

> 对犯罪原因的深入研究表明,人不犯某一罪行,是因为有完全不同的原因,而不是畏惧刑罚,这些强有力的基本原因并非立法者的威吓所具备的。意图犯罪,受激情支配或是受动摇其道德观念的心理飓风所左右的人,绝不是刑罚威吓所能控制得了的,因为火山爆发般的激情不允许他进行思考。在行为人经过预谋和准备之后而犯罪的案件中,刑罚更无力阻止他去实施犯罪,因为他希望犯罪之后能够逃脱惩罚。所有的罪犯都异口同声地说,在其预谋犯罪时,只有一件事在推动他,那就是希望在犯罪之后安然地逍遥法外。如果他们稍微考虑到有可能被发觉、被处罚,也不会犯罪,只有一时感情冲动者除外。如果诸位想获得一个具有说服力的例子,证明法律威吓在罪犯心理上的无效,那就是伪造货币罪。因为在文明国家里,(出于需要或为了方便)纸币变成金属货币的代用品,到了19世纪,伪造纸币已经司空见惯。犯这种罪的伪造者,必须聚精会神地逐字摹仿纸币上的文字,其中包含有威吓性的一段话:"法律处罚伪造……"等。诸位可以想象伪造者在版上刻下这句话时的心理。别人可以忽视其将受到的惩罚,而他自己却不能。这一例子极富有说服力,因为在其他犯罪场合,人们可以假设,即使行为人并非处于极度冲动之

中，也不会考虑到行为的后果。但在伪造货币的场所，犯罪事实本身就提醒他有法律的威胁，而他在犯此罪时却很冷静。①

应该说，菲利的论述是有一定根据的，刑罚的威慑力确实不如刑事古典学派所想象的那么大。这个问题，与对人性的意志自由假定也有关系。由于古典学派把犯罪看成是意志自由的结果，因而刑罚可以通过对人的意志的威慑而阻止犯罪的发生。但根据菲利的行为决定论，人的意志并非自由，犯罪是由社会、地理与生理等因素决定的，因而刑罚的威慑力的神话也就不攻自破了。当然，菲利完全否认刑罚的威慑力，似有矫枉过正之嫌。

第三，研究方法问题。

刑事古典学派对犯罪采取的是一种法理分析方法，尤其是后来的规范分析，更是局限在法律，只是把犯罪当做一种法律上的行为加以研究，没有看到实施这一犯罪行为的主体——人及其社会环境。对此，菲利进行了批评，指出：

> 古典派把犯罪看成法律问题，集中注意犯罪的名称、定义以及进行法律分析，把罪犯在一定背景下形成

---

① 〔意〕菲利：《实证派犯罪学》，郭建安译，中国政法大学出版社1987年版，第26页。

的人格抛在一边。①

菲利认为,法官最直接面临的问题是查明犯罪者为什么,在何种情况下,为何种原因犯罪。那么,刑事古典学派又是如何对待这个问题的呢?菲利指出:

> 即使你翻遍古典派犯罪学者的著作,也找不到有关上述问题的任何答案。从贝卡里亚到卡拉拉,没有一个人想过这个问题,而且由于其出发点涉及方法论的缘故,他们也不能提出此类问题。实际上,古典派犯罪学者把犯罪现象视为一种已经完成的事实。他们从职业法学家的角度进行分析,而不问犯罪是如何发生的,为什么这些犯罪事实年复一年地或多或少地在各个国家重复发生。他们的理论基础是自由意志论,自由意志排除了上述科学问题的可能性。因为按照自由意志理论,犯罪是人的意志命令的产物。如果承认这是事实,便没有进行犯罪原因研究的余地了。因为罪犯要杀人,所以他就犯了杀人罪,这就是与此有关的全部内容。一旦承认自由意志是事实,行为的发生取决于犯罪人的命令即自愿选择,而其他任何原因都是多余的。②

---

① 〔意〕菲利:《实证派犯罪学》,郭建安译,中国政法大学出版社1987年版,第24页。
② 〔意〕菲利:《实证派犯罪学》,郭建安译,中国政法大学出版社1987年版,第25页。

由于法理分析方法与实证分析方法的区别,菲利将罪犯看做是活生生的、具体的人,因而往往是变态者、退化者;而古典学派则把罪犯视为都是一个抽象的、正常的人。菲利指责古典学派研究方法的重大缺陷就在于抹杀了罪犯的人格,仅把罪犯看做是法律上的符号。菲利指出:

> 实际上,古典派犯罪学认为所有的盗窃者都是"盗窃犯",所有的谋杀者都是"谋杀犯",在立法者的心目中不存在任何具体的人,只有在法官面前才重视这种具体的人。在学者及立法者面前,罪犯只是一种法官可以在其背上贴上一个刑法条文的活标本。除了刑法典所提及的例外的和少有的人类心理状况的情况之外,其他所有案件仅作为供法官从刑法典中选择某一适用于犯罪标本之条文的理由。如果在其背上贴的不是407条而是404条,上诉法院则反对再进行任何数目上的更改。如果这个标本还活着而且说道:"对我适用哪一条文,对你来说可能十分重要,但如果你仔细研究一下各种迫使我夺取他人财物的条件,你就会意识到这种重要性是图解式的。"法官会回答说:"将来的司法或许这样,但现在的司法并非如此。你触犯的是第404条,便依法在你背上贴上这一号码。在你离开法庭进入监狱时,将被换成另一个号码或其他数字,因为你的人格在代表社会正义的法律面前完全消失了。"这样,此人的人格便被不合理地抹杀掉了,并被留在监狱里接受对退化的治疗。

如果他再回到令其多难的旧路上去，又犯一新罪，法官则简单地将另一个条文贴在原有的罪名上，如把规定累犯的第80条或第81条加到第404条规定的罪名上。①

菲利认为，在刑事古典学派指导下的刑事司法是一种机械的司法，不考虑社会效果，因而结果是十分可悲的。菲利曾经将古典学派主张的司法活动与江湖庸医相提并论，指出：

> 古典派犯罪学主张的理想刑罚方法是单独拘禁。但经验表明这种方式对于医治犯罪疾患的效果与下述医生的处方相同。医生坐在医院门前，告诉每个病人要宽慰："无论什么病，就只给你开一种药——大黄进行治疗。你有心脏病吗？没关系，问题只是我给你开多少大黄去服而已。"
>
> 一个法官在审判一个犯罪时处于醉酒状态且有预谋的19岁的犯人时，如果判决出现错误，是很可悲的！法官依照法律规定的减轻和加重情节之规定而误加或误减三分之一、六分之一或二分之一，也是很可悲的！如果由于误解，被告上诉到上诉法院，无情的上诉法院将告诉误算的法官："请再重新算一遍，你上次算得有失公正。"对于该法官来说，唯一的问题就是：加上你的总

---

① 〔意〕菲利：《实证派犯罪学》，郭建安译，中国政法大学出版社1987年版，第37—38页。

数,减去你要扣除的部分,判处罪犯 1 年 7 个月 13 天的监禁,一天也不能增减!于是,人道的观察者要问:"如果罪犯到刑期结束时尚未改造好,还继续把他留在监狱里吗?"法官回答道:"那我不管,按判决只能将罪犯监禁 1 年 7 个月 13 天。"

上述观察者又问:"但如果该罪犯在刑期结束时仍不能适应社会生活呢?"法官回答如下:"监禁期满即可以出狱,因为其服完最后一天刑,他的债务就已经偿还清了。"

这与上面设想的医生的情况一样。医生说:"你有心脏病吗?吃 1 夸脱大黄,住院 12 天。"另一个病人说:"我伤了腿。"医生又说:"吃 1 夸脱大黄,住院 17 天。"第三个病人患了肺炎,医生的处方也是吃 3 夸脱大黄并住院 3 个月。病人问:"如果我的肺炎提前好了呢?"医生答道:"无论如何必须住院 3 个月。""但是,如果 3 个月之后我的肺炎好不了呢?"医生说:"无论如何你也必须出院。"

这种否认一切基本常识的刑事司法制度,竟使聪明人得出这种结论,它们忘记了罪犯的人格,而仅把犯罪作为抽象的法律现象进行处理。这与旧医学不顾病人的人格,仅把疾病作为抽象的病理现象进行治疗一样。①

---

① 〔意〕菲利:《实证派犯罪学》,郭建安译,中国政法大学出版社 1987 年版,第 38—40 页。

菲利在抨击古典学派的抽象法理分析方法的同时，大力倡导以观察与经验为基础的实证分析方法，明确地将其理论命名为实证派犯罪学。

菲利对古典学派的批判是有力的，颠覆是彻底的。这与其说是理论上的争胜，不如说是现实社会的需要使然。对此，菲利有过一个颇具说服力的说明：在意大利，当古典犯罪学理论发展到顶峰时，这个国家却存在着从未有过的数量极大的犯罪行为的不光彩状况，这确实是一种令人惊异的对比。因此，犯罪学阻止不住犯罪浪潮的波动。正因为如此，实证派犯罪学便与其他学科一样，自然而然地产生了。[①] 在这个意义上说，古典学派的衰落与实证学派的勃兴都是社会的产物。

那么，颠覆了古典学派之后，菲利又给我们带来些什么呢？

8.2 犯罪饱和论

古典学派大多将犯罪看做是个人行为，基于意志自由论的局限，未能对犯罪的社会根源进行探讨。龙勃罗梭突破了古典学派的樊篱，提出天生犯罪人论，侧重于对犯罪的生理

[①] 参见〔意〕菲利：《实证派犯罪学》，郭建安译，中国政法大学出版社1987年版，第3页。

学研究，以遗传决定论为核心，建构了刑事人类学理论。菲利是龙勃罗梭的弟子，师承其老师的学说，但又有所发展与突破，导致从刑事人类学派向刑事社会学派的嬗变。

刑事社会学，菲利更愿意称为犯罪社会学，开辟了刑法研究的新途径。菲利认为，犯罪社会学是社会学的一个分支，他曾经论及犯罪社会学与一般社会学的关系，指出：

> 在我看来，一般社会学只能对社会生活做出比较一般和更普遍的推动。在这一背景之下，社会学的几个分支学科，都是在对各种不同的社会情况进行专门研究的基础上建立起来的。用这种方法，通过在研究个人和集体生活中的一般准则之后研究人类正常社会行为的特殊准则，我们可以建立政治社会学、经济社会学和法律社会学。因此，基于这样一个目标，运用这样一种方法，通过研究人类中异常的或反社会的行为，换句话说，通过研究犯罪和罪犯，我们可以建立犯罪社会学。①

由此可见，菲利关于犯罪社会学的观点与社会学理论的发展是紧密相连的。社会学的诞生，是实证主义哲学创始人孔德直接推动的结果。孔德曾创建一种自然主义的社会科学，这种社会科学既可以解释人类的历史发展，又可以预见其未来的进程。孔德起初把自己要创立的新的社会科学称为

---

① 〔意〕菲利：《犯罪社会学》，郭建安译，中国人民公安大学出版社1990年版，第2页。

"社会物理学",后来,又杜撰了一个新词——"社会学"(sociology),这是个拉丁语和希腊语混合而成的术语。社会学是仿照自然科学的模式建立的,不仅就其经验主义方法和认识论基础而言是如此,而且其服务于人类这一功能而言也是如此。① 社会学主要从社会意义上解释人类行为,同样也为犯罪行为的解释提供了一个视角。例如,著名法国社会学家迪尔凯姆(又译为涂而干),就曾经创立失范理论,并对犯罪的社会根源作了十分精彩的分析。迪尔凯姆通过对社会学研究对象的界定,得出这样一个社会学方法论的一般结论:

> 社会现象应该随着这种结合的形式即社会各部分的合成方式的变化而变化。……社会的性质不同的成分结合后形成的一定的整体构成了社会的内部环境,所以我们也可以说:一切比较重要的社会过程的最初起源,应该到社会内部环境的构成中去寻找。②

犯罪是一种社会现象,因而也可以对其进行社会学研究。在迪尔凯姆以前,一般社会学家与犯罪学家都认为犯罪是一种病态,是社会病理事实。但迪尔凯姆通过对犯罪这种

---

① 参见〔美〕科瑟:《社会学思想名家——历史背景和社会背景下的思想》,石人译,中国社会科学出版社1990年版,第1—2页。
② 〔法〕迪尔凯姆:《社会学方法的准则》,狄玉明译,商务印书馆1995年版,第127页。

社会现象的功能主义研究,得出了与众不同但富有启迪性的结论。迪尔凯姆指出:

> 犯罪不仅见于大多数社会,不管它是属于哪种社会,而且见于所有类型的所有社会。不存在没有犯罪行为的社会。虽然犯罪的形式有所不同,被认为是犯罪的行为也不是到处一样,但是,不论在什么地方和什么时代,总有一些人因其行为而使自身受到刑罚的镇压。如果随着社会由低级类型向高级类型发展,犯罪率(即每年的犯罪人数占居民人数的比例)呈下降趋势,则至少可以认为,犯罪虽然仍是一种正常现象,但它会越来越失去这种特性。然而,我们没有理由相信犯罪确实会减少。许多事实都在证明,好像情况正与此相反。自本世纪以来,统计资料为我们提供了观察犯罪行为的动向的手段;实际上,犯罪行为到处都有增无减。结果,没有一种现象清晰地带有正常状态的全部标志,因为一种现象是与整个集体生活的条件有密切联系的。把犯罪看做是一种社会疾病,就是承认疾病不是某种偶发的东西,反而在一定情况下,是来因于生物的基本体质;同时,这也会抹杀生物学现象和病理学现象的一切区别。当然,犯罪本身有时也以不正常的形式出现。比如在犯罪率急剧上升时就会出现这种情况。其实可以肯定,这种反常现象就具有病态性质。只要犯罪行为没有超出每类型社会所规定的限界,而是在这个限界之内,它就是正

常的。而这个限界是可以根据上述的准则定出来的。

现在，我们可以得出一个表面上看来似乎十分荒谬的结论。把犯罪归于正常社会学的现象，这不只是说，由于人类具有不可纠正的恶习，所以犯罪就成为一种人们虽不愿意但又不可避免的现象；而且，也在确认犯罪是社会健康的一个因素，是健康的社会整体的一个组成部分。①

迪尔凯姆从社会结构的角度解释犯罪，认为犯罪的产生与存在具有一定的社会必然性，是社会生活不可缺少的一部分事实。不仅如此，迪尔凯姆还认为犯罪是正常的，犯罪甚至有着积极的社会作用。犯罪是正常的，就是说社会不能强迫全体社会成员一致服从社会指令，否则社会就会抑制个人对社会的贡献。社会要保持一定的灵活性，要适应新的改革，就必然会出现违反社会规范的现象。在有犯罪行为存在的地方，犯罪行为往往影响着集体意识去灵活地选择新的管理形式。的确，犯罪只是表明对未来道德的一种期望，是迈向未来的一步。除了犯罪行为的直接后果外，迪尔凯姆还阐述了具有同等意义的犯罪的间接作用。他推论说，犯罪行为能激起公众反对侵犯社会规范的情感，从而引出社会禁令。因此，犯罪行业产生了人们预料不到的效果——造成并强化

---

① 〔法〕迪尔凯姆：《社会学方法的准则》，狄玉明译，商务印书馆1995年版，第83—84页。

了保护公共福利的共同规范意识，犯罪唤起并吸引了公正意识。根据迪尔凯姆的研究，从社会学上分析，犯罪作为一种社会现象，是有规律可循的。通过分析社会结构的形式与变化，可以发现犯罪演变的规律。迪尔凯姆对犯罪这种社会现象的分析，体现了以下特点：坚持对社会的研究应用归纳法，必须考虑社会现象各自的特殊性。迪尔凯姆反对对人类社会问题作生物学或心理学的解释，而注重社会结构的决定作用。[1]

菲利是迪尔凯姆的同代人，他们在对犯罪的社会学分析上的理论建树可谓殊途同归。菲利的犯罪饱和论就是其对犯罪原因分析而得出的一个重要结论。菲利指出：

> 犯罪是由人类学因素、自然因素和社会因素相互作用而成的一种社会现象。这一规律导致了我所讲过的犯罪饱和论，即每一个社会都有其应有的犯罪，这些犯罪的产生是由于自然及社会条件引起的，其质和量是与每一个社会集体的发展相适应的。[2]

这里的犯罪饱和论之饱和，是一个化学概念，菲利借用来表示犯罪现象。菲利曾经对此作过以下解释：

---

[1] 参见〔美〕科瑟：《社会学思想名家——历史背景和社会背景下的思想》，石人译，中国社会科学出版社1990年版，第146页。
[2] 〔意〕菲利：《实证派犯罪学》，郭建安译，中国政法大学出版社1987年版，第43页。

犯罪统计资料表明，犯罪从总体上看增长了，但各年度之间或多或少有些波动，或升或降有些变化。因此，每一年度犯罪的多少显然都是由不同的自然和社会环境，按照犯罪饱和法则（我根据化学现象类推而来），与行为人的遗传倾向和偶然冲动相结合而决定的。

就像我们发现一定数量的水在一定的温度之下就溶解为一定数量的化学物质但并非原子的增减一样，在一定的自然和社会环境下，我们会发现一定数量的犯罪。[①]

犯罪饱和论涵括了菲利对犯罪问题的基本理解，内容十分丰富。在犯罪饱和论中，首先包含着决定论的意蕴。犯罪饱和论实际上是一种犯罪的被决定论，它与那种把犯罪归咎为是人的意志自由的结果的古典学派的观点是截然有别的。根据犯罪饱和论，犯罪是由一定的自然的与社会的因素造成的，处在这种环境下的人们，必然去犯罪。因此菲利指出：

人之所以成为罪犯，并不是因为他要犯罪，而是由于他处于一定的物质和社会条件之下，罪恶的种子得以在这种条件下发芽、生长。因此，我们知道人类的不幸产生于上述因素的相互作用，一个变态人是一个不能适应其出生于其中的社会环境的人。变态人缺乏社会生活的能力，生理上呈现出退化特征，发展成被动型或主动

---

① 〔意〕菲利：《犯罪社会学》，郭建安译，中国人民公安大学出版社1990年版，第56页。

型变态人，最后成为罪犯。①

既然犯罪是必然的，那么，这种犯罪的存在就是有规律性的。菲利引用艾米莉特的古格言："犯罪也有年终平衡，其增多与减少比国民经济的收支还带有规律性。"据此，菲利认为，犯罪的差额是由物质条件和社会条件决定的。②

当然，菲利并不认为这种规律是机械的，而恰恰认为，主张犯罪具有机械的规律性是错误的。例如，菲利提及一种犯罪的超饱和状态，指出：

> 我们发现，在化学中除正常饱和之外，增加液体的温度会导致一种异常的超饱和状态。在犯罪社会学中也是如此，除了正常饱和之外，由于社会环境的异常，我们有时也发现一种犯罪的超饱和状态。③

尽管如此，菲利仍然认为犯罪的规律是存在的，只不过这不是一种静态的而是一种动态的规律。菲利指出：

> 其实，如果犯罪的水准完全为自然和社会环境所决定，那么这些环境——有时变化很大——怎么可能一成

---

① 〔意〕菲利：《实证派犯罪学》，郭建安译，中国政法大学出版社1987年版，第35—36页。

② 参见〔意〕菲利：《实证派犯罪学》，郭建安译，中国政法大学出版社1987年版，第43页。

③ 〔意〕菲利：《犯罪社会学》，郭建安译，中国人民公安大学出版社1990年版，第58页。

不变,永远一样呢?一直保持不变的是一定的环境与犯罪数量之间的比例,确切地说,这才是犯罪饱和法则。但是,犯罪统计绝不一年又一年地总是保持一个标准。这里存在的是一种动态而不是静止的规律性。①

犯罪的这种规律性促使菲利对犯罪原因问题进行深入的思考,因为只有明了犯罪与某种因素之间的这种内在因果性,才能真正把握犯罪规律。龙勃罗梭在早年坚持犯罪原因的一元论,认为犯罪是由生物遗传所决定的。菲利在其犯罪饱和论中,突破了龙勃罗梭的一元论,形成多元论,认为犯罪是由以下三种因素造成的:

第一,人类学因素。菲利指出,龙勃罗梭在探究犯罪原因时,对犯罪人的体质状况进行了研究。这种体质状况不仅包含生理的及解剖学的状况,也包括心理结构即犯罪人之生理及心理方面的个性特征。我们每个人在出生时都受到一定生理及心理方面的遗传,并在生活中具体表现出来,这就构成了人类活动的个性因素,或在一生中保持正常状态,或趋向于犯罪或精神失常。② 因此,犯罪的人类学因素主要是继承了龙勃罗梭的观点,但菲利又有所发展。菲利不是像龙勃

---

① 〔意〕菲利:《犯罪社会学》,郭建安译,中国人民公安大学出版社1990年版,第60页。
② 参见〔意〕菲利:《实证派犯罪学》,郭建安译,中国政法大学出版社1987年版,第28页。

罗梭那样过于强调遗传因素，而是在个人因素的意义上使用这个概念，使之成为与自然因素和社会因素相对应的一个概念。菲利还进一步将人类学因素分为三个次种类：（1）罪犯的生理状况包括颅骨异常、脑异常、主要器官异常、感觉能力异常、反应能力异常和相貌异常及文身等所有生理特征。（2）罪犯的心理状况包括智力和情感异常，尤其是道德情感异常，以及罪犯文字和行话等。（3）罪犯的个人状况包括种族、年龄、性别等生物学状况和公民地位、职业、住所、社会阶层、训练、教育等生物社会学状况。①

第二，自然因素。菲利认为，犯罪的自然环境是指我们生活于其中，但并未予以注意的物质环境。按照菲利的观点，自然因素包括气候、土壤状况、昼夜的相对长度、四季、平均温度和气象情况及农业状况。菲利对于自然因素十分重视，指出：如果不研究每一种和所有各种不同的犯罪自然因素（为了研究的需要，我们可以将这些因素分割开来，但实际上它们总是以一种不可分离的结合形式而起作用的），我们就既不能发现某一个犯罪的确切原因，也不能发现某一个国家总的犯罪现象的原因。②

第三，社会因素。菲利认为，犯罪的社会因素包括人口

---

① 参见〔意〕菲利：《犯罪社会学》，郭建安译，中国人民公安大学出版社1990年版，第41页。

② 参见〔意〕菲利：《犯罪社会学》，郭建安译，中国人民公安大学出版社1990年版，第42页。

密集、公共舆论、公共态度、宗教、家庭情况、教育制度、工业状况、酗酒情况、经济和政治状况、公共管理、司法、警察、一般立法情况、民事和刑事法律制度等。① 在犯罪的社会因素中,菲利尤其强调经济因素对犯罪的作用。菲利指出:任何足以使人类社会生活不诚实、不完满的社会条件,都是引起犯罪的社会因素。我们文明中显然存在着引起犯罪的经济因素,自由竞争规律实际上是一种变相的同类相食,其法则即"你死我活"。在有限的职业中,工人的竞争就等于有些人就业是建立在他人失业的基础上的,这是一种变相的人吃人的形式。竞争者虽不像原始人那样相互吞食,而是通过诽谤、推荐、保护、金钱等手段搞垮对方,以保证最善交易者的地位,而使最诚实、最有才能及最具有自尊心的人沦入饥饿的痛苦之中。此外,在财富增长的情形下,经济因素也发挥着滋生犯罪的作用。确实,今天的社会是由19世纪人类黄金时代——资产阶级文明阶段过渡而来的下降阶段,财富本身就是犯罪的一个原因。② 应该说,菲利对于资本主义社会犯罪的经济原因作了深刻的揭露。

在犯罪的以上三个原因中,菲利最为强调的是社会因素,这也正是菲利区别于龙勃罗梭的理论特点,由此菲利

---

① 参见〔意〕菲利:《犯罪社会学》,郭建安译,中国人民公安大学出版社1990年版,第42页。
② 参见〔意〕菲利:《实证派犯罪学》,郭建安译,中国政法大学出版社1987年版,第34—35页。

将其理论称为犯罪社会学派。犯罪社会学是从犯罪人类学演变而来的,并且是建立在犯罪人类学之上的。菲利曾经对犯罪人类学与犯罪社会学的关系作过以下这样一个生动的说明:

> 这些资料(是人类学家的结论)不过是犯罪社会学家的一个出发点,犯罪社会学家只能从这些资料中得出其法律的和社会学的结论。犯罪人类学的科学功能对犯罪社会学来说,就像生物学的叙述和实验对临床实践一样。
>
> 换言之,犯罪社会学家没有义务自己做犯罪人类学的调查,正像临床医生没有必要同时是一个生理学家或解剖学家一样。即使直接观察罪犯对犯罪社会学家来说肯定也是一种很有用的研究,但其义务仅仅是将其法律的和社会的结论建立在犯罪人类学关于犯罪的生物学方面的实际资料和有关身体及社会与社会环境影响的统计资料的基础之上,而不满足于纯粹抽象的法律演绎推理。①

相对于龙勃罗梭而言,菲利是青出于蓝而胜于蓝。犯罪饱和论所包含的内容大大超过龙勃罗梭的天生犯罪人论。

---

① 〔意〕菲利:《犯罪社会学》,郭建安译,中国人民公安大学出版社1990年版,第8页。

8.3 刑罚防卫论

古典学派基于意志自由论，建立起以道义责任为核心的归责原则。菲利断然否定了意志自由论，因而也就推翻了道义责任论。那么，行为人承担刑事责任的根据是什么呢？菲利在人身危险性的基础上创立社会防卫论，由此取代古典学派的道义责任论。

人身危险性是随着刑事实证学派的崛起而产生的一个概念。刑事古典学派关注的是犯罪行为而非犯罪人，只有刑事实证学派才将理论的触须伸向犯罪人，从而完成了由犯罪行为向犯罪人的划时代的转变。人身危险性，正是作为犯罪人的一种特征而被揭示的，并且建立在"应受惩罚的不是行为，而是行为人"这样一个命题上。1910年，国际刑法学家联合会的创始人之一、社会学派思想的拥护者普林斯指出：

> 这样一来，我们便把以前没有弄清楚的一个概念，即犯罪人的社会危险状态的概念，提到了首要的地位，用危险状态代替了被禁止的一定行为的专有概念。换句话说，孤立地来看，所犯的罪行可能比犯这种罪的主体的危险性小。如果不注意主体固有的特征，而对犯这种

违法行为的人加以惩罚，就可能是完全虚妄的方法。①

普林斯所说的犯罪人的社会危险状态，就是指人身危险性。人身危险性作为犯罪人的人身特征，往往被理解为某种犯罪倾向性。意大利著名刑法学家加罗法洛在《危险状态的标准》（1880年）一书中把这种危险状态视为某人变化无常的、内心所固有的犯罪倾向。龙勃罗梭则把这种具有犯罪倾向的人称为天生犯罪人，从生物学的角度阐述犯罪人的人身特征，认为这种人虽然尚未实施犯罪行为，但由于他们基于遗传或体态等方面的原因，而已经具有了犯罪的倾向。此后，菲利也用天生犯罪人的概念来表示这种具有犯罪倾向的人，指出：说一个人是天生犯罪人，是指他具有某种天生的退化现象，使其倾向于犯罪。但菲利同时认为，一个人或许有天生的犯罪倾向，但他如果处在良好的环境之中，就有可能到死也不违犯任何刑法条文及道德信条。② 显然菲利所称的天生犯罪人，主要是就犯罪的生物学因素而言的，如果把纯生物学的内容从天生犯罪人这一概念中剔除，那么，所谓天生犯罪人无非就是指人身危险性较大的犯罪人而已。由于刑事人类学派过分强调犯罪人的生物学特征，引起人们的指

---

① 〔苏〕A. H. 特拉伊宁：《犯罪构成的一般学说》，薛秉忠等译，中国人民大学出版社1958年版，第22—23页。

② 参见〔意〕菲利：《实证派犯罪学》，郭建安译，中国政法大学出版社1987年版，第40、41页。

责与非难。后来，刑事社会学派注意从社会方面寻找犯罪原因，人身危险性的表征也由纯生物学而向社会学转变。例如菲利在《法国犯罪研究》（1881年）一书中，用三种自然类别对所有以前曾被以零碎、不完整的类别表述过的犯罪原因进行了分类，提出：考虑到人类行为，无论诚实的还是不诚实的，是社会性的还是反社会性的，都是一个人的自然心理机制和生理状况及其周围生活环境相互作用的结果，我特别注意犯罪的人类学因素或个人因素、自然因素和社会因素。①菲利还对这三个方面的因素分别作了描述。菲利对犯罪原因的这种三元论，在一定意义上可以认为是对犯罪人的人身危险性的表征的描述。菲利根据犯罪人的人身危险性程度，把犯罪人分为以下五类：

第一，天生犯罪人。菲利认为，天生或本能的犯罪人最容易表现出犯罪人类学所确定的器官和心理特征。这些人既残忍蛮横又狡猾懒惰，他们分不清杀人、抢劫或其他犯罪与诚实勤劳的区别。②

第二，精神病犯罪人。菲利认为，精神病犯罪人是指患有某种精神病的临床形态，甚至连我们的现行刑法也予以承

---

① 参见〔意〕菲利：《犯罪社会学》，郭建安译，中国人民公安大学出版社1990年版，第23页。
② 参见〔意〕菲利：《犯罪社会学》，郭建安译，中国人民公安大学出版社1990年版，第23页。

认的人。① 菲利还针对那种否认精神病犯这个概念的观点，指出：乔利认为"精神病犯"这一术语本身就是自相矛盾的，因为精神病人不负道义责任，所以不能成为罪犯。这种批评并非是无可争辩的。我们坚持社会责任是唯一适用于所有罪犯的责任，也适用于精神不健全的罪犯。菲利还批驳了那种主张精神病犯应当归入精神病学，而不应当归入犯罪人类学的说法，认为尽管精神病学在精神病理学意义上与精神病犯有关，但这并不排除犯罪人类学和犯罪社会学也讨论精神病犯问题，以建立罪犯博物学，为社会的利益提供救治措施。② 总之，由于古典学派坚持道义责任论，因而精神病犯不在其研究视野之内，不是刑罚对象。而菲利主张社会责任论，精神病犯就纳入了其刑事措施的对象范围之内。

第三，习惯性犯罪人，即惯犯。菲利认为，惯犯是指主要由于社会对罪犯的预防和镇压措施无效而染上犯罪习惯的人。这类罪犯未表现出或略微表现出天生犯罪人的人类学特征。他们第一次犯罪通常是在年轻时，甚至在儿童时代，大多为侵犯财产罪。他们的犯罪主要是由于污浊的环境引起的道德感淡薄而不是其先天性的主动倾向所致。在此之后，就像菲利先天所注意到的，第一次犯罪未受惩罚虽然是其染上

---

① 参见〔意〕菲利：《实证派犯罪学》，郭建安译，中国政法大学出版社1987年版，第41页。

② 参见〔意〕菲利：《犯罪社会学》，郭建安译，中国人民公安大学出版社1990年版，第22页。

犯罪习惯的原因之一，但决定性的原因还是监狱交往使其身体衰弱，道德败坏；单独监禁使其退化；酒精中毒使其变得痴呆，易受刺激。所以他们又不断地回到犯罪的老路上去，最后成为惯犯。①

第四，机会犯，即偶犯。菲利认为，机会犯是指一个人犯了一种轻罪，与其说他是被退化人格的进攻性所驱使，倒不如说是被其生活环境而导入歧途。这种罪犯如不因监狱生活变得更加败坏，则有可能重新回到正常的社会生活中去。② 菲利还将偶犯与天生犯罪人做了比较，认为两者之间的确切区别在于：对前者来说，外部原因比其内部倾向性所起的作用要小，因为这种倾向性拥有一种驱使行为人犯罪的离心力；而对偶犯来说，犯罪行为只不过是行为人无力抵御外部原因的结果，大多数犯罪都是外部原因引起的。③ 因此，在菲利看来，偶犯的人身危险性显然要小于天生犯罪人。

第五，激情犯，又称为情感犯。菲利指出：情感犯能够抵制导致偶犯的非意外力量的一般诱惑，但不能抵制有时确

---

① 参见〔意〕菲利：《犯罪社会学》，郭建安译，中国人民公安大学出版社1990年版，第24页。

② 参见〔意〕菲利：《实证派犯罪学》，郭建安译，中国政法大学出版社1987年版，第42页。

③ 参见〔意〕菲利：《犯罪社会学》，郭建安译，中国人民公安大学出版社1990年版，第34页。

实难以抗拒的心理风暴。① 菲利主张对激情犯应当从激情的性质方面进行考虑。我们必须区别社会激情和反社会激情，前者有利于人类及人类集体的生活状态，后者不利于人类集体的发展。第一种情况有爱、受到损害的自尊心等，通常有利于社会。这种情况下的失常，按照案例情况，或多或少都有宽大的余地。另一个方面，也有不可原谅的激情，因为它们的心理倾向是反对社会发展的。它们是反社会的，是不能宽宥的，憎恨的复仇即属此类。②

以上五种犯罪人，各有其特征，并按照人身危险性大小，形成一个阶梯，使我们对犯罪人类型有了一个清晰的认识。菲利对这种犯罪人类型之间的演进关系作了以下说明：

> 由此可以得出结论，因为按照结晶法则，生命起源于矿物质。我们在自然历史上的进化是从无机物到有机物，在程度和种类上不断发展。所以，我们在犯罪人类学上的进展，是通过精神病人和癫痫病人的联系从精神病人到天生犯罪人，通过惯犯（以偶犯开始，以染上天生犯罪人的特征并遗传给其子女而告终）的联系从天生

---

① 参见〔意〕菲利：《犯罪社会学》，郭建安译，中国人民公安大学出版社1990年版，第35—36页。
② 参见〔意〕菲利：《实证派犯罪学》，郭建安译，中国政法大学出版社1987年版，第42—43页。

8. 菲利：防卫社会　299

犯罪人到偶犯，在程度和种类上不断演变而取得的。最后，我们又从偶犯发展到对情感犯的研究。情感犯只不过是其他罪犯的一种。进一步说，由于其神经过敏和类癫痫病的性格，情感犯常常接近于精神不健全的罪犯。①

菲利以犯罪人取代古典学派的犯罪行为，以犯罪人的人身危险性取代古典学派的犯罪行为的社会危害性，由此也使责任的意蕴发生了一场革命性的变化。责任，一般是指因某种行为或损害承担受惩罚或谴责的义务。古典学派的道义责任论，是一种以抽象的理性人为前提的回顾性的行为责任。菲利曾经引述意大利古典派犯罪学大师马里奥·帕加诺的这样一段话："一个人应对其所犯的罪行负责；如果在其犯罪之际，只有二分之一的意志自由，应当负二分之一的责任；如果只有三分之一的意志自由，则只负三分之一的责任。"② 菲利断然否认这种道义责任论，提出了社会责任论。社会责任论认为，既然犯罪行为的实施是由其本人的素质、地理和社会环境所决定的，而不是行为人自由意志的结果；那么，就没有理由从道义上加以非难。社会责任论认为，刑事责任的本质是防卫社会，其根据是犯罪人的人身危险性，因此，

---

① 〔意〕菲利：《犯罪社会学》，郭建安译，中国人民公安大学出版社1990年版，第36页。
② 〔意〕菲利：《实证派犯罪学》，郭建安译，中国政法大学出版社1987年版，第11页。

社会责任论是以犯罪人的人身危险性为基础的前瞻性的责任。菲利指出：

> 我们坚信，科学真理的成就将把刑事司法变成一种自然功能，用以保护社会免受犯罪这种疾病的侵害，铲除所有今天尚存在的复仇、憎恶和惩罚等未开化时代的遗痕。①

社会防卫论带来了刑罚观念的变革，对刑事立法与刑事司法都产生了深刻的影响。在刑事古典学派理论中，刑罚具有惩罚性，这种惩罚性是报应与威慑的前提与基础。而菲利恰恰否定了刑罚的这种惩罚性，指出：

> 古典派犯罪学注意的仅仅是刑罚，注意在犯罪发生之后借助于精神和物质方面的各种可怖后果来确定镇压措施。因为在古典派犯罪学中，抵御犯罪的措施没有改善人类生活的目的，但是，所谓弥补正义和以法律判决的形式对道德过失进行相应的惩罚只不过是一个臆想的使命。
>
> 我们只要观察我们周围的现实生活，便会发现刑法典远非矫正犯罪的方法；也会发现由于犯罪人的预谋或情感已经不为刑法的禁止性规定所约束，刑法典已对救

---

① 〔意〕菲利：《实证派犯罪学》，郭建安译，中国政法大学出版社1987年版，第21页。

治犯罪没有任何作用。因为每个正常的人都会感觉到，如果他第二天犯了一个盗窃、强奸或谋杀罪，等待他的将是监禁，所以公众心理仍然过分相信刑法的效力。他感觉到社会意识的束缚，刑法典增强了社会意识的约束力，阻止其进行犯罪。但只要物质条件和社会环境不促使其向犯罪方向发展，即使是没有刑法典，他也不会去犯罪。刑法典的作用，仅仅在于把那些不重视它的人与社会暂时隔离开来。这种惩罚可以在短期内防止罪犯再犯新罪。显然除非已有犯罪行为否则刑罚是不可能施加于他的。它是一种针对犯罪结果而采取的措施，而没有触及犯罪的原因和根源。①

因此，菲利贬低刑罚的意义，力图对刑罚制度进行科学改革。正是在菲利的倡导下，刑罚的个别化制度、不定期刑制度和矫正制度得以发展，由此主导了近代刑罚改革的发展方面。在一定意义上说，这些改革都是社会防卫论的制度化产物。

个别化是相对于一般化而言的，刑罚个别化是指在量刑与行刑的时候应当充分考虑犯罪人的个人特征。只有这样，才能使刑罚适用有效化。菲利指出：

在刑法中，将法令适用到具体案件中去不是或不

---

① 〔意〕菲利：《实证派犯罪学》，郭建安译，中国政法大学出版社1987年版，第46—47页。

应当像在民法中那样,仅仅是一个法律的和抽象的逻辑问题。它必须从心理学角度把某个抽象的条例适用于活生生的人。因为刑事法官不能将自己与环境和社会生活割裂开来,成为一个在一定程度上有些机械性质的法律工具。每一个刑事判决对人的灵活鉴定都取决于行为、行为人和对其起作用的社会情况等,而不取决于成文法。①

菲利对刑事法官提出了特殊要求,认为应当赋予刑事法官更大的裁量权,以便能够根据犯罪人的具体情况适用刑罚。菲利提出了一句意味深长的口号:"除有必要审判犯罪之外还有必要审判罪犯。"这里的"审判罪犯",就是指根据犯罪人的个人特征适用刑罚,这也就是刑罚个别化的应有之义。但菲利并不同意那种过于极端的行刑个别化,其理由是难以真正实现。菲利指出:

> 我们必须避免走向两个极端:刑罚的均衡性和在美国监狱学者中特别时髦的所谓刑罚的个别化。在对罪犯的个性以及导致其犯罪的环境进行生理的和心理的调查研究之后,对每个罪犯都适用专门的矫正措施很理想,但如果罪犯的数量很大而且管理人真不具备足够的犯罪

---

① 〔意〕菲利:《犯罪社会学》,郭建安译,中国人民公安大学出版社1990年版,第120页。

生物学和犯罪心理学知识，这便是不实际的。①

为此，菲利主张用同样有效而且更容易实行的分类制度来代替不切实际的刑罚个别化观念。菲利所说的分类制度，是指根据犯罪人的特征，对罪犯进行有效的分类。由此落实具有针对性的矫正措施。菲利还引用杜迈尼尔的话："罪犯是一个在一定程度上可以医治的道德（我愿意再加上生理）病人，我们必须对他适用医学的主要原则。我们必须对不同的疾病适用不同的治疗方法。"② 因此，菲利认为应当根据犯罪人的类型性特征确定相应的救治措施。唯有如此，才能实行有效的救治，这才是刑罚个别化的题中应有之义。

不定期刑，是相对于定期刑而言的。古典学派，无论是报应论者还是威慑论者都主张定期刑制度。在他们看来，根据犯罪行为的社会危害性及其程度确定一定期限的刑罚，不仅是必要的而且是可能的。而菲利建立在人身危险性概念之上的社会防卫论却合乎逻辑地引申出不定期刑的概念。菲利指出：

> 对于遗传的或先天的犯罪人，或者由于习惯或精神病而倾向于犯罪的人犯下的重大罪行，实证派犯罪学主

---

① 〔意〕菲利：《犯罪社会学》，郭建安译，中国人民公安大学出版社1990年版，第153页。
② 〔意〕菲利：《犯罪社会学》，郭建安译，中国人民公安大学出版社1990年版，第153页。

张保留不定期隔离的方式,因为在犯了重大罪行的危险退化者的案件中,事先规定出期限是不合理的。

我们主张,对于天生的或由于疾病引起犯罪的罪犯,不能随便把他们关上一个时期,而应当关到他们能适应正常的社会生活为止。①

不定期刑制度中的不定期实际上是相对的,除了极少数不堪矫正者以外,对于大多数犯罪人来说仍是有一个期限的,当然这一期限的长短取决于人身危险性的消除程度。

矫正制度是对刑罚功能的改造,以此取代古典学派的惩罚。惩罚是以报应或者威吓为目的,而矫正则意味着对犯罪人的人格的救治。矫正理论将注意力集中在罪犯身上,强调的是对罪犯的再教育,重新培训和再社会化。这些内容经常与矫正概念联系在一起。矫正一词的词根是"取得资格",它意味着适应;装备或配备;训练或教育。在一所监狱机构内,矫正意味着犯人重新获得他们在监禁期间失去的技能,装备或能力。② 矫正使得监狱的性质发生了根本性的变化,即从报应的场所转变为救治的场所,从而引发了监狱制度的改革。菲利认为,根据古典学派理论建立的现行监狱制度引

---

① 〔意〕菲利:《实证派犯罪学》,郭建安译,中国政法大学出版社1987年版,第50、51页。
② 参见〔美〕霍金斯、〔美〕阿尔珀特:《美国监狱制度——刑罚与正义》,孙晓雳、林遐译,中国人民公安大学出版社1991年版,第217页。

人注目地失败了,再犯不是例外而成为规律。菲利指出:

> 在一定程度上根据我们能够测量罪犯道义责任的假设以及在一定程度上根据罪犯一般都可以改造并因而设立监禁和独居制度的幻想而建立起来的现代刑罚制度,绝对不能保护社会免遭犯罪的侵害。

> 根据古典派刑法理论和古典派监狱规则建立起来的刑法制度具有以下缺陷:确定荒谬的道义责任标准;完全无视或忽视罪犯的生理心理学类型;一方面裁决与判决之间有空隙,另一方面判决与执行之间又有空隙,结果便会滥用宽赦;监狱中犯人退化和相互交往造成的实际后果严重;造成数以百万计的人被处以愚蠢和荒谬的短期监禁;造成累犯难以抑制的增加。①

因此,古典学派的监狱制度之所以失败,主要是没有对犯人进行有效的矫正,而只是简单的关押与隔离。菲利主张在关押期间,要采用科学方法对犯人进行矫正,指出:

> 对于罪犯的矫正必须是科学的,因为重罪常常表现为罪犯个人的病态。在美国已有埃尔迈拉教养院之类的机构,正式适用实证派犯罪学的方法。这些机构的指导人是心理学家、医生。当一个未成年犯进来时,对其要

---

① 〔意〕菲利:《犯罪社会学》,郭建安译,中国人民公安大学出版社1990年版,第136、137页。

从生理学和心理学的角度进行研究。①

通过对犯人的矫正,改变其犯罪心理与犯罪人格,由此回归社会,这就具有了现代教育刑的意蕴。今天,矫正制度已经成为监狱管理的代名词。

从菲利的犯罪饱和论到社会防卫论,可以引申出广义的犯罪预防的概念。这种犯罪预防除了对犯罪人进行矫正即刑罚预防以外,更为重要的是社会预防。菲利指出:

> 我们相信制裁措施将来要退居到次要位置上去。我们相信各种立法都将以社会卫生治疗代替对病症的治疗,使社会卫生治疗天天都得到运用。因此,我们可以建立起预防犯罪的理论。②

菲利的犯罪预防理论包含着较之古典学派更为深刻的思想。在刑事古典学派中,贝卡里亚同样对犯罪原因作了探讨,从机械唯物论的立场出发竭力说明各种政治的、经济的、社会的因素和条件与犯罪之间的必然性联系。③ 同时,贝卡里亚也提出了"预防犯罪比惩罚犯罪更高明"的观点,

---

① 〔意〕菲利:《实证派犯罪学》,郭建安译,中国政法大学出版社1987年版,第52页。
② 〔意〕菲利:《实证派犯罪学》,郭建安译,中国政法大学出版社1987年版,第54页。
③ 参见黄风:《贝卡里亚及其刑法思想》,中国政法大学出版社1987年版,第53页。

探讨了预防犯罪措施,这些措施包括①:①把法律制定得明确和通俗,使人畏惧这些法律;②传播知识;③使法律的执行机构注意遵守法律而不腐化;④奖励美德;⑤完善教育。贝卡里亚的上述论述过于泛泛而言,缺乏深度,也缺乏可操作性。关键问题还是在于:贝卡里亚从抽象的人性出发,将人的本质简单地概括为趋利避害,把犯罪看做是意志自由选择的结果。正如菲利所尖锐地批评的那样:一旦承认自由意志是事实,行为的发生取决于犯罪人的命令即自愿选择,而其他任何原因都是多余的。② 而菲利为代表的刑事社会学派着重探讨了犯罪的社会根源,由此得出一个具有革命意义的结论:如欲预防犯罪,首先必须改革社会。菲利指出:

> 通过改变最易改变的社会环境,立法者可以改变自然环境及人的生理和心理状况的影响,控制很大一部分犯罪,并减少相当一部分犯罪。我们深信,一个真正文明的立法者,可以不过多地依赖刑法典,而通过社会生活和立法中潜在的救治措施来减少犯罪的祸患。最先进的国家依靠在有效的社会改良基础上的刑事立法的有益

---

① 参见〔意〕贝卡里亚:《论犯罪与刑罚》,黄风译,中国大百科全书出版社1993年版,第104页。
② 参见〔意〕菲利:《实证派犯罪学》,郭建安译,中国政法大学出版社1987年版,第25页。

的、预防性的影响来减少犯罪的经验都肯定了这一点。①

这样，菲利就把预防犯罪的重心从刑法典转移到社会措施上来。这成为刑事社会学派的基本思想之一，例如德国著名刑法学家李斯特就提出了"最好的社会政策就是最好的刑事政策"的名言。对此，列宁也曾经深刻地指出："对防止罪行来说，改变社会制度和政治制度比采取某种惩罚，意义要大得多。"美国犯罪学家沃尔德曾经指责实证主义总的倾向与极权主义是一致的，指出：

> 菲利在其生涯后期赞成法西斯主义，只在一种含义上，即仅仅在实证主义与极权主义的政府形式相适应这一点上，对实证主义感兴趣，并对此心安理得。这集中地表现在这位科学专家深奥知识和智慧的核心观点上。菲利在其研究的基础上判断他的犯罪的同胞属于那种人。并根据这种知识和洞察力，给被"诊断"为"罪犯"的人开出未经其本人同意的"对症药方"。实证主义与对公民生活进行集权统治的官僚政治现实（这种官僚政治与民主共和的主张是格格不入的），在社会权力控制的概念上有着惊人的相似。②

---

① 〔意〕菲利：《实证派犯罪学》，郭建安译，中国政法大学出版社1987年版，第43页。
② 〔美〕里查德·昆尼等：《新犯罪学》，陈兴良等译，中国国际广播出版社1988年版，第52页。

应该说，菲利关于对犯罪人进行矫正的思想当中，确实潜含着被极权主义用于作为控制社会手段的可能性。但这只是问题的一个方面。在另一个方面，菲利关于对犯罪进行社会预防的思想中，也可以引申出改造社会的革命性结论。因此，菲利理论具有双重可能性，关键是如何利用。因此，完全将菲利的理论视为是极权主义的理论根据的观点，对于菲利来说是不公正的。菲利关于消除犯罪产生的社会原因，从而预防犯罪的观点是有积极意义的。为了预防犯罪，菲利提出了"刑罚的替代措施"的概念。需要寻求刑罚的替代措施的观点，是建立在对刑罚失望的基础之上的。因为刑罚，并不像在古典派犯罪学者和立法者的主张影响之下而产生的公众舆论所想象的那样，是简单的犯罪万灵药。它对犯罪的威慑作用是很有限的。因此，犯罪社会学家自然应当在对犯罪及其自然起因的实际研究中去寻找其他社会防卫手段。而刑罚的替代措施就是这样一些刑罚之外的社会防卫手段的总和。菲利对刑罚的替代措施这一思想作了以下阐述：

> 如果刑罚的抵制难免要与犯罪行为相对立，用其他间接的更有效的手段防止和减少这种行为对社会秩序更有益。
>
> 经济领域的研究已经发现，当某种日常用品缺乏的时候，为了满足人们的自然需求，必须求助于比较低价的替代物品。因此，在犯罪领域，因为经验使我们确信

刑罚几乎完全失却了威慑作用,所以为了社会防卫的目的,我们必须求助于最有效的替代手段。

我称这些间接的防卫手段为刑罚的替代措施。但是,食品的替代物一般只是临时食用的次要物品,而刑罚的替代措施则应当成为社会防卫机能的主要手段,因此刑罚尽管是永久的但却要成为次要的手段。在这一点上,我们绝不能忘记犯罪饱和法则。犯罪饱和法则注定了每一个社会环境由于与个人的社会缺陷密不可分的自然因素的作用而不可避免地要产生的犯罪的最低数量。对这一最低数量的犯罪来说,以一种形式或另一种形式而存在的刑罚将永远是首要的措施,尽管其对于防止犯罪行为的产生并不是很见效。

刑罚的替代措施,当它一旦通过犯罪社会学的讲授而立足于立法者的观念和方法之中时,便成为一种消除犯罪社会因素的合法方式。比起慷慨但又急躁的改革者所坚持的那种普遍的社会变革——直接并且不调和的——来,刑罚的替代措施也更可能和更实际。①

菲利提出的刑罚替代措施,颇似我们现在所说的综合治理措施,是对犯罪治本的方法。根据菲利的设想,刑罚的替

---

① 〔意〕菲利:《犯罪社会学》,郭建安译,中国人民公安大学出版社1990年版,第80—81页。

代措施主要可以列举如下①:

(1) 经济领域:自由贸易,通过防止饥荒和食品价格及食品税过高,可以消除许多重罪和轻罪,尤其是侵犯财产罪。走私通过降低进口税可以得到控制等。

(2) 政治领域:警察独断的镇压和预防,对于预防暗杀、叛乱、结伙阴谋和内乱等政治犯罪是无效的。要预防这类犯罪,除了协调政府和民族的愿望之外没有其他任何办法。

(3) 科学领域:科学曾经产生了武器、印刷术、照相术、平版印刷术、新毒药、炸药、电、催眠术等新的犯罪工具,科学的发展迟早也会提供比刑罚镇压更有效的解决办法。

(4) 立法和行政领域:法律的简便易懂将会防止大量的诈骗和违法行为,因为撇开不懂法律也不应宽恕的抽象并且具有讽刺意味的主张不论,我们那些如林的法典、法律、法令和规则无疑会导致无尽无休的误解和错误,并因此产生违法和罪行。

(5) 教育领域:纯粹的书本教育在使某些显著的诈骗更困难和传播法律知识尤其是降低作为偶犯特征的缺乏远见的程度方面是有益的,但这也远远不是人们在犯罪统计资料中发现文盲占很大比例时所想象的那种犯罪的万灵药。相反,完全可以说,没有经过严格审查的学校往往成为不道德行为生长的温床。

---

① 参见〔意〕菲利:《犯罪社会学》,郭建安译,中国人民公安大学出版社1990年版,第82页以下。

菲利关于刑罚替代措施的思想极具实际价值，实行这些措施虽然不能使所有犯罪都不可能发生，但可以在任何特定的自然和社会环境下都力争将它们减少到最小的数量。因此，这一思想一经提出，便引人注目，受到普遍的欢迎。例如，龙勃罗梭在其晚年就吸收了菲利关于刑罚替代物的思想，指出：今日只知道遏制犯罪，实为未足，必须设法防止犯罪之发生。我们即使不能制止犯罪，亦可寻出减少犯罪原因的方法。所谓减少犯罪原因的方法，就是被龙勃罗梭视为刑罚之替代物的东西。①

随着刑罚替代措施观念的发展，刑罚的价值被贬低，菲利甚至走到了否定刑罚概念本身的极端。这主要体现在菲利关于刑罚与保安处分一元论之上。保安处分作为一种刑法理论，是近代刑法思想发展演变的直接成果，由刑事人类学派、刑事社会学派所组成的实证学派刑法学，为保安处分的奠基和发展做出了杰出贡献。作为一种刑法制度，它形成于19世纪，盛行于20世纪。近代意义上的保安处分，是由德国著名刑法学家克莱因首倡的。克莱因认为，在刑罚之外，对行为者的犯罪危险性加以评量，其危险性不属于恶害性质时，可科以保安处分。② 这里所谓不属于恶害性质，是指主

---

① 参见陈兴良：《遗传与犯罪》，群众出版社1992年版，第96—97页。
② 参见甘雨沛、何鹏：《外国刑法学》（下册），北京大学出版社1985年版，第601页。

观上缺乏罪过，难以予以伦理上的非难，但另附以保安处分也是可以的，只不过应把它看做是刑罚执行上的内容。① 在这个意义上，克莱因实际上是把保安处分视为刑罚的补充措施，因而在一定程度上把保安处分与刑罚连结起来。克莱因关于保安处分的思想，当时受到刑法学家的抨击。例如，费尔巴哈指出，市民刑法的刑罚与保安处分须严加区别，因而，刑事法官只能行使刑罚权而不能行使确定保安处分的权利，而且不容许以将要实现犯罪的危险为理由而适用保安刑。② 保安处分是克莱因闪光的思想火花之一，但在当时报应主义与自由主义盛行的社会背景之下，这一思想火花显得暗淡，只是一点火星而已。1893年，瑞士刑法学家司托斯率先将保安处分理论运用于刑事立法，由他负责起草的瑞士刑法典草案，是现代保安处分制度法律化的先河。司托斯主张刑罚与保安处分的二元论，即在刑法中既规定刑罚，又规定保安处分。这种二元论，主要为古典学派所主张。根据古典学派的观点，客观的犯罪事实是适用刑罚的必然前提，无犯罪则无由谈刑罚的适用，这就是罪刑法定主义。据此，刑罚的任务在于惩处违法犯罪，保护公民的合法利益。同时，刑法还必须限制掌握刑罚权者和行使刑罚权者滥用权力。根据

---

① 参见甘雨沛、何鹏：《外国刑法学》（下册），北京大学出版社1985年版，第601页。
② 参见甘雨沛、何鹏：《外国刑法学》（下册），北京大学出版社1985年版，第602页。

这种法制原则，刑罚只能是依法适用于犯罪，而犯罪须有严格的犯罪构成，又必须与其他行政违法、违警罪等加以区别。但是除既犯者外，还有将犯或再犯的危险者的存在，同样有破坏社会的安全秩序、侵害公民的合法权益的可能，对此不能不考虑采取预防或防止犯罪危险的相应措施，这就必须承认保安处分制度的必要性，从而形成了刑罚与保安处分的二元论。但刑事实证学派则主张，刑罚的本质是矫正、预防的教育刑，是防卫社会。犯罪人可分为矫正可能者与矫正不可能者两类。对于矫正可能者加以矫正，矫正不可能则施行社会隔离处分。无论是刑罚还是保安处分，其目的都在于改善犯罪人，预防犯罪，从而保全社会，其本质是一致的，无须区分，这就是刑罚与保安处分的一元论。菲利是刑罚与保安处分一元论的有力倡导者。1921年，菲利拟定并发表了意大利刑法草案，史称菲利案，这是一元论立法的先驱。菲利案是以"无刑罚的刑法典"的模式出现的，就是以单一的保安处分代替了传统的刑罚，将二元论上刑罚与保安处分融合为一个保安处分化的概念，即制裁（Sanktion）。在此，刑罚的概念消失了，彻底被替代了。在菲利思想的影响下，出现了非刑法思潮。人们不禁惊呼：菲利解构了刑法！尽管这种思想没有转化为现实，但它对刑罚制度带来的冲击是怎么估计也不过分的。

菲利最终未能废除刑法，在一定程度上说，恰恰是菲利拯救了刑法，使之适应现代社会生活。

9

加罗法洛：回归自然

9.1 开拓新视界

加罗法洛于1885年第一次发表了以《犯罪学》为名的一本书，由此他对犯罪事实科学的取名产生了决定性的影响。这本著作的法译本出版于1891年，其英译本出版于1914年。他提出了"自然犯罪"的设想。在这里他对"自然"一词不作习俗意义上的理解，而是要把它理解为"社会自然"的意义。他此举的目的是为了能够在独立于特定时期的条件与要求以及某一具体立法者的特殊观点的情况下，为犯罪概念下定义。他视触犯怜悯和诚实的平均值为"自然犯罪"的本质。"自然犯罪者"是某种人类学类型，是一名无能产生利他主义感觉的、处于一种低劣发展状态中的人。这种状态不是简单地基于社会和心理因素，而是必须归因于一种生物体的基础。真正的犯罪分子如暴力犯、惯犯、职业窃贼患有道德失常症，因而不能适应环境，而必须通过死刑加以

消灭，或通过终生监禁或无期徒刑使他不可能危害社会……①

以上是德国著名犯罪学家施奈德对加罗法洛思想的勾勒。加罗法洛是龙勃罗梭的追随者，刑事实证学派的代表人物之一。加罗法洛是第一个以犯罪学为其著作名称的学者，对犯罪学这门学科的形成与发展做出了很大的贡献。当然，加罗法洛的主要功绩是建立了自然犯罪理论，在一定程度上超越了龙勃罗梭的天生犯罪人论。

超越犯罪的法律概念，这是加罗法洛的一个重要信念。古典学派发展到后期，经由费尔巴哈到宾丁、毕克迈耶、贝林格等，逐渐丧失了早期古典学派的批判精神，形成规范主义体系的刑法理论。德国学者宾丁根据对实定法构造的分析，建立了刑法的规范性。宾丁认为，犯罪的本质并非是违反法律，而是违反规范。犯罪人所犯之法，在概念上、原则上甚至时间上，必须在规定判决方法的法律（即刑罚法规）之前便已存在。犯人违反刑罚法规的一般见解，是因将此二者混为一谈之故。其实，犯人的行为，是对广义的法，即一定的法规（ein Rechtssatz）的可罚性的违反，而不是对预告刑的规范即刑罚法规的违反。因此，在宾丁看来，犯人所侵犯的是规定其行为准则的一般法令中的"行为法"及该行为

---

① 〔德〕施奈德：《犯罪学》，吴鑫涛、马君玉译，中国人民公安大学出版社1990年版，第116—117页。

法中所表现出来的"行为规范",而非刑罚法规。详细地说即是,刑法中的犯罪并非行为人的行为符合刑法中所规定的应被科处刑罚的行为规定而成立,而是由于行为人违反了刑法制定之前便已存在并成为刑法前提的规范——命令及禁止。——对于违反规范即具有违法性的行为来说,刑法不过是规定了一定效果即刑罚的工具而已。犯罪的本质在于蔑视法规范的要求,即违反规范性。① 在规范论的推动下,刑法中的构成要件理论得到了长足的发展,由此成为规范刑法学的核心。在规范刑法学的建构中,犯罪被简单地归结为一种法律禁止的行为。加罗法洛指出:

> 犯罪对法律学者意味着什么?他甚至不知道这个词。他全然不考虑犯罪的自然原因,这类知识对他来说充其量是一个学术问题。他并不把罪犯看做是一个心理异常的人,而是看做仅仅因为做了法律禁止且应受到惩罚的行为而不同于他人的人。法律学者只在外部形式上研究犯罪,却不从心理实验的角度进行分析;犯罪的起源从来不是他考虑的问题,他所关心的是查明各种重罪与轻罪的外部特征,即按照它们所侵犯的权益对事实分类。他要寻找的刑罚是一种均衡而且"抽象"的公正的刑罚,而不是经实验证明能在总体上

---

① 参见马克昌主编:《近代西方刑法学说史略》,中国检察出版社1996年版,第208页。

有效地减少犯罪的刑罚。①

加罗法洛将规范主义的犯罪概念称为"恶性循环",显然不能满足一种社会学研究的需要。为此,加罗法洛追求的是犯罪的社会学概念。加罗法洛指出:

> 在我看来,我们研究的第一步应该是找到犯罪的社会学概念。如果认为我们正在探讨一种法律概念,并进而认为这种定义只是法学家的事,这是行不通的。我们这里关注的不是一个技术性术语,而是一个不论掌握多少法律知识的人都能理解的词。立法者并未创造这个词,而是从大众语汇中借用来的。他们甚至没有给出它的定义,所做的一切就是对某些行为进行归类并将它们称为犯罪。这就是为什么在某个相同时期而且常常在同一国家的范围内,我们会发现某种行为在这里以犯罪对待而在那里却根本不予处罚。因此,我们认为法律的分类绝不能排除社会学的调查研究。社会学家不能把解决犯罪行为界限的任务推给法律工作者。他必须自己去寻找犯罪的概念,而只有他耐心地告诉我们什么是他所理解的犯罪时,我们才可能了解他所谈的罪犯。总而言

---

① 〔意〕加罗法洛:《犯罪学》,耿伟、王新译,中国大百科全书出版社1996年版,第62页。

之，我们必须得出自然犯罪的概念。①

加罗法洛不满足于犯罪的法律概念，而要探寻犯罪的社会学概念，由此超越法律，开拓了犯罪学研究的新视界。为此，必须在方法论上有所突破。加罗法洛首先摒弃了事实分析的方法，因为事实本身是不充分的，据此难以获得自然犯罪的概念。加罗法洛认为，为了获得自然犯罪这个概念，我们必须改变方法，即我们必须放弃事实分析而进行情感分析。那么，什么是情感分析呢？加罗法洛指出：

> 犯罪一直是一种有害行为，但它同时又是一种伤害某种被某个聚居体共同承认的道德情感的行为。现在，道德感已得到了发展，但是这种发展是缓慢的，而且根据民族环境和时间的不同它已经发生变化并且在继续变化着，构成情感总体的每个情感的力量也时时经历着明显的扩大或缩小。因此，道德观念存在着很大的区别，其结果必然是，在没有它就不存在能被称作犯罪的有害行为的那一种不道德中，这种区别并非不值得考虑。尽管没有统一的情感，但对激发这种情感的行为，不同的聚居体评价也不相同。我们必须尽力去查明在被以某种特殊方式评价的行为所激发的情感中，是否不存在一种永远的特性，换句话说，要查明是否这种区别是一种实

---

① 〔意〕加罗法洛：《犯罪学》，耿伟、王新译，中国大百科全书出版社1996年版，第19—20页。

质的区别而不是形式的区别。①

加罗法洛为我们指出了一种寻求犯罪的社会学概念的新方法,这就是情感分析方法。那么,通过情感分析,加罗法洛又能为我们得出什么结论呢?

9.2 自然犯罪论

自然犯罪,是加罗法洛犯罪学的核心概念。根据加罗法洛的解释,自然犯罪之所谓自然一词并不具有通常意义,而是存在于人类社会之中,并独立于某个时代的环境、事件或立法者的特定观点之外。因此,自然犯罪并不是指天生的或者自然而然的犯罪,而是在与法律上的犯罪概念相对而言的。确切地说,是一种未经法律评判的犯罪——一种事实上的犯罪,或者说是一种超法律的犯罪。

加罗法洛如何得出一种超法律的犯罪概念——自然犯罪呢?加罗法洛认为,犯罪并不是对权利的侵害,而是对情感的侵害。这里的情感,主要是指道德感。加罗法洛认为,每个民族都拥有一定量的道德本能,它们不是产生于个人的推理,而是由于个体的遗传,正如其种族的身体类型来自于遗传一样。一个民族的道德感的存在,正像其他情感一样,是

---

① 〔意〕加罗法洛:《犯罪学》,耿伟、王新译,中国大百科全书出版社1996年版,第22页。

在不断演变中代代相传，它或者纯属心理遗传的结果，或者是这种遗传与儿童的模仿本能和家庭环境的影响相结合的结果。① 在道德感的论述中，加罗法洛采取了一种道德进化论的观点。在道德感中，加罗法洛区分了基本情感与非基本情感。非基本情感与犯罪无关，没有什么它们所禁止的行为会被看做犯罪，因为这些行为不是反社会的，换句话说，它们并未攻击人类生存的基本条件。而基本情感则不然，它对社会关系重大。这种情感被加罗法洛称为利他情感，它可能间接地增加了我们自己的利益，但其直接目的是为了他人的利益。这种利他主义情感在不同的民族和同一民族的不同阶段中呈现出不同的发展层次，然而它们却无所不在，可能只有极少数原始部落除外。加罗法洛将这种利他主义的情感概括为以下两种类型：

（1）仁慈感，又称为怜悯感。加罗法洛指出：对我们同胞的爱或仁慈情感开始是一种利己主义情感，其表现形式是，最初仅是对几乎是自己身体一部分的我们自己孩子的爱，然后扩大到我们家庭的其他成员。可是，当这种情感不再取决于同一血缘关系时，它才成为利他主义。仁慈感表现为许多发展等级：怜悯限制我们去制造生理痛苦，怜悯阻止我们去制造精神痛苦，怜悯使我们在看见邻人处

---

① 参见〔意〕加罗法洛：《犯罪学》，耿伟、王新译，中国大百科全书出版社1996年版，第24页。

于痛苦中时帮助他们。那种同种情感的较高类型,例如善行——慷慨和慈善,其快乐产生于对他人的帮助。通过对仁慈感的分析,加罗法洛得出结论:以负面形式存在着一种为全人类拥有的(也可能有一些例外)、基本的仁慈或怜悯情感。也就是说,存在着那种使人避免任何与社会无益的残忍行为的情感。进一步讲,全社会永远会对这种情感的侵害视为犯罪。①

(2)正义感。加罗法洛认为正义感是利他主义最有意义的形式,自我利他本能中最突出的情感。加罗法洛还引用斯宾塞的话,认为正义感是由一些情感的再现组成的,这种情感就是他人在已被或将被允许或禁止做能获得快乐或逃避痛苦行为时所感受到的情感。它朝着这样一种状态发展,即尽管每个公民都不能容忍对其自由加以其他限制,但是如果这种限制的对象也包括其他公民的相似权利,他就会加以容忍。甚至他不只容忍这种限制,而且会自动地承认并坚持它。他将会好心地操心其他每个公民的正当行为范围,就像操心他自己一样;在他自己不去侵犯它的同时,他还会保护它免受其他人的侵犯。加罗法洛认为,对于文明种族的成年人来说,由于继承和传统的原因,他们一般都具有某种制止他们用欺骗或暴力取得他人财物的本能。加罗法洛将这种利

---

① 参见〔意〕加罗法洛:《犯罪学》,耿伟、王新译,中国大百科全书出版社1996年版,第32、34、41页。

他情感称为正直,认为这个词表达了对所有他人物品的尊重。①

从以上论述可以看出,加罗法洛所说的情感,实际上是指道德感,确切地说,是指怜悯与正直这两种情感。在加罗法洛看来,这两种道德感是人类的基本情感,犯罪就表现为对这两种情感的侵害。加罗法洛指出:

> 在一个行为被公众认为是犯罪前所必需的不道德因素是对道德的伤害,而这种伤害又绝对表现为对怜悯和正直这两种基本利他情感的伤害。而且,对这些情感的伤害不是在较高级和较优良的层次上,而是在全社会都具有的平常程度上,而这种程度对于个人适应社会来说是必不可少的。我们可以确切地把伤害以上两种情感之一的行为称为"自然犯罪"。②

加罗法洛不同意费尔巴哈的权利侵害说,认为犯罪不是对权利的侵害,而是对道德情感的侵害。根据犯罪基本都是使两种利他情感中的这种或那种情感受到伤害这一事实,加罗法洛将所有犯罪分为两大类③:

---

① 参见〔意〕加罗法洛:《犯罪学》,耿伟、王新译,中国大百科全书出版社1996年版,第41—42页。
② 〔意〕加罗法洛:《犯罪学》,耿伟、王新译,中国大百科全书出版社1996年版,第44页。
③ 参见〔意〕加罗法洛:《犯罪学》,耿伟、王新译,中国大百科全书出版社1996年版,第49—50页。

(1) 伤害怜悯感的犯罪。第一类是对怜悯感或仁慈感的伤害，它包括：(a) 侵害人的生命和所有意在对人产生身体伤害的行为方式。如故意施加身体痛苦，故意残害肢体、虐待病弱者，故意引发疾病，向儿童施加过量劳动或其他会伤害他们健康或影响其发育的工作。(b) 立即造成身体和精神上痛苦的客观行为。比如以利己为最终目的对个人权利的侵犯，而不论是为了满足肉体快乐还是为了获得金钱，这里比较典型的例子是诱拐妇女或儿童。(c) 直接造成精神痛苦的行为。比如诽谤、诬告和许诺结婚实施的诱奸。

(2) 伤害正直感的犯罪。第二类即伤害正直感的犯罪包括：(a) 对财产的暴力侵犯，即抢劫，以及以某种威胁进行的敲诈，对他人财产的蓄意破坏、纵火等。(b) 不包含暴力但存在违反诚实情况的犯罪。如诈骗金钱，侵占他人财产，为欺骗债权人而进行的财产转让，出于过失或欺骗而发生的破产（"banqueroute"），公布职业秘密，滥用版权，以及各种形式的意在损害发明、制造者权利的伪造。(c) 以正式或庄严方式所作的对个人财产或民事权利造成间接侵害的陈述或记载。这一类犯罪还会在伪证罪、伪造或毁灭官方文件或记录罪、调换儿童以及隐瞒法定身份罪中控制。

加罗法洛根据侵害两种不同的道德情感而对犯罪行为所作的分类，实际上是指侵犯人身权利的犯罪与侵犯财产权利的犯罪。但加罗法洛没有从侵害权利的性质对这两种犯罪进行划分，而是根据伤害的道德情感的性质进行划分。可以说，这是别具一格的犯罪划分法，但与侵害权利性质的划分法相比较，加罗法洛的划分法显然缺乏生命力。

加罗法洛的自然犯罪理论，在一定意义上说是古罗马自然犯理论的复活。在罗马法中，存在自然犯与法定犯的区别。自然犯具有自体恶（malainse），这种自体恶是指某些不法行为本身即具恶性，此等恶性系与生俱来，不待法律之规定，即已存在于行为之本质中。法定犯具有禁止恶，这种禁止恶系源自法律的禁止规定，而非行为与生俱来的或行为本身所具有的。因此，有些不法行为，尽管法律对于它不加规定，但根据伦理道德的观点，依然是应予非难的行为。相反的，有些不法行为在伦理道德上是无关紧要的，它之所以成为禁止的不法行为，纯系因法律的规定。加罗法洛的自然犯罪无疑是指自然犯，这种自然犯具有明显的反道德性。但加罗法洛的自然犯罪概念难以概括法定犯的内容，例如政治犯罪，尤其是真正的政治犯罪，加罗法洛也承认它在本质上不同于自然犯罪。因此，加罗法洛应被排除的犯罪的概念，这里被排除的犯罪就是指不属于自然犯罪的其他犯罪行为，包括：

（a）威胁以一个政府组织为代表的国家的行为。这类行为包括可能引起一个民族与另一个民族相敌视的行为，未经授权的军事征募，政治性骚乱，密谋反政府的集会，煽动反抗性言论，煽动犯罪的新闻报道，与革命派别或违宪党派进行交往以及煽动国内战争等行为。（b）无政治目标的攻击社会权力行为。其中包括：抵抗合法任命的官员（涉及谋杀或施加身体伤害者除外），没有非法金钱目的的篡夺官位、要职或公共职务，拒绝履行国家义务，走私等行为。(c)可能侵害公共和平、公民的政治权利、宗教信仰或导致公共礼仪受到侵害的行为。这部分行为应包括：非法侵入他人住宅，用暴力而不用法律手段实施权利，为震惊公众而散布虚假消息，帮助或唆使犯人逃跑，虚假选举，反对宗教信仰，非法逮捕，未造成清白人受害的性堕落行为。(d)与某个国家中地方性或特别立法相抵触的行为。如赌博，非法携带武器，暗娼，以及违反铁路、电信、环境卫生、海关、狩猎、捕鱼、森林、河道、公民的法定身份以及其他各种地方法规的行为。①

在加罗法洛看来，这些犯罪不是自然犯罪，不属于社会学研究的犯罪范围。加罗法洛指出：

> 那些未被我们列入的犯罪不属于社会学研究的犯罪范围。它们与特定国家的特定环境有关，它们并不说明行为人的异常，即不证明他们缺少社会进化几乎普遍为人们提供的道德感。无疑，立法者应采取措施使他们受到惩罚，然而在我们看来，只有那些需要研究其自然原因及其社会矫正的真正犯罪才能引起真正科学的兴趣。

---

① 参见〔意〕加罗法洛：《犯罪学》，耿伟、王新译，中国大百科全书出版社1996年版，第50—51页。

被排除的犯罪常常仅是侵害了偏见或违反了习惯，或只是违背了特定社会的法律，而这些法律根据国家的不同而不同，且对社会的共同存在并非必不可少。在这些情况下，生物原因的研究是不必要的。对于矫正来说，只有惩罚是必要的，而这种惩罚的强度则取决于威吓所需要的程度。①

由此可见，加罗法洛的自然犯罪不能等同于一般犯罪的概念，还存在有别于自然犯罪的其他犯罪。但从犯罪社会学的角度看，只有自然犯罪才具有研究意义，才能成为研究对象。

通过自然犯罪的理论，加罗法洛对犯罪人也获得了一种全新的认识。加罗法洛指出：

> 鉴于犯罪是一种既对社会有害又侵害了一种或两种最基本怜悯和正直情感的行为，罪犯则必然是这种情感部分或全部缺失、退化或薄弱的人。②

在加罗法洛看来，这种丧失怜悯和正直的道德情感的人就是道德异常者，他们是真正的罪犯。而其他人虽然有可能犯罪，但不是真正的罪犯。由此可见，加罗法洛也想在罪犯

---

① 〔意〕加罗法洛：《犯罪学》，耿伟、王新译，中国大百科全书出版社1996年版，第53页。
② 〔意〕加罗法洛：《犯罪学》，耿伟、王新译，中国大百科全书出版社1996年版，第67页。

与非罪犯之间寻找某种区别，这一点可以说是继承了龙勃罗梭的衣钵，但在区别的标志上又显然不同于龙勃罗梭，我们可以归纳为从生理异常到道德异常这样一个发展轨迹。

加罗法洛概述了龙勃罗梭的人类学理论，并将以生理特征为出发点界定罪犯的观点一直追溯到龙勃罗梭以前曾经盛行一时的颅相学。加罗法洛指出：

> 尽管从很早时期起就有人致力于在某种异常形态与某种外部生理特征之间建立一种联系，但是可以说，将犯罪人看做是一种异常人的观点在当代实际上是非常时髦。高尔（Gall）的理论与现代人类学家的理论颇为不同，正如人们所知，他认为人类每一个癖好都可归因于某一部分大脑，而某一特殊癖好的发展也可以从相应部分颅脑的构造识别出来。按照这一理论，每一种感情、每一个癖好，无论是好的还是坏的，都可以在头骨上找出特定的"隆起部位"。然而，高尔从来没有想过要将犯罪人描述为一个退化者。它实际上是一种依据劳弗森、费鲁斯、卢卡斯、莫雷尔、德斯宾、汤姆森、尼科尔森和维尔吉利奥等人的研究而刚刚提出的一种思想。至于龙勃罗梭，他坚信在犯罪人身上发现的特定生理特征现象提供了将罪犯作为一种人类学类型对待的基础。他所说的特征主要包括：头盖骨或面部不对称，头部较小，耳朵形状异常，没有胡须，面部肌肉神经质收缩，凸颚（即颚骨）的伸长、突出和倾斜，瞳孔大小不

一致，鼻子扁平或畸形，前额后塌，脸过长、颧骨过分发达，眼睛与头发呈灰色。这些特征中没有一个是永远不变的，然而，通过对犯罪人与非犯罪人进行比较，可以证明在前者中它们的发生率较高。①

加罗法洛认为，在犯罪人中，某一类人中发现某些特征的频率要比另一类人相对大些，即其出现的比率在一个犯罪个体身上大大高于任何非犯罪个体，无论这种异常是退化性的还是畸形的。但加罗法洛指出，无法给我们一个罪犯的人类学标志。因为要确定某个永久性外部特征以使我们将罪犯与正常人区别开来是不可能的。由此可见，加罗法洛否定了以生理特征区别罪犯与非罪犯的标志，尽管他承认犯罪人的生理异常的存在。在此基础上，加罗法洛指出了道德异常的理论，并以此取代生理异常理论，指出：

> 简而言之，将定罪者与非定罪者作比较是一个严重的错误。取而代之，我们必须进行比较的对象中，一方应是真正的罪犯，另一方应是真正诚实的人。无疑，确切区分后一类人比较困难，因为它的数量绝不像犯罪人的数量那样大。因此，我们所说的这两类人应这样确定：①最诚实的人占多数的一类；②罪犯占多数的一类。根据这一观点，如果犯罪人具有某种生理标记，而

---

① 〔意〕加罗法洛：《犯罪学》，耿伟、王新译，中国大百科全书出版社1996年版，第72—73页。

9. 加罗法洛：回归自然

这一标记又未出现在监狱的所有犯人身上,我们没有必要感到惊讶。而且,如果标记确实经常地出现在犯罪人之中,那么显然这一事实将具有重要意义。①

因此,在加罗法洛那里,生理异常让位于道德异常。这种所谓道德异常,就是指缺乏怜悯与正直的道德情感。在加罗法洛看来,在非野蛮社会中,罪犯是一种非正常人,他因缺少某些情感和厌恶感而区别于大多数同时代人和同胞,这种缺乏与精神能力方面某种独特气质或缺陷具有关联性。而这种缺乏是否为器质性的,或换句话说,是否精神异常总是具有某种生理基础,很不幸,这个问题还有待于回答。因此,加罗法洛认为,我们应该放弃这个问题的解剖学方面,而将注意力指向罪犯的心理异常,但这并不意味着承认或否认这种心理异常具有某种纯粹生理根源的可能性。②

在此,我们可以对加罗法洛关于犯罪人的思想作以下归纳:道德异常是犯罪人与正常人的根本区别,而这种道德异常可能表现为生理异常,也可能表现为心理异常。加罗法洛尤其重视对犯罪人的心理分析。

加罗法洛在对犯罪人本质特征揭示的基础上,提出了其

---

① 〔意〕加罗法洛:《犯罪学》,耿伟、王新译,中国大百科全书出版社1996年版,第78页。
② 参见〔意〕加罗法洛:《犯罪学》,耿伟、王新译,中国大百科全书出版社1996年版,第82—83页。

独特的罪犯分类法。加罗法洛批评了菲利的罪犯分类法，认为这种分类法没有科学基础，而且缺乏普遍性和精确性。从每一个真正罪犯（换句话说，即每一个真正自然犯罪的制造者）都是一个道德低下者这种观点出发，那么问题就在于确定其道德缺陷的特殊气质，即确定他所缺乏的情感和能力以及支配他的邪恶本能。在这种理论基础上，加罗法洛将罪犯分为：

（1）谋杀犯，这是一种利他思想完全缺乏的人。

（2）暴力犯，包括以下两种：第一种是地方性犯罪。加罗法洛认为，这些同等次要的罪犯在进化过程中，精神上和生理上均离常人不远。与自然犯罪中罪犯的区别相一致，这里的罪犯也明显地分成两个特定大类，一类具有缺乏仁慈或怜悯的特征，另一类具有缺乏正直的特征。第二种是激情犯罪。加罗法洛认为，在这部分地区性犯罪中，包括了在激情影响下所犯之罪，这种激情因素"可以是习惯性的并说明了个人的气质"，也可能是外部原因的结果，如酒精液体、高温甚至可能是某种性质确实特殊的环境，而这种环境很可能引起任何人的愤怒，尽管愤怒的程度有所不同。

（3）缺乏正直感的罪犯，也就是那些侵犯财产的罪犯。加罗法洛认为，在这里，社会因素比在以前几种犯罪中所起的影响要大得多。但是这并不能阻止我们在罪犯的有机体中找到一种先于任何环境影响作用而存在的因素。

（4）色情犯，即由于性冲动而导致的犯罪和侵犯一般意义的贞洁的犯罪。加罗法洛认为，这种罪犯所贪图的只是在实施这种应罚行为中所体验到的快乐，为此，他们牺牲了名誉并忍受着羞耻和嘲笑。一般说来，能够解释这些犯罪的应是道德力量的缺乏而不是怜悯感的缺乏。

应当指出，加罗法洛的罪犯分类法虽然有其独特之处，即以某种特殊的不道德为基础对罪犯进行分类。但加罗法洛的罪犯分类法也存在明显缺陷，即逻辑上混乱、分类标准上缺乏一致性。在这一点上，比菲利似乎是有过之而无不及。

9.3 刑罚遏制论

加罗法洛提出了依据自然法则确定犯罪反应方式——刑罚的观点。这里涉及加罗法洛对刑罚本质的看法，他指出：

> 如果我们把冒犯少数人的行为转向冲击整个社会道德观的行为，我们就会发现，对此行为的反应会合乎逻辑地以相同的形式产生，也就是说，排斥出社会圈。正如讲究的家庭通过客人的言辞或举动发现客人缺乏社会教养而拒绝他作客一样，也正如由个人所组成的协会把行为举止与绅士身份不相称的成员开除出团体一样，同样地，从总体上看，社会也应把那些个别行为足以清楚地说明他们缺乏适应能力的犯罪人驱逐出去。通过这种方式，社会力量将会影响人为的选择，而人为的选择与

自然的选择之间有相似之处。物种由于不能同化于它们生来的或者被移动的特殊环境下的条件而消亡,这种状况影响着自然的选择。同样地,国家应当无条件地遵循自然选择的事例。①

因此,在加罗法洛看来,刑罚作为对犯罪的遏制,应当根据自然法则加以确定。加罗法洛注重对犯罪以消除形式而呈现的反应,这种消除意味着对于犯罪能力的剥夺。加罗法洛指出:

> 自然犯罪意味着犯罪人全部或部分地缺乏社会生活的适应能力,它显示犯罪人在道德上的异常(可矫治的或不可矫治的)。换言之,它表明我们所论及的个人具有犯罪能力:在其他人中,这种能力或者不被公认,或者不能被明确地确定,也有可能不存在。因此,在真正的自然犯罪情况下,"自然犯罪人很有可能去实施其他犯罪"。只有罪犯是正常人,这种可能性才不存在。但是,在该种情况下,由于犯罪与道德意识的存在不相容,或者至少与道德意识的能力不相容,所以就不会有犯罪。道德意识的缺乏或薄弱经常有可能导致新的犯罪。一旦承认了这一点,犯罪能力就不能被容忍。犯罪能力切断了个人与社会之间的联系,这是因为联接人们

---

① 〔意〕加罗法洛:《犯罪学》,耿伟、王新译,中国大百科全书出版社1996年版,第197页。

的唯一的共同粘结剂是基于这样的假设：所有的人都拥有最低限度的某些情感，违背这些情感就是犯罪。①

因此，加罗法洛十分注重刑罚的特殊预防，认为特殊预防应是刑罚的直接目的，一般预防是刑罚的偶然效果。正如已经认识到的，当所采用的方法完全适合于罪犯个人时，一般预防才不能不采用。② 加罗法洛对以威慑为中心的刑罚理论作了批评，指出：

有这样一些学者，他们基于对罪犯的直接观察，孤立地考虑问题。他们试图建立一个威慑的标准。他们说："由于法律所威慑的损害变成一种决定性的行为动机，所以，它有必要抵消从犯罪中所期望获取的喜悦"（费尔巴哈和罗曼格诺西）。

上述就是众所周知的心理强制理论。这个理论含有三个条件：

（1）罪犯是深谋远虑、专为自己打算的人。他们能够准确地估算来自于犯罪的喜悦（这是罪犯未知的）和惩罚所带来的损害（这经常也是罪犯未知的）。

（2）罪犯把惩罚看成是某种损害——这是犯罪所带

---

① 〔意〕加罗法洛：《犯罪学》，耿伟、王新译，中国大百科全书出版社1996年版，第213—214页。

② 参见〔意〕加罗法洛：《犯罪学》，耿伟、王新译，中国大百科全书出版社1996年版，第266页。

来的不可避免的后果。

（3）即使罪犯确信了损害，但对间接损害的预见足以阻止他们获得直接的喜悦感和满足其强烈、即刻的欲望。

在综述上面的理论之后，我们认为，经验反驳了这三种主张的每一条和全部，但这种反驳仅仅是重复而已。毫无疑问，畏惧是一种最有效的决定性动机。但是，除了我们被呼吁去处理特有的犯罪，或者去处理那些较少的、很接近于正常人道德观的罪犯以外，我们甚至无法近似地去估算畏惧的效果。①

加罗法洛认为心理强制理论是一种平庸的经验主义，缺乏一个科学的标准，因而是不可行的。而且，威慑实质上是一种效果，而不是一种惩罚标准。加罗法洛并不否认刑罚具有一定的威慑性，但反对刑罚以威慑为目的，指出：

> 依照我们的观点，可以得出这种结论：如果消除的方法真正是环境所需要的，也就是说，它达到了遏制的真正目的，那么，威慑将必然作为一种反射性的效果而予以产生，我们不必特别关注这个问题。②

---

① 〔意〕加罗法洛：《犯罪学》，耿伟、王新译，中国大百科全书出版社1996年版，第218—219页。
② 〔意〕加罗法洛：《犯罪学》，耿伟、王新译，中国大百科全书出版社1996年版，第223页。

加罗法洛主张以遏制犯罪取代威慑犯罪，这种遏制，包括消除与赔偿两种形式。

消除是指将罪犯排斥出社会的方法。死刑是消除犯罪最简单和最有效的方法，但加罗法洛并不认为死刑是一种可以广泛运用的反应形式。加罗法洛认为，只有当个人成为社会有机体有害的源泉时，他就不再享有成为社会一分子的权利。因而，死刑才是必要的。但上述需要并不存在于每一种侵犯社会道德观的情况中，它仅仅存在于下列情况中：对社会道德观的侵犯是一种永久性精神异常的症状，该症状导致主体永远不能进行社会生活。因此，加罗法洛断言，死刑只能对第一种类型的犯罪人适用，因为这种类型的犯罪人不能进行社会生活。这种犯罪人仅仅出于利己的动机就易于实施谋杀行为，根本不涉及偏见的影响和环境的过错。① 除死刑以外，另外两种消除的形式是终身监禁和永久性驱逐出社会。加罗法洛指出：在多数情况下，第一种方法，即终身监禁是很残酷的。如果国家拥有殖民地以及依然无人居住的土地，第二种方法，即永久性驱逐出社会是一种更可取的方法。这是因为，在上述环境下，罪犯只能忍受苦痛，而且维持生命的需求，将不停地驱使罪犯去劳动，因为劳动是其生存所必不可少的条件。因此，总的来看，流放是消除职业盗

---

① 参见〔意〕加罗法洛：《犯罪学》，耿伟、王新译，中国大百科全书出版社 1996 年版，第 201 页。

窃犯、流浪者和惯犯的一种必不可少的方法。① 加罗法洛还将剥夺一定权利也视为消除的形式之一，指出：消除并不意味着把罪犯排斥出他们所处的特定社会环境之外。例如，永远禁止他们从事与其行为不相配的职业，或者剥夺他们予以滥用的民事权利和政治权利。②

赔偿是遏制的另一种方法，指强迫罪犯赔偿其犯罪所导致的物质上和精神上的损失。罪犯可能被迫支付一定数额的金钱，或者为受害者的利益而工作，直至达到恢复原状的结果。加罗法洛指出：强制赔偿看来是一种遏制犯罪的新方法。假如赔偿是完备的和充足的，而且对损失的评估既包括物质损失，也包括被害人所遭受的精神损害，那么，强制赔偿就是一种能够适用于许多犯罪的方法。③

在加罗法洛看来，刑罚的存在理由是功利的，即把罪犯排斥出社会，并强迫罪犯尽可能赔偿其犯罪行为所造成的损失。加罗法洛从自然犯罪的观念出发，得出了遏制犯罪的功利主义刑罚理论，注重对犯罪人的处遇，这也正是其刑罚理论不同于以威吓为目的的费尔巴哈刑罚理论的独特之处。

---

① 参见〔意〕加罗法洛：《犯罪学》，耿伟、王新译，中国大百科全书出版社1996年版，第202页。
② 参见〔意〕加罗法洛：《犯罪学》，耿伟、王新译，中国大百科全书出版社1996年版，第202页。
③ 参见〔意〕加罗法洛：《犯罪学》，耿伟、王新译，中国大百科全书出版社1996年版，第204页。

10

李斯特：关切目的

10.1 复兴刑事政策

国际刑法联盟的主要倡导者冯·李斯特曾致力于将新思想应用到法律实践中去。这些新主张主要为了拥护卡那拉支持者所反对的有条件判决（即缓刑、刑罚执行的延缓），为了废弃短期监禁刑，并为青少年罪犯建立一种特殊的（不怎么带惩罚性的）制度。更重要的是，李斯特复兴了刑事政策这一概念，仅从这最后一点说，李斯特的努力就是极其有价值的了。如果说刑事政策作为指导与犯罪作斗争的协调合理的体系这一定义事实上要归功于孟德斯鸠（《论法的精神》很大程度上说是一本刑事政策学论集）和贝卡里亚（1764年的《论犯罪与刑罚》）的话，那么刑事政策这一概念在19世纪的传播及首次系统化却要归功于1813年巴伐利亚刑法典的倡导者德国人安塞尔姆·冯·费尔巴哈。在冯·李斯特复兴刑事政策这一概念并在欧洲、拉丁美洲广为传播以前，刑事政策学这一学科的重要性就早已显露出来了。实际上当时刑事政策这一概念的含义是比较狭隘的，因

为在李斯特看来，刑事政策涉及的主要是（改造以后的）刑法对于依据犯罪学知识确定的罪犯人格如何适应的问题……①

以上是法国著名学者马克·安塞尔对李斯特的一段评语。在这段评语中，安塞尔论及李斯特在刑事政策发展中的重要作用。刑事政策一语，起源于德国。通常认为，刑事政策（Kriminalpolitik）一词系在1803年，由刑法学家费尔巴哈在其所著刑法教科书中首先使用。刑事政策有广义与狭义之分。广义的刑事政策是指国家以预防及镇压犯罪为目的所确定的一切手段或方法。依广义说，刑事政策之防止犯罪目的不必是直接、积极的或主要的，而凡与犯罪之防止有间接或从属的目的之方法亦可属之。申言之，广义的刑事政策并不限于直接的以防止犯罪为目的之刑罚诸制度，而间接的与防止犯罪有关的各种社会政策，例如居住政策、教育政策、劳动政策（失业政策）及其他公共的保护政策等亦均包括在内。狭义的刑事政策，是指为国家以预防及镇压犯罪为目的，运用刑罚以及具有与刑罚类似作用之诸制度，对于犯罪人及有犯罪危险人所作用之刑事上之诸政策。在狭义说，刑事政策之范围，不包括各种有关犯罪的社会政策在内，而仅限于直接的，以防止犯罪为主要目的的刑事上之对策。唯所

---

① 〔法〕马克·安塞尔：《新刑法理论》，卢建平译，香港天地图书有限公司1990年版，第15—16页。

谓刑事上之对策，并不限于刑罚各制度，更包括具有与刑罚类似作用的诸制度。① 由于刑事政策是以预防犯罪为目的的，具有明显的功利主义之意蕴。因此，报应主义刑法理论对于刑事政策是持绝对的排斥态度的，只有功利主义刑法理论才能容纳刑事政策之内容。

　　一如安塞尔之所述，刑事政策之起源一般都追溯到刑事古典学派的贝卡里亚、边沁、费尔巴哈，更早则追溯到孟德斯鸠。这个阶段的刑事政策被称为人道主义之阶段。贝卡里亚等人是以理性人的假设为前提的：犯罪人是理性人，具有意志自由，根据趋利避害原则选择其行为，因而统治者可以因势利导，预防犯罪的发生。同时，立法者作为理性人，能够自觉地运用刑法的威慑性，追求预防犯罪的功利效果。我国学者黄风指出："贝卡里亚认为刑罚的本质是痛苦，它只是为遏止可能对社会造成的更大痛苦才被施加于犯罪人的，刑罚应当严格地控制在必要限度以内，超越这一限度，它就将转化成对社会的新侵害。贝卡里亚对刑罚本质的这种带有一定辩证性的认识，致使他非常注重运用刑罚的策略，即刑事政策问题。"② 继贝卡里亚之后，边沁、费尔巴哈等人的思想中也包括着这种刑罚的策略内容。可以说，刑事古典学派

---

　　① 参见张甘妹：《刑事政策》，台北三民书局1979年版，第1—3页。
　　② 黄风：《贝卡里亚及其刑法思想》，中国政法大学出版社1987年版，第111页。

的刑事政策思想是以刑罚运用为核心的,主要是借助于刑罚的威慑性,实现一般预防的目的。因此,刑事古典学派对刑事政策是持相当狭义的理解的,仅将预防犯罪之手段限于刑罚。在刑事古典学派的理论视野之内,刑事政策只是一种思想萌芽,并未发展成为独立的理论。从龙勃罗梭开始,完成了从犯罪到罪犯的历史性转变,创立了以犯罪原因为研究对象的犯罪学。犯罪学的建立,为刑事政策学的发展奠定了基础。但真正使刑事政策成为一门学科的,是李斯特。李斯特否定了刑事古典学派的理性人的假设,代之以经验人,经验人是指立足于社会,被各种社会关系所决定的具体人,他不具有意志自由,其行为是被决定的。在经验人假设的基础之上,李斯特引申出其刑事政策思想,从而使刑事政策之发展进入到一个科学的阶段。李斯特曾经深刻地论述了现阶段刑事政策的要求及其对最新法律发展的影响,指出:

> 利用法制与犯罪做斗争要想取得成效,必须具备两个条件:一是正确认识犯罪的原因;二是正确认识国家刑罚可能达到的效果。因此,现代刑事政策不可能有很长的发展史。它产生于19世纪的后1/4世纪。它与社会政策同时发展,齐头并进。然而,社会政策的使命是消除或限制产生犯罪的社会条件;而刑事政策首先是通过对犯罪人个体的影响来与犯罪做斗争的。一般来说,刑事政策要求,社会防卫,尤其是作为目的刑的刑罚在刑种和刑度上均应适合犯罪人的特点,这样才能防卫其将

来继续实施犯罪行为。从这个要求中我们一方面可以找到对现行法律进行批判性评价的可靠标准,另一方面我们也可以找到未来立法纲要发展的出发点。①

因此,刑事政策对于现代刑事立法具有十分重要的意义。根据这种科学的刑事政策原则,刑事政策乃达到犯罪预防目的之手段,而此手段要有效,须先对犯罪现象之各事实有确实之认识,如同医生的处方要有效,首先对疾病情况所为之诊断要正确。倘须对犯罪的各事实有正确的认识,须赖各科学对有关犯罪的研究。易言之,有效的刑事政策非以各科学有关犯罪之研究为其基础不可,例如在阐明犯罪原因上,必须依赖生物学、遗传学、心理学、精神医学、教育学、社会学等诸科学的研究;又如在刑罚制度效果之研讨上,须运用统计学之知识;犯罪人之分类遇上,须运用心理学、精神医学之测验或诊断鉴别等技术。由此可见,刑事政策离不开科学的研究。李斯特曾强调刑事政策之科学性,将刑事政策定义为:

> 刑事政策者以犯罪原因及刑罚作用之科学的研究为基础的诸原则之全体,依此原则,国家以刑罚诸制度为手段,镇压犯罪。

---

① 〔德〕李斯特:《德国刑法教科书》,徐久生译,法律出版社2000年版,第13页。

李斯特还进一步考察了刑事政策的研究方法，揭示了刑事政策必须以科学为基础，采用科学的研究方法的原理，指出：

> 刑事政策，如果缺乏科学的基础，则刑事政策只能成为一好事家（Dilettant）。须知，刑事政策必须以诸科学的研究为其基础，始能发生实效。倘仅根据非科学的常识的观念与判断，则政策将必空洞而无力。①

在李斯特的倡导下，刑事政策的观念得以流行，并建立起刑事政策学。刑事政策对刑事立法产生了深远的影响，出现了所谓刑法刑事政策化的趋向，即将刑罚个别化、保安处分等原则与制度引入刑法典，以便更为有效地镇压犯罪。同时，刑事政策也对刑法学产生了一定的影响。李斯特提出了全体刑法学的概念，把刑事关系的各个部分综合成为全体刑法学，意即真正的整体的刑法学，内容包括犯罪学、刑罚学、行刑学等。刑事政策学在全体刑法学体系中起着立法、司法、行刑法起不了的作用。立法、司法、行刑的规范内容、意义的解释和法律事实"存在"的证实，都须限制在罪刑法定主义的原则的范围内。而刑事政策学虽属于经验的实证的科学，但其目的是价值判断，其主要任务是解决法律事实的"当为"，而不局限于犯罪、刑罚等事实学的范围。总

---

① 张甘妹：《刑事政策》，台北三民书局1979年版，第11—12页。

之，犯罪、刑罚等主要在于解决事实的"存在"，而刑事政策学主要在于解决事实的"当为"。因此，刑事政策学能起犯罪学、刑罚学、行刑学所不能起的作用，这就决定了它在全体刑法学体系中的上位的重要的地位。① 全体刑法学大大拓展了刑法学的研究领域，并将合目的与否作为考察刑法有效性的标准，在刑法研究中重新确立了价值论的立场。

10.2 犯罪征表说

刑事古典学派对于犯罪的分析，仅止于行为，鲜有论及行为背后的支配因素。刑事人类学派代表人物龙勃罗梭开始将犯罪行为归之于一定的主体，并从主体的人类学特征上揭示犯罪原因。因此，这种犯罪原因是生物学上的一种遗传决定论，也可以说是犯罪原因一元论。菲利从刑事人类学派转向刑事社会学派，提出了犯罪原因三元论：人类学因素、自然因素与社会因素。李斯特秉承刑事实证学派的传统，创立了刑事社会学派，以其犯罪原因二元论而著称。

从刑事社会学派的立场出发，李斯特批判了龙勃罗梭的刑事人类学观点，认为遗传倾向只是由于外部环境的影响才表现为犯罪或精神障碍的，犯人跟普通人完全一样，普通人

---

① 参见甘雨沛、何鹏：《外国刑法学》（上册），北京大学出版社1984年版，第79页。

只不过是由于外部情况结合时的幸运才没有陷于犯罪而已。李斯特指出:

> 每个关于犯罪的纯生物学的观点,即仅从犯罪人的身体和精神特征方面寻求犯罪的原因,均是错误的。因此,急需下这样一个结论:不可能产生一个统一的人类学的犯罪人类型。得出这个结论还有其他理由。尽管科学研究迄今为止在状态犯方面已经产生许多类型(不同于标准类型),尤其是在有关遗传方面。但是,尚未产生自然科学可接纳的状态犯的特殊类型。故此,龙伯罗梭及其门徒们的学说不攻自破。①

从上述论断可以看出,李斯特关于犯罪原因的认识与龙勃罗梭的刑事人类学派存在明显区别。李斯特并不认为遗传是犯罪的唯一原因。李斯特指出,龙勃罗梭及其门徒对于个人性格的研究是其最大的功绩,该派对于犯罪不限于了解除犯罪自身的概念,更进一步研究犯人本身,且热心努力于新学理的发现及研究方法的改良,这是应予称道的。但是,该派只注意于各犯人形象中各个的特质,而对于包含犯人形象最重要的精神本体则不甚注意。根据龙勃罗梭的学说,如果犯人的手腕并不比常人为长,犯人的身体不一定较常人健壮,其言语笔迹也与常人无异,则所谓各个人的特质当然不

---

① 〔德〕李斯特:《德国刑法教科书》,徐久生译,法律出版社2000年版,第12页。

在犯人形象之列，又如何区别？该派立论的基础是以遗传为中心，使人类的性质全然服从于自然。李斯特承认，客观上确实存在因"遗传的负担"关系，或企图自杀，或徒生狂疾，或患神经衰弱及其他疾病，甚至乘冒危险发生不测，因此遂变为犯罪人的情形。但是，之所以陷于犯罪的状态，也无非由于生存的命运外界的关系所致。① 由此可见，李斯特虽然也承认遗传对于犯罪具有一定的影响，但他认为遗传并非犯罪的决定性因素，其作用之发生离不开社会因素。李斯特虽然同意菲利将社会因素视为犯罪原因之一，但不主张将自然因素独立于社会因素之外，而认为自然因素只是社会因素之一种。李斯特举例加以说明：菲利对于犯罪发生的说明，曾认为与气候寒暖甚有关系，即冬季多财产犯，夏季多风俗犯。单就冬季论，冬季财产犯罪确实多于夏季，但这种犯罪的直接原因是由于天寒地冻，无衣不暖，无火不温，不得不求衣服及燃料之供给，或因职业减少，无从获得供给机会，惟有从事盗窃，以救其急需，归根到底还是由于经济的社会的原因决定的。② 应该说，李斯特的这一批评是有一定道理的，自然因素之所以能够发生作用，往往也离不开社会因素的作用。

在批评龙勃罗梭与菲利关于犯罪原因的观点的基础上，

---

① 参见翁腾环：《世界刑法保安处分比较学》，第39、40、41页。
② 参见翁腾环：《世界刑法保安处分比较学》，第41页。

李斯特提出了犯罪原因的二元论，即社会因素和个人因素。李斯特指出：

> 犯罪是由实施犯罪行为当时行为者的特性，加上周围环境的影响所产生的。①

李斯特关于犯罪原因二元论的观点被认为是遗传学（人类学）和社会环境说两者对立的折中。李斯特首先指出了犯罪生物学与犯罪社会学之间的差别：

> 犯罪学又可分为犯罪生物学（或犯罪人类学）和犯罪社会学。犯罪生物学将犯罪现象描述为一个人生活中的事件，主张应从犯罪人的体型和所处的环境去研究犯罪；犯罪生物学又可细分为犯罪躯体学（解剖学和犯罪心理学）。相反，犯罪社会学则将犯罪现象解释为社会生活中的事件，主张应从犯罪的社会结构以及社会缺陷中去研究犯罪。②

在阐明犯罪生物学与犯罪社会学的差别的基础上，李斯特特别指出这种差别是由研究方法不同所造成的。李斯特揭示了两者研究方法的区别：

---

① 甘雨沛、何鹏：《外国刑法学》（上册），北京大学出版社1984年版，第119页。
② 〔德〕李斯特：《德国刑法教科书》，徐久生译，法律出版社2000年版，第8页。

应该清楚地知道，两者的研究对象是相同的，即都是研究犯罪，只是研究方法不同而已：犯罪生物学是对个体的系统观察、研究；犯罪社会学是对群体的系统观察、研究。因为犯罪作为社会生活中的现象，是由一些具体的犯罪构成的；每个具体的犯罪也只是社会现象的一部分。因此，人们应该将上述两种研究方法结合起来，用此种方法研究的结果去验证彼种研究方法的结果，只有这样才能对犯罪有个正确的认识。①

在上述认识的基础上，李斯特提出了以下著名的论断：

研究表明，任何一个具体犯罪的产生均由两个方面的因素共同使然，一个是犯罪人的个人因素，一个是犯罪人的外界的、社会的，尤其是经济的因素。犯罪的产生以及犯罪对于犯罪人的意义随着这两个因素的变化而变化。②

这就是李斯特关于犯罪原因二元论的观点。在这两个因素中，李斯特所说的个人原因，主要是指个人性格上的原因，这种性格有一部分为先天的，即生来如此；有一部分为后天，即由于发育关系或生存命运关系所致。李斯特虽然承

---

① 〔德〕李斯特：《德国刑法教科书》，徐久生译，法律出版社2000年版，第9页。
② 〔德〕李斯特：《德国刑法教科书》，徐久生译，法律出版社2000年版，第9页。

认个人因素在犯罪发生中的作用,但他更为强调的是社会因素。对此,德国刑法学家施奈德作过以下评价:

> 李斯特虽然区分产生犯罪行为的社会因素和个人因素,但是他强调(1905)"社会因素比个人因素具有无可比拟的重要性"。实际上他已经塑造了一种把"社会因素"局限在犯罪人社会邻近环境里的公式(1905):"犯罪行为一方面是犯罪人作案时特征的产物,另一方面是作案时犯罪人周围环境,特别是经济环境的产物"。①

李斯特对犯罪的社会因素的强调,是继承了欧洲大陆社会学的传统。在19世纪下半叶至20世纪初,随着社会学的流传,以社会学的观点分析犯罪现象的研究也日渐深入。例如,法国就出现了环境学派,其核心论点是要在产生犯罪的社会环境中寻找犯罪原因。该学说的代表人物拉卡沙纽认为:各社会产生与之相应的犯罪(一定社会产生一定的犯罪),社会环境是犯罪的培养基地,犯罪者如同霉菌,其重要性只不过是为引起发酵的一个因素而已。犯罪中,应受罚者是社会,而不是犯罪者。此外,法国学者塔尔德认为,如果说犯罪行为是由于生物学的物理学的诱因,不如说是由于社会环境的诱因。因为犯罪是由于社会环境所产生的诱因加

---

① 〔德〕施奈德:《犯罪学》,吴鑫涛、马君玉译,中国人民公安大学出版社1990年版,第139页。

个人的决意因素所构成。所以，犯罪者个人因素除外，一切罪责归诸社会。① 更为重要的是法国著名社会学家迪尔凯姆对犯罪作了深刻的社会学考察，科学地揭示了犯罪与社会的相关关系，指出：

> 犯罪不仅见于大多数社会，不管它是属于哪种社会，而且见于所有类型的所有社会。不存在没有犯罪行为的社会。虽然犯罪的形式有所不同，被认为是犯罪的行为也不是到处一样，但是，不论在什么地方和什么时代，总有一些人因其行为而使自身受到刑罚的镇压。②

因此，迪尔凯姆得出结论，犯罪是社会生活的正常部分，甚至是健康的社会整体的一个组成部分。犯罪之所以是正常现象，首先是因为社会绝对不可能没有犯罪。由此可见，只有在与社会的相关关系中，才能确认犯罪的本质。

李斯特肯定了社会因素对犯罪具有决定性作用。例如，失业、恶劣的居住条件、低工资、生活必需品价格高昂、酗酒等。由此可见，李斯特之所谓社会因素在很大程度上是指经济因素，尤其强调贫困是培养犯罪的最大基础，也是遗传

---

① 参见甘雨沛、何鹏：《外国刑法学》（上册），北京大学出版社1984年版，第120—121页。
② 〔法〕迪尔凯姆：《社会学方法的准则》，狄玉明译，商务印书馆1995年版，第83页。

素质所以质变的培养液。①

　　李斯特虽然重视社会因素对于犯罪的决定性作用，但又不是唯社会因素论，从而与环境学派划清了界限。事实上，李斯特对那种机械的社会决定论是持否定态度的。例如，比利时著名学者凯特莱，是犯罪统计学的创始人，他认为（1835）犯罪行为是一种社会现象：人是其自然和社会环境及其个体特殊性的产物。社会酝酿了犯罪行为。作案人只是其工具而已。每个社会群体都必然地造成一定数量和某些类型的犯罪行为，这简直就像新陈代谢的必然结果一样。"有一笔可怕的需要定期偿付的预算，这就是监狱、苦役和绞刑架的预算。"凯特莱这句话的意思是：一个社会里的犯罪现象是按照犯罪统计学预测的可能性发展的。他提出了从属于年龄、性别、职业、教育、气候和季节的犯罪倾向概念。他把犯罪倾向理解为一个作为数学符号，可进行比较的普通人的可能性数值：犯罪倾向在 20 岁至 25 岁之间迅速上升到高峰，因为这时的体力和欲望达到理智不能充分抑制的最大限度。按照凯特莱的观点，犯罪成因有三个重要条件：基于个人道德观念强弱的犯罪意志，作案机会以及利用这种现成机会的可能性。② 针对凯特莱的这种观点，李斯特指出：凯特

---

　　① 参见马克昌主编：《近代西方刑法学说史略》，中国检察出版社1996年版，第185页。
　　② 参见〔德〕施奈德：《犯罪学》，吴鑫涛、马君玉译，中国人民公安大学出版社1990年版，第108、109页。

莱认为个人只有被动接受社会的力量，而无造成犯罪原因的可能，漠视了个人的价值。同时指出，在凯特莱看来重要的统计上的平均的抽象人格，即平均人，其实并无价值。这种平均数与事实不符，故不能认为是适当的。李斯特认为，凯特莱见解的一大缺点是，机械地观察社会，漠视个人的特质。① 李斯特在承认社会因素的重要性的同时，对犯罪的个人因素也予以足够的重视。

由于犯罪毕竟是一种个人行为，因而在李斯特的犯罪理论中，对犯罪特征本身作了较为深入的分析。李斯特所理解的犯罪，既不同于刑事古典学派，机械地把犯罪视为受意志自由支配的一种孤立的行为；也不同于刑事人类学派，单纯地把犯罪视为一种生物遗传现象、犯罪人的一种人格。李斯特强调犯罪是一种行为（Handung），是行为人基于其社会危险性格实施侵害法律所保护的利益的行为，并且通过这种侵害行为表现行为人的责任性格。② 因此，李斯特将侵害行为与行为人的责任性格结合起来进行考察，由此展开犯罪本质。

通过行为的表象把握行为人的本质，即由行为而及行为人，这是李斯特对犯罪问题的观点，这一观点在一定程度上

---

① 参见翁腾环：《世界刑法保安处分比较学》，第39页。
② 参见马克昌主编：《近代西方刑法学说史略》，中国检察出版社1996年版，第188页。

体现了行为与行为人之间的折中,也在一定意义上正确地揭示了行为与行为人之间的关系。

对此,我国学者曾经指出:李斯特的犯罪论具有两重性。一方面,他认为,如果刑罚以犯罪人的性格本身为对象,那么,本来对于还没有实施犯罪但具有危险性格的人,也应当为了改善而科处刑罚;但由于现代的知识水平与能力还不能在犯罪前判断人的性格,故只有当犯罪人的危险性格征表为犯罪行为,才能科处刑罚。① 在此基础上,李斯特的学生泰斯及科曼阐发了犯罪征表说。犯罪征表说把犯罪行为看做是行为人反社会性格的征表。李斯特认为,即便是古典学派也同样承认,受处罚的是行为人即犯罪人,所以,不处罚行为而处罚行为人的表现本身并不正确。古典学派主张只处罚"行为人的行为",而实证学派将其修改为"由行为而处罚行为人",即处罚"行为的行为人",其涵义就是"以行为人的行为所表现的犯罪品行"为根据处罚行为人。这种处罚虽以"行为证明的行为人的品行"为依据,但品行并不是刑罚的对象,而只是一个基本标准,是决定刑罚的量的重点。② 这里的品行,也称为情操,是指在一定性格支配下的行为。这种行为不是机械的个人行为,而是体现行为人的反

---

① 参见张明楷:《刑法的基本立场》,中国法制出版社2002年版,第16页。
② 参见〔日〕木村龟二主编:《刑法学词典》,顾肖荣等译,上海翻译出版公司1991年版,第18页。

社会情操的征表的个人行为。这种反社会情操通常称为人身危险性。根据犯罪征表说，人身危险性必须是已经表现为犯罪行为（罪行）时，才能适用刑罚。但是，当人身危险性根据各方面的象征已经明显地、充分地显露出来，但尚未成为罪行时，只能在有限的情况下，适用保安处分或采取其他社会防卫措施；当一种人身危险性在某种现实的犯罪行为中不一定得到充分的、如实的暴露，但从其平素行为中足以看出更大的人身危险性时，在论罪科刑中可以在一定的限度内灵活掌握适用刑罚。① 犯罪征表说在李斯特的下述名言中发挥得淋漓尽致：

"应受惩罚的不是行为而是行为人。"

10.3 目的刑主义

目的刑的观念是与报应刑相对立的，其理论基础是功利主义。因此，在李斯特以前就存在目的刑的思想。例如，刑事古典学派的贝卡里亚、费尔巴哈都认为刑罚具有预防犯罪的目的，但这种预防犯罪的目的主要是指一般预防。因此，这属于"前期目的刑主义"。一般所说的目的刑主义，专指刑事实证学派的以社会责任论为理论基础，强调特殊预防主

---

① 参见孙膺杰、吴振兴主编：《刑事法学大辞典》，延边大学出版社1989年版，第691—692页。

义的学说。在某种意义上可以说，李斯特是这种目的刑主义的首倡者。在论及李斯特的目的刑主义的诞生时，德国学者指出：

> 当冯·李斯特几乎在100年之后建立了一个新的特殊预防理论之时，普鲁士州法的特殊预防的刑罚理论的命运，似乎早就确定了。冯·李斯特的特殊预防理论，被视为具有国际影响的思维模式，并导致德国刑法制裁体系的深刻的变革。冯·李斯特重新将刑法与以自由观为基础建立的法政策联系在一起，在该法政策中，"目的思想"应当成为法进步的支柱。他从犯罪现实问题出发，以在当时刚进入法学领域的现代自然科学的因果—经验研究方法为先导，指出现行刑法缺少犯罪统计结果，并视刑事政策为社会政策的有组织的一部分（实证主义）。冯·李斯特的刑事政策的基本思想，于1882年反映在其著名的马堡计划"刑法的目的思想"中。①

1882年，李斯特在马尔布赫大学以题为"刑法的目的思想"的就任演说中提出了目的刑主义。李斯特从目的主义出发，对刑罚的本质与价值作了以下论述：

> 在我们能够认识的最早的人类文化史时期的原始形

---

① 〔德〕汉斯·海因里希·耶赛克、〔德〕托马斯·魏根特：《德国刑法教科书》（总论），徐久生译，中国法制出版社2001年版，第92页。

态下，刑罚是对于从外部实施侵犯个人及个人的集团生活条件行为的盲目的、本能的、冲动的一种反动行为。它没有规定任何目的象征，而它的性质是逐渐演变的。即这种反动行为从当初的当事人集体转移至作为第三者的冷静的审判机关，客观地演化成刑罚，有了刑罚的机能才可能有公正的考察，有了经验才可能认识刑罚合乎目的性，通过观念目的理解了刑罚的分量和目的，使犯罪成为刑罚的前提和刑罚体系成为刑罚的内容，刑罚权力在这种观念目的下形成了刑法。那么以后的任务是把已经发展起来的进化在同一意义上向前发展，把盲目反动向完全有意识地保护法益方向改进。[①]

从盲目到目的，从机械到能动，从冲动到理性，这就是李斯特为刑罚的历史演进所勾勒的线索。李斯特的目的刑主义思想认为，刑罚从原始的冲动的反动到国家的刑罚总的发展阶段中，通过杀戮、流放各个阶段，不是个人的复仇，而是对社会侵害的社会反动。所以，刑罚具有社会的性质。另外，刑罚是社会集团的社会反动，所以，和表示判断价值的道德无关而独立存在。而从刑罚的客观化和国家化实现以后，刑罚便成为法律，成为"法律刑罚"，国家刑罚权被限制的同时，刑罚就适应了观念目的并为保护法益的目的服务。

[①] 〔日〕木村龟二主编：《刑法学词典》，顾肖荣等译，上海翻译出版公司1991年版，第407页。

在论及李斯特的目的刑思想时，首先需要处理的是一般预防与特殊预防的关系。在上述两种预防中，李斯特是偏向于特殊预防的，但他也并没有将一般预防与特殊预防完全地对立起来，而是在一定程度上追求两者的兼容。对于一般预防与特殊预防的关系，李斯特作了如下阐述：

> 无论是一般预防还是特殊预防，如果片面地实施，必然会取得不同的结果。特殊预防视犯罪为反社会思想的标志，一般预防则视犯罪为行为人本身的某些重要因素起作用的结果；特殊预防将侧重点放在犯罪行为人及其思想上，而一般预防则将侧重点放在犯罪行为和结果上。一般预防力将某一些犯罪构成要件（科处刑罚和刑罚执行中的否定评价亦与之相联系）与其他犯罪的构成要件尽可能严格地区别开来，以此构成刑法分则部分，并视之为其主要任务；与此相反的是，特殊预防则主要是区分不同的犯罪人类型，以此形成刑罚体系。一般预防在由犯罪行为所造成对法制的实际损害中寻找犯罪与刑罚的均衡，特殊预防则在犯罪人的反社会思想的强烈程度上寻找犯罪与刑罚的均衡。但是，同时有一点是清楚的，即这一矛盾通过立法而缓和到一定的程度。一旦立法者决定以两个基本思想之一为出发点，但又不紧守这一思想不放，而是同时兼顾另一个基本思想的要求的

话，那么，两者之间矛盾的缓和就有可能了。①

因此，李斯特虽然以特殊预防为其目的刑主义的基本思想，但也并非完全排斥一般预防。目的刑主义引入到刑罚当中，产生了重大影响，导致一场在刑事实证学派思想主导下的刑罚革命，这主要表现在刑罚个别化原则的确立、保安处分制度的建立。

刑罚个别化是指对犯罪人的人格进行刑罚价值评价，主张刑罚与犯罪人的人身危险性相适应，由此形成刑罚个别化。著名法学家萨累伊在他所著《刑罚的个别化》（1898年初版）一书中曾提到，个别化的阶段有法律上的个别化、裁判上的个别化以及行政上的个别化。所谓法律上的个别化，是指法律预先着重以行为作为标准，细分其构成要件，规定加重或减轻等。所谓裁判上的个别化，是指在刑事程序上的司法性的个别化，主要是体现在法官（诉讼法意义上的法院）根据犯人的主观情况所做出的刑事制裁（刑罚、保安处分、保护处分）的选择和决定之中的个别化。所谓行政上的个别化，是指在矫正处遇和保护性处遇的阶段里由行政机关所进行的执行个别化。② 实际上，上述三种个别化又可以分

---

① 〔德〕李斯特：《德国刑法教科书》，徐久生译，法律出版社2000年版，第25—26页。

② 参见〔日〕森下忠：《犯罪者处遇》，白绿铉等译，中国纺织出版社1994年版，第11页。

别称为立法个别化、量刑个别化和行刑个别化。刑罚个别化的理念虽然是19世纪刑罚改革的产物，但根据美国学者齐林的观点，可以追溯到罗马教会法。齐林指出：法官按个别情形以定刑罚的理论，是由罗马教会法庭所创始的。在另一方面，我们不要忘记以人道主义的态度对待罪犯之外，还有一种明显的观念存在，就是刑法以及法官使用刑法的目的，是儆戒别人，使他们不要犯罪，以便社会臻于安全。更有一点须记得的，就是立法者与法官对于法律的订立，以及施行法律负有实施的责任，不但以某时期中社会上所盛行的自由意志，及责任理论为依归，并且更须切实顾到社会对某一特殊损害所生的愤怒。当时既然信仰着一个罪犯的惩罚，应按照犯人的犯罪，是否出于他自己的自由意志而加以处置，而且在实际施行上，不能根据于当日的心理，就在当时加以断定，而应当以犯罪者犯罪时的环境作为断定的根据。法官除了用这种环境来推断那时的自由意志及责任之外，没有其他的标准，可以作为论断的根据。① 应该说，齐林在这里所说的刑罚个别化只是个人责任意义上的刑罚个别化，而不是刑事实证学派所主张的刑罚个别化，刑事实证学派的刑罚个别化，是建立在行为决定论的基础之上的，认为犯罪是行为人生理心理情状与其周围环境交互影响的产物，并非由于意志

---

① 参见〔美〕齐林：《犯罪学及刑罚学》（三），查良鉴译，商务印书馆1937年版，第476—477页。

自由，更无所谓人人相同的意志自由。因此，应当根据犯罪人和人身危险性确定刑罚。由此可见，刑罚个别化具有较为明显的刑事政策意蕴，正如台湾地区学者张甘妹指出：

> 刑事政策主要以特别预防为其目的。因犯罪人犯罪性大小之程度以及犯罪性形成之过程等均各有不同，故各个犯罪人在矫治其犯罪性上之需要亦因人而异。因此欲期对犯罪人所为之处遇能真正的发生改善之作用，须依个别化之原则。申言之，对其所为之处遇，须依各个犯罪人或犯罪人之个性及需要而个别化，李斯特曾曰："刑事政策并非对社会的，而是对个人的……是以个人的改善教育为其任务。"[1]

正是在这个意义上，我们也可以将以改善教育为内容的刑罚个别化视为目的刑的根本要求，因而这里的目的刑也就是教育刑。刑罚个别化原则的倡导，是与李斯特的努力分不开的，在李斯特的以下名言中灼然可见其思想底蕴：

"矫正可以矫正的罪犯，不能矫正的罪犯不使为害。"

保安处分在理论上有广义与狭义之分。广义上的保安处分是指作为依靠刑罚以外的处置来补充或代替刑罚的措施，由国家施行的有关犯罪对策的一切处分。在这个广义上的保安处分中，不仅包括对人的处分，即对人的保安处分，还包

---

[1] 张甘妹：《刑事政策》，台北三民书局1979年版，第12页。

括对物的处分,即封闭营业所、解散法人、没收之类的对物的保安处分。狭义上的保安处分,是指使社会摆脱每个犯罪人的危害性而得到安全的处分,是指因此而把这些人隔离、拘禁或者教化改善的国家的处分。通常所说的保安处分,往往是用这个狭义上的定义。这个狭义的保安处分,仅仅意味着对人的保安处分。对人的保安处分进而又分为两种:一种是谋求对于其社会危险性不可矫正者或矫正很困难者实行社会隔离;另一种是教化改善其社会危险性而使之适合于社会生活。① 近代保安处分制度是由德国刑法学家克莱因首倡的,他在18世纪末叶出版的《保安处分的理论》一书中把刑罚同保安处分加以区别。在论及克莱因的保安处分理论时,李斯特指出:

> 直到启蒙运动于18世纪末促使人们提出了"刑罚与保安处分"的概念——理论问题。EF.克莱因(EF. Klein),普鲁士刑法的创建者,首先提出了"保安处分"理论。他将刑罚与保安处分作了区分:刑罚是在判决中根据其种类和限度而准确规定的,其本质要求它包含对行为及行为人的否定评价;而保安处分则仅仅是根据行为人的犯罪危险性来确定的,但没有必要让行为人变得过于"敏感",刑罚和保安处分的法律根据都是国家利益;而

---

① 参见〔日〕木村龟二主编:《刑法学词典》,顾肖荣等译,上海翻译出版公司1991年版,第464页。

科处这两种犯罪预防产生措施是由法官负责的。法官还必须规定警察执行保安处分的"最低范围"。根据克莱因的观点，刑罚与保安处分的关系应当如此来确立，即在刑罚执行完毕之后，紧接着将仍需矫正或使之不能犯的犯罪人安置于矫正机构或保安监禁机构。①

克莱因关于刑罚与保安处分相区分的观点，成为一种二元论的观点，对于后来的刑事立法产生了深远的影响。在克莱因看来，在刑罚之外，对行为者的犯罪危险性加以评量，其危险性不属于恶害性质时，可科以保安处分。这里所谓不属于恶害性质，是指主观上缺乏罪过，难以予以伦理上的非难。例如精神病人等。但同时克莱因还认为，对一定的犯罪者虽然适用了刑罚，但另附以保安处分也是可以的，只不过应把它看做是刑罚执行上的内容。② 由此可见，克莱因是把保安处分视为刑罚的补充措施，因而在一定程度上把保安处分与刑罚连结起来。但克莱因的这种思想受到费尔巴哈的抨击，因而未能产生重大的影响。到了19世纪后半叶，李斯特从刑罚应该为社会防卫这一目的服务的立场出发，展开了目的刑思想。李斯特在被称为马尔布赫大学提纲的"刑法的目

---

① 〔德〕李斯特：《德国刑法教科书》，徐久生译，法律出版社2000年版，第403—404页。
② 参见甘雨沛、何鹏：《外国刑法学》（下册），北京大学出版社1985年版，第601页。

的思想"中,主张社会防卫的理论,从而为我们今天的保安处分奠定了理论基础。李斯特认为,应当把将犯罪人改造成为新人,不再实施犯罪行为,作为达到保卫社会的途径之一。对有实施危害社会的行为的危险者,事先采取预防或防卫措施,避免其实施危害社会的行为,这同样是或者是较为重要的达到保卫社会的途径。根据这种刑罚的目的思想,就应当对一定的犯罪者应定其罪、宣告其刑罚的场合,先不宣告刑罚,而宣告由保安处分的改善所收容。① 因此,李斯特对保安处分作了如下界定:

> 保安处分是指这样一些国家处分,其目的要么是将具体的个人适应社会(教育性或矫正性处分),要么是使不能适应社会者从社会中被剔除(狭义的保护性或保安性处分)。②

李斯特关于保安处分的这些思想,对于保安处分制度的形成和发展都产生了重大的影响。在这个意义上说,李斯特不愧为现代保安处分制度的缔造者。

以刑罚个别化与保安处分为内容的目的刑主义,是李斯特对于现代刑罚制度所做出的巨大贡献。从报应刑到目的

---

① 参见甘雨沛、何鹏:《外国刑法学》(下册),北京大学出版社1985年版,第604页。
② 〔德〕李斯特:《德国刑法教科书》,徐久生译,法律出版社2000年版,第401页。

刑，是一场刑罚观念的革命，李斯特推动了这样一场刑罚革命。

当然，李斯特的目的刑也并非绝对的目的主义，即为了实现某种目的可以不择手段。李斯特不仅强调目的的正当性，而且强调手段的正当性。李斯特明确指出：目的刑合乎逻辑的实施受到目的刑思想本身和其他一些重要的限制。这些限制包括：

1. 不得为了公共利益而无原则地牺牲个人自由。尽管保护个人自由因不同历史时期人们对国家和法的任务的认识不同而有所不同，但是，有一点是一致的，即在法制国家，只有当行为人的敌对思想以明文规定的行为表现出来，始可科处行为人刑罚。犯罪行为的界限应尽可能地从客观方面来划定，该原则也适用于未遂犯罪和共同犯罪。只有这样，才能保证准确无误地区别应受处罚的行为和不受处罚的行为。

2. 立法应将存在于人民中间的法律观，作为有影响的和有价值的因素加以考虑，不得突然与这种法律观相决裂。

3. 在谈到刑法对犯罪人的效果时，我们不可忽视其对社会的反作用，即对整个社会的影响。过分强调矫正思想对于全民的法律意识及国家的生存，都会造成灾难性的后果，如同对偶犯处罚过于严厉，对不可矫正的罪犯处罚过于残酷会带来灾难一样。目的刑思想有其界限。不考虑所要达到的目的,而一味地强调自我保护方法,永远也不会收到满意的效果。

4. 无论对个人还是对社会,预防犯罪行为的发生要比处罚已经发生的犯罪行为更有价值,更为重要。①

无疑,李斯特看到了目的刑主义被绝对化以后可能带来的消极作用,因而主张用罪刑法定原则来限制目的刑主义。因而,这是一种罪刑法定范围内的目的刑主义。

---

① 〔德〕李斯特:《德国刑法教科书》,徐久生译,法律出版社2000年版,第20—21页。

缅怀片面（代跋）

从探寻法意的孟德斯鸠到关切目的的李斯特,从古典学派到人类学派,再到社会学派,我们领略了这些伟大的刑法思想家(而不是一般意义上的刑法学家)的理论风采,如果问我感受最深的一点是什么,那么我答之曰:"深刻的片面。"

从解剖罪犯的尸体,发现低等动物的特征,从而得出天生犯罪人的结论,龙勃罗梭是片面的典型,其深刻性令人惊讶!从否定刑法的报应性,确立刑罚的矫正性与治疗性,进而以制裁取代刑罚,草拟出"没有刑罚的刑法典",菲利是典型的片面,其深刻性令人瞠目!

片面何以深刻?因为这种"片面"是只及一点不及其余,而这"一点"恰恰是以往的"全面"中所没有的。在人类思想史上,贡献何须多,只需那么"一点",足矣。这"一点"是星星之火,可成燎原之势。在那燎原的大火中,这"一点"火星是显得何等渺小与何其可怜。但没有星星之火,岂有燎原之势?片面的深刻也正同此理。深刻的片面突破平庸的全面,因而在旧的全面面前,它是叛逆,是反动。但正是这种片面所引起的深刻,瓦解了人类的思维定势,促进了思想的成长。而思想总不可能永远停留在一个水平上,片面的深刻必然否定片面本身,无数个深刻的片面组合成为一个新的全面。这样,在人类思想史上就呈现出一个全面——片面——全面的否定之否定的发展轨迹。而恰恰是这种片面,代表了一种否定性的力量,一种革命性的、批判性的力量,成为人类思想发展的伟大原动力。当然,全面与片面的否定之否定是一个生生不息的过程。唯有如此,人类的思想才处于永远的进步之中,呈现出一种螺旋式上升的态势。

自从刑事古典学派、刑事人类学派与刑事社会学派的深刻的片面以后,在刑法领域中不再有片面,因而也就没有了深刻。我们看到的现代刑法学派,无非是新古典学派、新人类学派、新社会防卫论。这里虽然标榜"新",实则是一种"旧",因为已经不能再突破古典学派、人类学派、社会学派的樊篱。一个众所周知的故事叫盲人摸象:每一个盲人都把其所摸到的象的一部分当成象的全体。把象的一部分当成象的全体当然是一种片面,但每一次片面都发现了象的一部分,而这一部分是以往所没有发现的,这就是新,也就是深刻。当把这些盲人所摸到的每一部分组合起来,我们就发现了一头象的全体,这就是全面。当全面降临的时候,象的每一部分都已经摸光了。片面与我们无缘,深刻也就离我们而去。这样,我们进入了一个全面的年代,也就是进入了一个平庸的年代。因此,现代刑法理论,无不以一种折中与调和的形式出现:吸取古典学派和实证学派之所长,形成所谓综合理论(Die Vereinigungstheorien)。例如我们之所谓二元论的理论:犯罪本质二元论、刑罚目的二元论、罪刑关系二元论，莫不如此。我们只能做到这些，我们不能不承认平庸；但我们又不甘平庸，因此我们追求片面，当然是一种深刻的片面。也许，时代将使我们永远局限在全面之中，尽管如此，我们还是渴望片面。

对于身处平庸的全面的我来说，对于深刻的片面具有一种虽不能至，心向往之的心态。这也就是我要写这本书的理由：历史上的这些伟大刑法思想家们虽然早已逝去，但正是他们那深刻的片面哺育了我们，使我们全面，也使我们平庸。我们感谢他们的刑法启蒙，为我们不再片面，同时也为接近更加深刻而向他们致意。

后　记

文化，包括法律文化的承续性，是一个不争的事实。任何一种文化，都不是突如其来的，而是在先前文化的基础上演化而来的。没有深厚的文化底蕴，就不可能有真正的学术研究，这始终是我的一种信念。

当我进入到刑法这个研究领域，首先接触到的是作为条文的刑法，接受的是注释刑法学传统的教育与熏陶。我的学术研究也正是从对刑法条文之所然的小心翼翼的揭示开始的，并进而深入到刑法条文之所以然。但是，难道这就是刑法研究之全部吗？当我逐渐接触并领悟孟德斯鸠、贝卡里亚、康德、黑格尔等人的著作时，豁然产生一种别有洞天的感觉，由此开始了刑法的形而上学的探讨，涉及刑法的人性基础、价值构造等本源性问题，并在刑法哲学这样一个总的题目下进行理论的跋涉，力图开拓一个没有条文的刑法研究领域。可以说，我所进行的刑法哲学研究在很大程度上获益于刑法先哲们的思想。为此，我有一个夙愿，希望将这些刑法先哲们的思想系统地展示出来，作为进入一个超法条的刑法研究领域的导引。古人云：取法乎上，仅得其中；取法乎中，仅得其下。在刑法研究中，也有一个取法的标准问题。如果我们将刑法先哲们的思想置于我们的理论视野之外，那么，我们在刑法研究中就不可能有所建树，更遑论有所超越与有所创新。因此，本书的写作初衷是为学习与研究刑法者提供一种刑法条文以外的刑法思想，使人认识到：除了法条注释以外，还有一种不以法条为本位的刑法研究的范式之存在。

感谢法律出版社为我提供了这么一个使写作的愿望化为写作的冲动并使之实现的机会。当蒋浩先生于1997年7月下旬的一天，在北京市海淀区人民检察院我的办公室里向我约稿的时候，我和盘托出了我的写作构想，得到蒋浩先生的慨然首肯。以此为契机，我全身心地投入了本书的写作。这年的7、8、9三个月，尤其是8月，北京适逢数十年未遇之酷暑。在办公之余，我的时间基本上花在了这本书的写作上。白天与黑夜，我似乎沉浸在两个极端的世界里：白天是现实，面对满桌的案卷，个案占据我的心思，面对的是一个个被告人。黑夜是历史，遨游在思想的海洋里，与刑法先哲们进行精神的沟通与学术的对话。我感到，这不是在表述本人的思想，我所做的只不过是用线将这一颗颗思想的珍珠给串起来……

对于我来说，写作的过程是一个享受的过程，也是一个启蒙过程。本书名曰《刑法的启蒙》，启蒙者是本书所列的十位刑法先哲，受到启蒙的首先是我本人，同时我也期望更多的刑法爱好者受到这种启蒙。

陈兴良

1997年9月9日

谨识于北京市海淀塔院迎春园寓所

图书在版编目(CIP)数据

刑法的启蒙/陈兴良著. —3版. —北京:北京大学出版社,2018.2
ISBN 978-7-301-29059-0

Ⅰ.①刑… Ⅱ.①陈… Ⅲ.①刑法—思想史—研究—西方国家 Ⅳ.①D950.4

中国版本图书馆 CIP 数据核字(2017)第 311045 号

书　　　名	刑法的启蒙(第三版)
	XINGFA DE QIMENG(DI-SAN BAN)
著作责任者	陈兴良　著
责任编辑	柯　恒　陈晓洁
标准书号	ISBN 978-7-301-29059-0
出版发行	北京大学出版社
地　　　址	北京市海淀区成府路 205 号　100871
网　　　址	http://www.pup.cn　http://www.yandayuanzhao.com
电子邮箱	编辑部 yandayuanzhao@pup.cn　总编室 zpup@pup.cn
新浪微博	@北京大学出版社　@北大出版社燕大元照法律图书
电　　　话	邮购部 62752015　发行部 62750672　编辑部 62117788
印 刷 者	三河市北燕印装有限公司
经 销 者	新华书店
	880 毫米×1230 毫米　32 开本　13.125 印张　250 千字
	1998 年 1 月第 1 版
	2003 年 2 月第 2 版
	2018 年 2 月第 3 版　2024 年 3 月第 8 次印刷
定　　　价	48.00 元

未经许可,不得以任何方式复制或抄袭本书之部分或全部内容。
版权所有,侵权必究
举报电话: 010-62752024　电子邮箱: fd@pup.cn
图书如有印装质量问题,请与出版部联系,电话: 010-62756370